Lateinische Rechtsregeln
und Rechtssprichwörter

LATEINISCHE RECHTSREGELN UND RECHTS-SPRICHWÖRTER

Zusammengestellt,
übersetzt und erläutert von
Detlef Liebs

unter Mitarbeit von
Hannes Lehmann, Praxedis Möhring
und Gallus Strobel

Siebente, vollständig überarbeitete und verbesserte Auflage

VERLAG C. H. BECK MÜNCHEN

1. Auflage. 1982
2., durchgesehene Auflage. 1982
3., überarbeitete Auflage. 1983
4., überarbeitete Auflage. 1986
5., verbesserte Auflage. 1991
6., vollständig neu bearbeitete und verbesserte Auflage. 1998

7., vollständig überarbeitete und verbesserte Auflage. 2007

Umschlagbild: Illustration zu dem Sprichwort
„Quod non capit Christus, rapit fiscus"
aus: Andreas Alciat, Emblematum Liber
Satz: Druckerei C. H. Beck, Nördlingen
Druck und Bindung: Pustet, Regensburg
Gedruckt auf säurefreiem alterungsbeständigem Papier
(hergestellt aus chlorfrei gebleichtem Zellstoff)
Printed in Germany
ISBN 978 3 406 56294 5

www.beck.de

Für Katharina

Inhalt

Vorwort

Hätten Klaus Bartels und Manfred Fuhrmann mich nicht seit 1970 immer wieder gedrängt, dann wäre diese Sammlung nicht entstanden. Sie ist nicht für Rechtshistoriker gedacht, sondern soll dem mit dem geltenden Recht befaßten Juristen zum raschen Nachschlagen dienen, ohne zu beanspruchen, umfassend zu unterrichten. Deshalb habe ich schon bei der Auswahl der einzelnen Regeln darauf geachtet, ob heute jemand die darin komprimierten Gedanken für rechtserheblich halten könnte. Meine seinerzeitigen Mitarbeiter Hannes Lehmann, Gallus Strobel und Praxedis Möhring haben sich dieses Ziel engagiert zu eigen gemacht; viele Anregungen, Überlegungen, Hinweise und die Register gehen auf sie zurück. Außerdem ist zahlreichen Freunden, Kollegen und Lesern zu danken, die zum aktuellen Stand des Büchleins beigetragen haben; ich nenne Hans Ankum, Okko Behrends, Govaert C. J. J. van den Bergh, Robert Feenstra, Reinhart Götz, Thomas Heck, Alexander Hollerbach, Rolf Knütel, Stephan Kuttner, Peter Landau, Ulrich Manthe, Janbernd Oelbecke, H. Schmitz, Matthias Schwaibold, Herbert Tröndle und, besonders verdienstvoll, Andreas Wacke und Reinhard Zimmermann, deren Wunsch nach einem aufwendigeren Werk mit meinen Vorstellungen von Handlichkeit jedoch nicht zusammentrifft.
Die vorliegende, siebente Auflage war wieder zu aktualisieren; insbesondere waren die Hinweise auf das geltende Recht anzupassen. Außerdem konnte sie erneut mannigfach verbessert werden.

Freiburg im Breisgau, Ostern 2007 — Detlef Liebs

Einleitung

Eine Sammlung lateinischer Rechtsregeln fehlte auf dem deutschen Büchermarkt.[1] Eine kritische Sammlung fehlt überhaupt.[2] Sie kann von einem einzelnen, nach den Maßstäben, die das Frankfurter Max-Planck-Institut für Europäische Rechtsgeschichte neuerdings gesetzt hat, kaum erbracht werden, jedenfalls nicht von einem hauptamtlichen Rechtslehrer an einer vielbesuchten Fakultät. Man vergegenwärtige sich nur, daß für eine vollständige Sammlung jeder prägnante Satz in Betracht käme, der im Laufe von zweitausend Jahren lateinischer Rechtskultur in Europa im Zusammenhang mit rechtli-

[1] Für das niederländische Sprachgebiet liegt vor R. van Lennep, De Romeinse Rechtsspreuken – Hodiernus usus regularum Juris Romani (Löwen und Brüssel 1950) 151 S. Für Frankreich Henri Roland und Laurent Boyer, Locutions latines et adages du droit français contemporain, 2 Bde., II in 2 Tln. (Lyon 1977–1979) 466, 502 u. 640 S. Für Italien L. De-Mauri (Pseudonym von Ernesto Sarasino), Regulae juris – Raccolta di 2000 Regole del Diritto eseguita sui migliori testi, con l'indicazione delle fonti, schiarimenti, capitoli riassuntivi e la versione italiana riprodotta dai più celebri commentatori, 11. Aufl. (Mailand 1936, 1. 1928) XI u. 271 S. Duodez (abhängig von Frommelt, s. sofort Fn. 2). Für Serbien Dragomir Stojcevic u. Ante Romac, Dicta et regulae iuris – Latinska pravna pravillai izreke i definicije sa prevodom na srpskohrvatski i objášnjenjima (Belgrad o. J. – um 1970) XI u. 539 S. Für Kroatien Romac, Minerva: Florilegium sententiarum latinarum – Florilegij latinskih izreka (Zagreb 1988) VII u. 833 S. (mehr als drei Viertel der etwa 18 000 Sentenzen betreffen das Recht). Für Estland Klaus Adomeit, Merike Ristikivi u. Hesi Siimets-Gross, Ladina-Eesti õigussõnastik (Tallinn 2005). Und für Großbritannien Herbert Broom, A Selection of Legal Maxims Classified and Illustrated, 10. Aufl. bearb. v. R. H. Kersley (London 1939, 1. 1845) LXXXVII u. 706 S.

[2] Hinter heutigen Ansprüchen bleiben zurück Johann Baptist Nicolai, Regulae iuris tam civilis quam pontificii (Frankfurt am Main 1586) 669 u. 482 S.; sowie die vielen Sammlungen aus dem 19. und 20. Jh., d. i. außer den soeben Fn. 1 Genannten in chronologischer Folge: Anonym (vermutlich W. Snell), Sammlung der nothwendigsten lateinischen Rechtsregeln mit teutscher Übersetzung und deutlichen Erläuterungen, zur Bequemlichkeit älterer und zum besondern Nutzen angehender Rechtsanwälte und Geschäftsmänner,

chen Überlegungen schriftlich oder auch mündlich geäußert worden ist. Dieses Buch hat deshalb ein bescheideneres Ziel. Ausgangspunkt war der Befund, daß deutsche Juristen auch heute noch, zur rascheren Verständigung untereinander und zur Legitimation ihrer Lösungen gegenüber den Rechtsgenossen, sich lateinischer Rechtsregeln bedienen. Und nicht nur deutsche Juristen, sondern alle europäischen. Andererseits bestehen heute, wohl gleichfalls überall in Europa, größere Verständigungsschwierigkeiten als früher, wenn Latein im Spiel ist.[3] Aus dem unermeßlichen Schatz geflügelter lateinischer Rechtsregeln, ablesbar etwa an den in den beiden ersten Fußnoten aufgeführten Publikationen, war also auszuwählen, zu übersetzen und zu erläutern. Grundsätzlich habe ich nur aktuelle Rechtsregeln aufgenommen oder doch solche, bei denen ich mir vorstellen kann, daß sie heute noch Bedeutung haben könnten, und die, welche (wenn auch zu Unrecht) für weiterhin geltend gehalten werden könnten. Bei diesem zugegebenermaßen unscharfen Kriterium ist ein subjektiver Einschlag unvermeidlich. Vor allem habe ich nicht nur auf den sachlichen rechtlichen Gehalt des einzelnen Satzes geachtet, sondern auch auf seine Form, seinen Klang, seinen Rhythmus. Wenn Juristen heute noch lateinische Rechtssätze im Munde führen, so wohl nicht zuletzt der einprägsamen, meist rhythmischen Formulierung wegen. Und

aufgestellt von einem Rechtsgelehrten Teutschlands (Bern 1836) 104 S. Kleinoktav; Anonym, Rechtsregeln und Sprüche herausgezogen aus des Wiguläus Xaver Alois Freiherrn von Kreittmayr Anmerkungen zu den bayerischen Gesetzbüchern (München 1848); Leopold Volkmar, Paroemia et regulae juris Romanorum, Germanorum, Franco-Gallorum, Britannorum (Berlin 1854) V u. 513 S. Duodez; F. Frommelt, Regulae iuris (Leipzig 1978) III u. 155 S.; A. Jouanneau, Recueil de maximes et citations latines à l'usage du monde judiciaire (Paris 1912) 548 S.; Anonym, Latin for Lawyers containing I. a Course in Latin with Legal Maxims and Phrases as a Basis of Instruction, II. a Collection of Over One Thousand Latin Maxims with English Translations, Explanatory Notes and Cross-References, III. a Vocabulary of Latin Words (London 1915) VIII u. 400 S.: I 112, II 148, III 140; Rudolf Bovensiepen, Lateinische Rechtssprichwörter verdeutscht und erläutert, 2. Aufl. (Berlin 1932, 1. 1922) 53 S.; W. J. Byrne, A Dictionary of English Law (London 1923) 942 S. Quart; Bing Cheng, General Principles of Law as Applied by International Courts and Tribunals (London 1953) 490 S.; u. Karl Luggauer, Juristenlatein, 3. Aufl. (Wien 1979, 1. 1967) 298 S. Kleinoktav, erweitert von Nikolaus Benke u. Franz-Stefan Meissel 1997, 426 S., u. 2. Aufl. 2002, XIII u. 386 S.

[3] S. z.B. OLG Hamm, Rechtspfleger 1973, 137, u. dazu N 165 dieser Sammlung.

einprägsam sind gerade auch paradoxe Formulierungen[4] und bewußt mißverständliche Scherze.[5] Nicht aufzunehmen war dagegen alles enger an eine vergangene Zeit Gebundene, insbesondere solche Sätze des antiken, mittelalterlichen und frühneuzeitlichen Rechts, die auf Instituten beruhen, welche heute keine Rolle mehr spielen: das klassische römische Aktionensystem, das mittelalterliche und frühneuzeitliche Lehenswesen; noch nicht lange obsolet sind Parteieid, Mitgift und vieles andere. Kräftig zu sieben war auch bei Sätzen, die auf einer weithin überwundenen Denkweise beruhen: dem einstigen Schwelgen in rechtlichen Vermutungen[6] und dem Privilegienwesen im Recht des späten Mittelalters und der frühen Neuzeit. Wenn ich nur ganze Sätze aufgenommen habe und nicht etwa auch lateinische juristische Kunstausdrücke oder gar einzelne Worte, so deshalb, weil ich nicht gleichzeitig ein lateinisches juristisches Wörterbuch liefern wollte. Infolgedessen schied ich auch schlichte Definitionen aus. Und ebensowenig gehören in eine Sammlung von Rechtsregeln allgemeine Lebensweisheiten, mögen sie auch lateinisch formuliert sein.

Was bleibt, sind Rechtssätze und rechtliche Maximen, die sich als besonders langlebig erwiesen haben, häufig geronnen zu allgemeinen juristischen Weisheiten. Je spezieller ein Rechtssatz ist, um so kürzer pflegt er zu gelten. Das hier vereinte Traditionsgut darf darum aber nicht als zeitlos gültige Grundsubstanz allen Rechts oder doch wenigstens allen europäischen Rechts mißverstanden werden. Auch die hier versammelten Rechtsregeln sind geschichtlich bedingt, nicht seit je gültig, sondern zu einer bestimmten Zeit und unter bestimmten Umständen geworden. Leider konnte das nicht bei allen nachgewiesen werden. Bessere Kenner der spätmittelalterlichen Rechtsliteratur, als ich es bin, werden die eine oder andere Glossatoren- oder Kommentatorenstelle noch beisteuern können. Vieles wird sich gar nicht mehr aufklären lassen, da von der Arbeit der spätmittelalterlichen Juristen, insbesondere von ihrem Unterricht, nur ein Teil bekannt ist. Die lateinischen Rechtsregeln wurden ja wesentlich für den Rechtsunterricht zumal des Spätmittelalters geformt und dann mündlich tradiert.[7] Die meisten dieser Unterrichtsunterlagen aber liegen ge-

[4] Wie C 97, F 22 dieser Sammlung.

[5] Z. B. H 13, J 124, M 19. Scherzende Übertreibungen: J 150 u. R 45.

[6] S. dazu statt vieler Wolfgang Wiegand, Studien zur Rechtsanwendungslehre der Rezeptionszeit (Ebelsbach 1977) 21 ff., 160 ff. u. 178 ff.

[7] S. Liebs, Rhythmische Rechtssätze, in: JZ 1981, 160 ff. Einen weiteren Horizont öffnet Christoph H. F. Meyer, Spuren im Wald der Erinnerung. Zur

druckt nicht vor; vieles ist wohl endgültig verloren. Man könnte den Anteil von mit Herkunftsangabe versehenen Regeln stark erhöhen, gäbe man sich zufrieden mit vagen Anklängen oder wählte man gar das Material nicht danach aus, was heute, mündlich oder schriftlich, noch im Schwange ist, sondern machte man sich etwa an die Digesten oder an Bartolus und nähme alles auf, was einigermaßen eingängig formuliert ist. So vorzugehen, was man im 19. und 20. Jahrhundert öfter getan hat, schien mir dem heutigen Juristen mehr Steine als Brot zu geben. Hier sind deshalb als Herkunftsangabe nur diejenigen Literaturstellen verzeichnet, an denen sich der fragliche Satz wörtlich oder doch fast wörtlich wiederfindet; lediglich beim Corpus juris civilis Justinians war großzügiger zu verfahren, weil bereits bloße sachliche Übereinstimmung mit einer Stelle des Corpus juris ein wichtiger Fingerzeig sein kann, insofern die endgültige Formulierung sich oft in Kommentaren zu Justinians Corpus findet.
Der geschichtliche Rahmen der lateinischen Rechtsregeln war also gewöhnlich weder das klassische römische Recht noch gar eine rechtliche Offenbarung vor aller Zeit und auch kein Naturrecht, wiewohl Rechtssätze, die sich über viele Jahrhunderte hinweg bewährt haben, einem Natur- bzw. Normalrecht nahekommen; der Satz von der Gleichheit aller Menschen vor dem Gesetz gehört z. B. zu den Grundbedingungen der geschichtlichen Erscheinung Recht. Hauptentstehungsort der lateinischen Rechtsregeln ist vielmehr die spätmittelalterliche und frühneuzeitliche Schulstube. Im Rechtsunterricht ging es aber weniger um alsbald subsumierbare, genaue Formulierungen von Rechtssätzen, sondern um knappe, einprägsame Zusammenfassungen von Rechtsgrundsätzen mit allgemeinerer, nicht nur in einer einzigen positiven Rechtsordnung wurzelnder Geltung.[8]

Mnemotechnik in Theologie und Jurisprudenz des 12. Jahrhunderts, in: Recherches de Théologie et Philosophie médiévales 67 (2000) 10–57.

[8] Über die lateinischen Rechtsregeln und Rechtssprichwörter s. insbes. Friedrich Carl von Savigny, Geschichte des römischen Rechts im Mittelalter III, 2. Ausg. (Heidelberg 1834) § 209 = S. 567–570; Albert Lang, Zur Entstehung der Brocardasammlungen, in: SZ Kan. 31 (1942) 106–141; Karl Spiro, Alte Rechtssprichwörter und modernes Privatrecht, in: Ztschr. f. schweizerisches Recht N. F. 69 (1950) 121–147; Stephan Kuttner, Réflexions sur les Brocards des Glossateurs, in: Mélanges Joseph de Ghellinck II (Gembloux 1951) 767–792; Francesco Calasso, Medio Evo del diritto I (Mailand 1954) 302 f., 329 f., 403 u. 532–534; Severino Caprioli, Tre capitoli intorno alla

Es sind Merkregeln und Prinzipien des juristischen Generalisten, die folgerichtig von der Rechtswissenschaft der Neuzeit nicht gepflegt wurden. Ihr Inhalt erscheint dem auf der Höhe der heutigen Rechts-

nozione di ‚regula iuris' nel pensiero dei glossatori, in: Annali di storia del diritto 5/6 (1961/62) 221–374; ders., Habemus et Johannem, ebd. 375–385; Ferdinand Elsener, Regula iuris, Brocardum, Rechtssprichwort nach der Lehre von P. Franz Schmier OSB und im Blick auf den Stand der heutigen Forschung, in: Studien und Mitteilungen zur Geschichte des Benediktiner-Ordens und seiner Zweige 73 (1962) 177–218; Peter Stein, The Digest-Title De diversis regulis iuris antiqui and the General Principles of Law, in: Essays in Jurisprudence in Honor of Roscoe Pound (Indianapolis 1962) 1–20; ders., Regulae iuris – From Juristic Rules to Legal Maxims (Edinburg 1966); ders., The Formation of the Gloss De regulis iuris and the Glossators' Concept of Regula, in: Atti del convegno internazionale di studi Accursiani (Mailand 1968) II 697–722; Peter Weimar, Argumenta brocardica, in: Studia Gratiana 14 (1967) 89–123; ders., Die legistische Literatur und die Methode des Rechtsunterrichts der Glossatorenzeit, in: Ius Commune 2 (Frankfurt am Main 1969) 43–83; ders., Die legistische Literatur der Glossatorenzeit, in: Handbuch der Quellen und Literatur der neueren europäischen Privatrechtsgeschichte I (München 1973) 237 ff. u. 253 ff.; ders., Art. Brocarda, Brocardica, in: HRG[2] I 685 f. (2005); Albrecht Foth, Gelehrtes römisch-kanonisches Recht in deutschen Rechtssprichwörtern (Tübingen 1971); Paula Ewert, Der Rechtsgrundsatz ‚in praeteritum non vivitur' im deutschen und französischen Recht (Diss. jur. München 1975) 1–8; Matthias Schwaibold, Wer sucht der findet, in: Rechtshistorisches Journal 4 (1985) 202–214; Derek van der Merwe, Regulae iuris and the axiomatisation of the law in the sixteenth and early seventeenth centuries, in: Tydskrif vir die Suid Afrikaanse reg 3 (1987) 286–302; Rolf Knütel, Ius commune und Römisches Recht vor Gerichten der Europäischen Union, JuS 1996, 768–778; u. Andreas Wacke, Sprichwörtliche Rechtsprinzipien und europäische Rechtsangleichung, in: Orbis iuris Romani 5 (1999) 174–213. Zu den deutschen Rechtssprichwörtern Ruth Schmidt-Wiegand, Deutsche Rechtsregeln und Rechtssprichwörter (München 2002) 9–22; Brigitte Janz, Dan nach Sprichwortten pflegen die Bauren gerne zu sprechen: Überlegungen zur Rolle von Rechtssprichwörtern im spätmittelalterlichen Gerichtsverfahren, in: Proverbium 9 (1992) 81–105; dies., Parömiologische Untersuchungen zu Kontext und Funktion. Eine Einführung und Fragestellung, in: Das Mittelalter 2, 2 (1997) 3–6; u. dies., Die Fabel von der Schlange und dem Mann. Überlegungen zur Funktion von Rechtssprichwörtern im Reyncke de vos (1498), ebenda 21–29. Zum Wert von Prinzipien im juristischen Alltag s. etwa Ronald Dworkin, Bürgerrechte ernstgenommen (Frankfurt am Main 1984, englisch Cambridge/USA 1978) 54–68 und 130–175.

kultur stehenden Juristen oft banal, wenn nicht inhaltsleer.[9] Doch richten und richteten sich unsere Rechtssprichwörter eben nicht an Volljuristen, welche die von Treu und Glauben beherrschte Rechtsordnung bereits überschauen und von sich aus Widersprüche hinwegdenken, sondern an bescheidenere Gemüter. Wir sollten auch nicht so übermütig sein, eine menschenwürdige Rechtsordnung bei uns ein für allemal für gesichert zu halten. Elementare Gerechtigkeitsanforderungen werden auch hierzulande immer wieder mißachtet, nicht nur von politischer Seite, sondern auch von der Juristenzunft im engeren Sinne. Elementare Grundsätze erneut bewußt zu machen, ist keiner Disziplin abträglich.

Der Sitz unserer Regeln im Rechtsunterricht Europas im späten Mittelalter und der Neuzeit war auch bei der lateinischen Orthografie zu berücksichtigen, weshalb ich i und j ebenso wie u und v unterschieden, conditio und nicht condicio, autor und nicht auctor, emtor und nicht emptor geschrieben habe usf.; dagegen konnte ich mich nicht zu e für ae entschließen. Bei der Übersetzung habe ich im Zweifel nicht die klassisch römische, sondern die mittel- oder neulateinische Bedeutung der isolierten Parömie zugrunde gelegt und einer wörtlichen Übertragung gängige Formulierungen im Denkstil von heute vorgezogen, solange dadurch nicht dem lateinischen Text Gewalt geschah. Bei den Herkunftsnachweisen habe ich Stellen, an denen sich der fragliche Satz noch nicht in seiner endgültigen Formulierung fand, von den genauen Herkunftsangaben durch ein vorgesetztes ‚S.' (siehe) unterschieden. Bei der Angabe von Sekundärliteratur bin ich ebenso sparsam vorgegangen wie bei den Querverweisen; hier habe ich auf nicht einmal teilweise sinngleiche Regeln nur ausnahmsweise durch ‚Vgl.' hingewiesen. – Als Verfasser der zitierten Texte sind, wenn ein Kaiser oder Papst im Spiel ist, stets diese angegeben, auch wenn sie sich zur Abfassung ihrer Rechtstexte meist eines Juristen bedient haben, dieser gar namentlich bekannt ist wie Hermogenian, der für Kaiser Diokletian arbeitete;[10] bei Samtherrschaften ist aber nur der wirklich tätig gewordene Kaiser aufgeführt.

[9] S. etwa Helmuth Köhler, JZ 1981, 469.

[10] Tony Honoré, Emperors and Lawyers, 2. Aufl. (Oxford 1994) 163–181; u. Liebs, in: SZ 100 (1983) 505. Zu Dinus von Mugello und Papst Bonifaz VIII. s. Kuttner (oben Fn. 8) 792 Fn. 104.

Abkürzungen

Gesetze sind im Zweifel solche der BRD in 2007 gültiger Fassung.

a. = auch
a. A. = am Anfang
ab. = aber
ABGB = Allgemeines bürgerliches Gesetzbuch (Österreich) von 1811
AcP = Archiv für die civilistische Praxis, Heidelberg 1829 ff., jetzt Tübingen
a. E. = am Ende
a. F. = alte(r) Fassung
AHDE = Anuario de historia del derecho español, Madrid 1924 ff.
AktG = Aktiengesetz von 1965
ALR = Allgemeines Landrecht (Preußen) von 1794
Alt. = Alternative
AnfG = Gesetz über die Anfechtung von Rechtshandlungen eines Schuldners außerhalb des Insolvenzverfahrens von 1994
ANRW = Aufstieg und Niedergang der römischen Welt – Geschichte und Kultur Roms im Spiegel der neueren Forschung, Berlin 1972 ff.
AO = Abgabenordnung von 1976
Auth. = Authentica (lateinsiche Übersetzung der Novellen Justinians)
Bartels = Klaus Bartels u. Ludwig Huber, Veni, vidi, vici, 2. Aufl. Zürich 1967
BBankG = Gesetz über die Deutsche Bundesbank von 1957
BBG = Bundesbeamtengesetz von 1953
Bd. = Band
bes. = besonders
BeurkG = Beurkundungsgesetz von 1969
BGB = Bürgerliches Gesetzbuch von 1896
BGHZ = Entscheidungen des Bundesgerichtshofs in Zivilsachen 1950 ff.
BLG = Bundesleistungsgesetz von 1961
BRAO = Bundesrechtsanwaltsordnung von 1959

Broom = Herbert Broom, A Selection of Legal Maxims, 10. Aufl. v. R. H. Kersley, London 1939

BRRG = Rahmengesetz zur Vereinheitlichung des Beamtenrechts von 1957

Bull. = Bullettino dell'Istituto di Diritto Romano „Vittorio Scialoja", Rom 1888 ff., jetzt Mailand (Bände durchgezählt: 42 = neue Serie 1, 62 = dritte Serie 1)

BVerfGG = Gesetz über das Bundesverfassungsgericht von 1951

bzw. = beziehungsweise

Can. = Canon

Cheng = Bing Cheng, General Principles of Law as Applied by International Courts and Tribunals, London 1953

Cod. Just. = Codex Justinianus von 529/534 n. Chr.

Cod. Theod. = Codex Theodosianus von 438 n. Chr.

d. i. = das ist

Dig. = Digesten Justinians von 533 n. Chr.

ebd. = ebenda

EGBGB = Einführungsgesetz zum Bürgerlichen Gesetzbuch von 1896

EGZPO = Gesetz betreffend die Einführung der Zivilprozeßordnung von 1877

Einl. = Einleitung

Fn. = Fußnote

Foth = Albrecht Foth, Gelehrtes römisch-kanonisches Recht in deutschen Rechtssprichwörtern, Tübingen 1971

Fragm. Vat. = Fragmenta iuris Vaticana, um 320/380 n. Chr.

g. A. = gegen Anfang

GBO = Grundbuchordnung von 1897

g. E. = gegen Ende

GemO = Gemeindeordnung

GenG = Gesetz betreffend die Erwerbs- und Wirtschaftsgenossenschaften von 1889

GG = Grundgesetz für die Bundesrepublik Deutschland von 1949

g. M. = gegen Mitte

GVG = Gerichtsverfassungsgesetz von 1877

GWB = Gesetz gegen Wettbewerbsbeschränkungen von 1998

HGB = Handelsgesetzbuch von 1897

HRG = Handwörterbuch zur Deutschen Rechtsgeschichte, hrsgg. v. Adalbert Erler u. Ekkehard Kaufmann, Berlin 1964–1998

HRG² = dasselbe, 2. Aufl. hrsgg. v. Albrecht Cordes, Heiner Lück u. Dieter Werkmüller, Berlin 2004 ff.
hrsgg. = herausgegeben
Hs. = Halbsatz
Index = Index – Quaderni camerti di studi romanistici = International Survey of Roman Law, Neapel 1970 ff.
InsO = Insolvenzordnung von 1994
Inst. = Institutionen Justinians von 533 n. Chr.
i. S. e. = im Sinne eines
Iura = IVRA – Rivista internazionale di diritto romano e antico, Neapel 1950 ff.
i. Vgl. z. = im Vergleich zu
i. V. m. = in Verbindung mit
JA = Juristische Arbeitsblätter, Berlin 1969 ff.
JGG = Jugendgerichtsgesetz von 1953
Jh. = Jahrhundert
Jura = Juristische Ausbildung, Berlin 1979 ff.
JuS = Juristische Schulung
JZ = Juristenzeitung, Tübingen 1950 ff.
Kaser, RP I = Max Kaser, Das römische Privatrecht, Erster Abschnitt: Das altrömische, das vorklassische und klassische Recht, 2. Aufl. München 1971
Kaser, RP II = Ders., Das römische Privatrecht, Zweiter Abschnitt: Die nachklassischen Entwicklungen, 2. Aufl. München 1975
Kaser, RZ = Ders., Das römische Zivilprozeßrecht, 2. Aufl. Karl Hackl München 1996
Liber sextus = Liber sextus decretalium Papst Bonifaz' VIII. von 1298
Liebs, Römisches Recht = Detlef Liebs, Römisches Recht – Ein Studienbuch, 6. Aufl. Göttingen 2004
Migne, Patrologia Latina = Patrologiae cursus completus etc., ser. prima, in qua prodeunt patres etc. ecclesiae Latinae, hrsgg. von J. -P. Migne, Paris 1844–1974.
MRK = Menschenrechtskonvention von 1950
m. W. = meines Wissens
m. w. Nw. = mit weiteren Nachweisen
NJW = Neue Juristische Wochenschrift, München 1944
Nov. = Novellen Justinians
Nov. Theod. = Novellen Theodosius' II.
o. ä. = oder ähnlich

o. J. = ohne Jahresangabe
OR = Obligationenrecht (Schweiz) von 1911
OWiG = Gesetz über Ordnungswidrigkeiten von 1968
PflVG = Gesetz über die Pflichtversicherung für Kraftfahrzeughalter von 1965
pr. = principium (Anfang)
preuß. = preußisch
Rdnr. = Randnummer
RH = Revue historique de droit français et étranger, 4e Série, Paris 1921 ff.
Rspr. = Rechtsprechung
RVG = Rechtsanwaltsvergütungsgesetz von 2004
s. = siehe
S. = Satz, Seite oder, am Satzanfang: siehe
sc. = scilicet
ScheckG = Scheckgesetz von 1933
St. siehe unter u. d. St.
StAG = Staatsangehörigkeitsgesetz von 1913
StGB = Strafgesetzbuch von 1871/1975
StPO = Strafprozeßordnung von 1877
str. = streitig
SZ = Zeitschrift der Savigny-Stiftung für Rechtsgeschichte, Romanistische Abteilung, Weimar 1880 ff.
SZ Kan. = Zeitschrift der Savigny-Stiftung für Rechtsgeschichte, Kanonistische Abteilung, Weimar 1911 ff.
Tl. = Teil
TR = Tijdschrift voor Rechtsgeschiedenis = Revue d'histoire du droit = The Legal History Review, Haarlem 1918 ff., jetzt Leiden, Deventer u. Antwerpen
u. a. = und andere, oder: unter anderem
u. ä. = und ähnlich
u. d. St. = unter dem (diesem) Stichwort
UKlaG = Gesetz über Unterlassungsklagen bei Verbraucherrechts- und anderen Verstößen von 2002
unt. Berfg. a. = unter Berufung auf
unt. Hinw. a. = unter Hinweis auf
unzutr. = unzutreffend
u. ö. = und öfter
VerschG = Verschollenheitsgesetz von 1951
VwGO = Verwaltungsgerichtsordnung von 1960

VwVfG = Verwaltungsverfahrensgesetz von 1976

WaG = Wassergesetz

Walther = Hans Walther, Proverbia sententiaeque Latinitatis medii aevi. Lateinische Sprichwörter und Sentenzen des Mittelalters in alphabetischer Anordnung, Göttingen 1963–1969

WaStrG = Bundeswasserstraßengesetz von 1990

WG = Wechselgesetz von 1933

Windscheid-Kipp = Bernhard Windscheid, Lehrbuch des Pandektenrechts, 9. Aufl. bearb. v. Theodor Kipp, 3 Bände, Frankfurt am Main 1906

WStG = Wehrstrafgesetz von 1957

z.d.St. = zu der (dieser) Stelle

ZGB = Zivilgesetzbuch (Schweiz) von 1907

Zimmermann = Reinhard Zimmermann, The Law of Obligations. Roman Foundations of the Civilian Tradition, Kapstadt u. München 1990

ZPO = Zivilprozeßordnung von 1877

ZVG = Gesetz über die Zwangsversteigerung und die Zwangsverwaltung von 1897

Trimalchio: „Quid putas inter Ciceronem et Publilium interesse? Ego alterum puto disertiorem fuisse, alterum honestiorem. Quid enim his melius dici potest.

(Petronius, Satyricon 55, 5)

A

1. **Ab abusu ad usum non valet consequentia.** Mißbrauch erlaubt keinen Schluß auf ein Gebrauchsrecht.

2. **Ab assuetis non fit injuria.** Vom Althergebrachten geht kein Unrecht aus. Wer sich wie althergebracht verhält, handelt nicht rechtswidrig. Vgl. V 21.

3. **Ab herede obligatio incipere non potest.** Vom Erben kann eine Verbindlichkeit nicht beginnen. Man kann keine Verpflichtung begründen, die erst mit dem Tod des Verpflichteten beginnen soll. Satz des klassischen röm. Rechts, s. Gajus, Institutionen 3 § 100. Von Justinian aufgehoben, Cod. Just. 4, 11, 1. Gilt auch heute nicht, s. vielmehr § 163 BGB.

4. **Ab initio nullum semper nullum.** Anfangs nichtig immer nichtig. Kurzfassung von N 119.

5. **Ab interlocutorio discedere judici licet.** Von einer Zwischenentscheidung darf der Richter abgehen. Prozeßleitende Verfügungen und Beschlüsse darf das Gericht abändern. S. heute § 329 Abs. 2 i.V.m. § 318 ZPO. S.a. S 23.

6. **Abrogata lege abrogante non reviviscit lex abrogata.** Wird ein rechtsänderndes Gesetz aufgehoben, so gilt nicht ohne weiteres wieder, was vor diesem Gesetz galt.

7. **Absens absentis curator esse nequit.** Ein Abwesender kann nicht Abwesenheitspfleger sein. Ist dieser abwesend, so ist ein anderer zu bestellen.

8. **Absentia longa morti aequiperatur.** Lange Abwesenheit (ohne Nachricht) steht dem Tod gleich. S. bis 1939 § 14 BGB u. heute §§ 1–3 VerschG.

9. **Absoluta sententia expositore non indiget.** Ein Endurteil bedarf keines Interpreten. Es ist für jedermann verständlich. S.a. C 116.

10. **Absolutus sententia judicis praesumitur innocens.** Wer durch Gerichtsurteil freigesprochen worden ist, gilt als unschuldig. S. heute § 190 S. 2 StGB.

11. **Abundans cautela non nocet.** Eine überflüssige Sicherung schadet nicht. Betrifft insbesondere überflüssige Vertragsklauseln. Glosse Exprimi zu Dig. 4, 8, 21 § 6 a. E. (Azo); u. Glosse Alienum g. A. zu Dig. 28, 1, 21 § 3. S. schon Cod. Just. 6, 23, 17 a. E. (Arcadius). S. a. N 139 u. S 83 f.

12. **Abusus non tollit usum.** Mißbrauch hebt ein Gebrauchsrecht nicht auf.

13. **Accessio cedit principali.** Das (fest verbundene) Beiwerk weicht der Hauptsache. Es teilt ihr rechtliches Schicksal. S. Dig. 34, 2, 19 § 13 g. E. (Ulpian). S. heute § 947 Abs. 2 BGB. S. a. P 95 u. R 31. Vgl. Nr. 14 u. S 82.

14. **Accessorium naturam sequi congruit principalis.** Das Beiwerk folgt richtigerweise der Natur der Hauptsache. Liber sextus 5, 13, 42 (Bonifaz VIII.). S. schon Dig. 33, 8, 2 (Gajus) sowie 50, 17, 129 § 1 u. 178 (beides Paulus). S. heute §§ 401, 767 Abs. 1, 768 Abs. 1, 1137 Abs. 1, 1210 Abs. 1 u. 1211 Abs. 1 BGB. Vgl. das Vorige, P 95 u. R 31.

15. **Accusare nemo se debet nisi coram deo.** Niemand muß sich selbst bezichtigen, es sei denn vor Gott. S. heute §§ 136 Abs. 1 S. 2, 243 Abs. 4 S. 1 u. 55 StPO. S. a. N 81 u. T 37.

16. **A communi observantia non est recedendum.** Von einer allgemeinen Übung soll man nicht abweichen. S. a. C 75.

17. **Acta exteriora indicant interiora secreta.** Äußere Handlungen zeigen innere Geheimnisse an. Auch: Auf Akten ist außen vermerkt, ob sie Geheimzuhaltendes enthalten. S. a. Nr. 94.

18. **Acta publica probant se ipsa.** Öffentliche Akte beweisen sich selbst. Betrifft nur die sog. Tatbestandsurkunden wie Urteile, Polizeiverfügungen. S. heute § 417 ZPO. S. a. S 9.

19. **Actio ad mobile est mobilis, ad immobile immobilis.** Eine Klage über bewegliches Gut ist beweglich, über unbewegliches unbeweglich. Über Grundstücke und Grundstücksrechte kann man nur vor dem Gericht desjenigen Ortes klagen, an dem das Grundstück liegt. S. heute § 24 ZPO.

20. **Actiones heredi et in heredem competunt.** Dem Erben und gegen den Erben stehen die Ansprüche zu. Ansprüche sind aktiv und passiv vererblich. S. Dig. 5, 6, 3 § 2 (Ulpian) u. etwa 21, 1, 48 § 5 a.A. (Pomponius). S. heute §§ 1922 Abs. 1 und 1967 Abs. 1 BGB. S. a. Nr. 22.

21. **Actiones semel inclusae judicio salvae permanent.** Einmal vor Gericht gebrachte Ansprüche bleiben erhalten. Ist ein Anspruch erst einmal rechtshängig, so berühren Zeitablauf oder Tod eines Teils ihn nicht mehr. S. Dig. 50, 17, 139 pr. (Gajus). S. heute § 204 BGB.

22. **Actiones transeunt ad heredes et in heredes.** Ansprüche gehen auf die Erben und gegen die Erben über. S. schon Nr. 20.

23. **Actioni nondum natae non praescribitur.** Ein noch nicht entstandener Anspruch verjährt nicht. S. Glosse An ergo zu Dig. 13, 7, 9 § 3. S. heute § 200 BGB. S. ab. a. T 26 u. § 51 b BRAO.

24. **Actio non datur non damnificato.** Wer nicht geschädigt ist, dem wird keine Klage gegeben. Ohne Rechtsschutzbedürfnis ist eine Klage unzulässig, auch wenn die gesetzlichen Erfordernisse an sich erfüllt sind. Auch: Wer nur gefährdet wurde, hat keinen Anspruch.

25. **Actio personalis moritur cum persona.** Ein höchstpersönlicher Anspruch stirbt mit der Person. H. Goudy, Actio . . ., in: Essays in Legal History (Oxford 1913) 216–229; Ulrich Ziegenbein, Die Unterscheidung von Real und Personal Actions im Common Law (Berlin 1971) 74; u. Alfred W. B. Simpson, A History of the Common Law of Contract. The Rise of the Action Assumpsit (Oxford 1975) 41–43 u. 558–573. Betrifft heute im deutschen Recht nur mehr familienrechtliche Ansprüche wie den aus §§ 1353 Abs. 1 S. 2, 1632 und Unterhaltsansprüche, s. § 1615 BGB.

26. **Actio quaelibet it via sua.** Jeder Anspruch geht seinen eigenen Weg. Etwa bestehende Neben- und Vorzugsrechte betreffen nur ihn, er verjährt selbständig, wird selbständig geltend gemacht usw. Ausnahmen heute: §§ 148–154 ZPO.

27. **Actio semel extincta non reviviscit.** Ein einmal erloschener Anspruch lebt nicht wieder auf. S. Dig. 2, 14, 27 § 2 g. A. (Paulus) u. 15, 3, 10 § 9 (Ulpian). S. a. O 1, ab. a. R 20.

28. **Actore non probante reus absolvitur.** Wenn der Kläger nicht beweist, wird der Beklagte freigesprochen. Baldus, Komm. 1 tertio zu Cod. Just. 2, 1, 4. S. bis 1983 Can. 1748 § 2 Codex juris canonici 1917. S. a. das Folgende. Vgl. Nr. 61, M 34 und P 78.

29. **Actori incumbit onus probandi.** Dem Kläger obliegt die Beweislast. Cheng S. 326–335. S. a. P 36 u. 108. Vgl. das Vorige, Nr. 61 u. E 12.

30. **Actor non condemnatur.** Der Kläger wird nicht verurteilt. Allenfalls wird seine Klage auf seine Kosten abgewiesen, es sei denn, der Beklagte kann Widerklage erheben. S. heute § 33 ZPO.

31. **Actor, qui plene probavit, non debet compelli jurare.** Der Kläger, der voll bewiesen hat, darf nicht zum Eid gezwungen werden. Betrifft das Beweismittel des Parteieids. Dekretalen 2, 19, 2 Summarium. S. bis 1933 §§ 445 ff. ZPO.

32. **Actor sequitur forum rei.** Der Kläger folgt dem Gericht des Beklagten. Damasus, Regulae canonicae 65. S. schon Cod. Just. 3, 19, 3 (Theodosius I.) sowie 3, 13, 2; Fragm. Vat. 325; 326 (alles Diokletian); u. Cod. Theod. 2, 1, 4 (Valentinian I.). Kaser, RZ 246 u. 588; Andreas Wacke, Actor . . ., in: JA 1980, 654–656; u. Paul L. Nève, Actor . . ., in: Brocardica in honorem G. C. J. J. van den Bergh (Deventer 1987) 67–75. S. heute § 13 ZPO u. Can. 1407 § 3 Codex juris canonici.

33. **Actor venire debet instructior quam reus.** Der Kläger muß besser vorbereitet sein als der Beklagte. Dieser bekommt deshalb besondere Fristen eingeräumt. S. Bartolus, Komm. zu Cod. Just. 3, 11, 2. Gilt heute nicht. S. a. D 78.

34. **Actum frustratorium nemo praesumitur facere.** Im Zweifel tut niemand ein nutzloses Rechtsgeschäft.

35. **Actus curiae neminem gravabit.** Das Handeln des Gerichts wird niemanden beschweren. Niemand wird dadurch einen Nachteil

erleiden, daß er sich nicht selbst helfen darf, sondern, um sein Recht zu suchen, sich dem Gericht unterwerfen muß. Verzögerungen bei der Rechtsdurchsetzung werden durch Nutzungsentgelte oder Prozeßzinsen ausgeglichen. S. a. Nr. 62.

36. **Actus judicialis potentior est extrajudiciali.** Ein Rechtsgeschäft vor Gericht ist stärker als ein außergerichtliches. So reichen die Wirkungen eines vor Gericht abgegebenen Anerkenntnisses oder eines vor Gericht geschlossenen Vergleichs weiter, als wenn diese Geschäfte außerhalb des Gerichtssaals vorgenommen worden wären. S. heute etwa §§ 307 u. 794 Abs. 1 Nr. 1 ZPO.

37. **Actus me invito non est meus actus.** Ein Rechtsgeschäft, das ohne meinen Willen abgeschlossen worden ist, ist nicht mein Rechtsgeschäft. Es bindet mich nicht.

38. **Actus non facit reum, nisi mens sit rea.** Eine Handlung macht nicht schuldig, wenn nicht die Gesinnung schuldig ist. S. heute § 15 StGB. S. a. J 87 u. V 37.

39. **Actus omissa forma legis corruit.** Ein Rechtsgeschäft, bei dem die gesetzliche Form außer acht gelassen ist, bricht zusammen. S. heute § 125 BGB. S. a. F 44, N 138 u. Q 107.

40. **Actus simulatus nullius est momenti.** Ein vorgetäuschtes Rechtsgeschäft ist unwirksam. S. Dig. 23, 2, 30 (Gajus). S. heute § 117 Abs. 1 BGB. S. a. Q 14 u. P 50.

41. **Actus ultra intentionem agentium nihil operatur.** Ein Rechtsgeschäft richtet über die Absicht der Beteiligten hinaus nichts aus. Wenn die Parteien übereinstimmend weniger wollten, als sie erklärt haben, so gilt nur das Gewollte.

42. **Adhuc sub judice lis est.** Der Streit ist noch nicht entschieden. Horaz, Ars poetica 78.

43. **Ad jura renuntiata non datur regressus.** Auf Rechte, auf die man verzichtet hat, kann man nicht zurückkommen.

44. **Adoptare minor majorem non potest.** Ein Jüngerer kann einen Älteren nicht als Kind annehmen. S. Inst. 1, 11 § 4. S. heute §§ 1743 u. 1767 Abs. 1 BGB; 180 österr. ABGB; Art. 265 schweiz. ZGB; 291 ital. Codice civile; 344 französ. Code civil.

45. **Adoptio naturam imitatur.** Die Annahme eines Kindes ahmt die Natur nach. Nur wer ein Kind haben könnte, kann adoptieren. Inst. 1, 11 § 4. Rolf Knütel, Zur Adoption im römischen Recht, in: Familienrecht in Geschichte und Gegenwart, hrsgg. von Hans Friedhelm Gaul (Bielefeld 1992) 3–13. S. heute §§ 1741 u. 1743 BGB.

46. **Ad quem spectat onus, et emolumentum.** Wen die Last trifft, den auch der Vorteil. Damasus, Regulae canonicae 75. S. schon Dig. 50, 17, 10 (Paulus). S. a. Q 78. Vgl. U 8.

47. **Ad tempus concessa post tempus censentur denegata.** Was auf Zeit eingeräumt ist, wird als nach Ablauf der Zeit verwehrt erachtet. S. Bartolus, Komm. 1 zu Dig. 31, 11 § 1.

48. **Ad tempus prohibitum post illud tempus censetur permissum.** Was auf Zeit verboten ist, wird als nach Ablauf dieser Zeit erlaubt erachtet. S. Cod. Just. 10, 61, 1 = Papyrus Gissensis Nr. 40, 2 (Caracalla).

49. **Adversus periculum naturalis ratio permittit se defendere.** Gegen eine Gefahr gestattet die natürliche Vernunft, sich zu verteidigen. Dig. 9, 2, 4 pr. a. E. (Gajus). S. heute §§ 228, 904 BGB u. 34, 35 StGB.

50. **Advocatorum error litigantibus non nocet.** Ein Irrtum der Anwälte schadet den Parteien nicht. S. Cod. Just. 2, 9, 3 (Diokletian unter Berufung auf frühere Kaiser). Anders heute, s. § 85 ZPO.

51. **Advocatus non accusat.** Ein Anwalt klagt nicht an. Nicht er selbst erhebt die Beschuldigungen, die er ausbringt. S. Dig. 38, 2, 14 § 9 (Ulpian).

52. **Aequitas factum habet, quod fieri oportuit.** Die Billigkeit sieht als geschehen an, was hätte geschehen müssen. Wer recht und billig denkt, geht davon aus, daß seine Mitmenschen sich pflichtgemäß verhalten haben. Vgl. O 17 u. Q 96.

53. **Aequitas numquam contravenit legi.** Billigkeit läuft niemals dem Gesetz zuwider. S. a. Nr. 55.

54. **Aequitas praefertur rigori.** Billigkeit geht vor Härte. Glosse Aequitas zu Dig. 15, 1, 32 g. E. S. a. Glosse Et si jure zu Dig. 39,

3, 2 § 5 a.E.; u. Glosse Damnosum zu Dig. 47, 2, 62 § 5 g.E. Vgl. J 59.

55. **Aequitas sequitur legem.** Die Billigkeit kommt nach dem Gesetz. Sie tritt erst auf den Plan, wenn nicht schon das Gesetz die Lösung vorzeichnet. S.a. Nr. 53.

56. **Aequum et bonum est lex legum.** Das Billige und Gerechte ist oberstes Gesetz.

57. **Aes alienum est onus universi patrimonii, non certarum rerum.** Schulden lasten auf dem ganzen Vermögen, nicht nur auf bestimmten Sachen. Schuldner haften mit ihrem gesamten Vermögen, nicht nur mit einzelnen Gegenständen, mögen diese für die betreffende Schuld auch besonders verhaftet sein.

58. **Affectus punitur, etsi non sequatur effectus.** Wer begonnen hat, wird bestraft, auch wenn der Erfolg nicht eintritt. Auch die bloß versuchte Straftat ist strafbar. Glosse Attentatum zu Cod. Just. 1, 4, 15. S. heute §§ 22–24 StGB. S.a. J 48.

59. **Affinis non parit affinem (Affinitas non parit affinitatem).** Ein Verschwägerter bringt keinen Verschwägerten hervor (Schwägerschaft erzeugt keine weitere Schwägerschaft). Gilt nur für den Ehegatten des Verwandten, nicht für den Verwandten des Ehegatten: Die Kinder des Ehegatten meines Verwandten sind mit mir entweder verwandt oder, wenn von einem anderen als meinem Verwandten, nicht einmal verschwägert; bloß verschwägert nie. S. heute § 1590 BGB. S.a. C 65 u. J 115.

60. **Affinitatis jure nulla successio promittitur.** Schwägerschaft verspricht keine gesetzliche Erbfolge. Cod. Just. 6, 59, 7 (Diokletian).

61. **Affirmanti incumbit probatio.** Dem Behauptenden obliegt der Beweis. S. Glosse Ei incumbit a.A. zu Dig. 22, 3, 2; Cum per rerum naturam zu Cod. Just. 4, 19, 23 (Bartholomäus de Saliceto unt. Berfg. a. Irnerius); u. Odofredus, Komm. zu Dig. 22, 3, 2 (Irnerius, non vidi). Wolfgang Wiegand, Studien zur Rechtsanwendungslehre der Rezeptionszeit (Ebelsbach 1977) 18f. S. heute Can. 1526 § 1 Codex juris canonici. S.a. E 12 u. P 106. Vgl. soeben Nr. 28f., N 19, P 36 u. 108.

62. **Agendo nemo causam suam facit deteriorem.** Durch Klagen verschlechtert niemand seine Sache. Klagerhebung wirkt sich auf den geltendgemachten Anspruch nicht ungünstig, sondern eher günstig aus. S. Dig. 50, 17, 86 u. 87 (beides Paulus). S. a. Nr. 35.

63. **Agens sine actione a limine judicii repellitur.** Wer ohne Anspruchsgrundlage klagt, wird an der Schwelle des Gerichts zurückgewiesen. Wer bei Gericht eine Klage erheben will, muß sich auf ein bestimmtes Klagerecht stützen, es benennen. Heute genügt es, wenn ein mögliches Klagerecht erkennbar ist.

64. **Agentes et consentientes pari poena plectuntur.** Handelnde und Einverstandene unterliegen der gleichen Strafe. Straftäter ist auch, wer nicht selber handelt, aber die Ausführung einer Straftat freigibt. Dabei ist Abhängigkeit des Handelnden vom Einverstandenen vorausgesetzt wie früher bei Herr und Sklave oder Vater und Sohn. S. Dig. 9, 4, 2–4 (Ulpian u. Paulus); 9, 2, 44 § 1 u. 45 pr. (dieselben); u. 47, 6, 1 § 1 (Ulpian). S. a. F 1.

65. **Agere non valenti non currit praescriptio.** Die Verjährung läuft nicht gegenüber dem, der nicht wirksam klagen kann. S. Bartolus, Komm. 2 zu Dig. 1, 18, 16. Joseph Clément, De la règle Contra non valentem agere non currit praescriptio en matière civile (Thèse jur. Dijon 1902) 40 ff. Karl Spiro, Zur neueren Geschichte des Satzes „agere ...“, in: Festschr. Hans Lewald (Basel 1953) 585–602. S. heute §§ 205–210 BGB.

66. **Agnatione postumi rumpitur testamentum.** Ein nachgeborener gesetzlicher Erbe erster Ordnung im Mannesstamm stößt ein Testament um. Wird nach dem Tod eines männlichen Testators diesem ein Kind oder ein Enkel von einem vorverstorbenen Sohn usf. geboren, so wird das Testament ipso jure kraftlos, da er ihn hätte berücksichtigen müssen. S. Gajus, Institutionen 2 § 131 Mitte. Satz des patriarchalischen Erbrechts. Heute verallgemeinert und eingeschränkt, s. § 2079 BGB.

67. **A jure nemo recedere praesumitur.** Von niemandem wird vermutet, er verzichte auf sein Recht. Ein Verzicht ist nicht ohne weiteres anzunehmen. S. a. R 22. Vgl. D 70 u. N 59.

68. **Alienabile ergo praescriptibile.** Veräußerlich, also der Verjährung unterworfen. Alle veräußerlichen Rechte unterliegen der

Verjährung. Mitunter unterliegen heute auch unveräußerliche Rechte der Verjährung, s. § 194 Abs. 2 BGB.

69. **Aliena concupiscere nemo debet.** Niemand soll Fremdes begehren. S. das neunte u. zehnte Gebot der Bibel, 2. Mose 20, 17 u. 5. Mose 5, 21.

70. **Aliena negotia exacto officio geruntur.** Fremde Geschäfte werden peinlich genau besorgt. Cod. Just. 4, 35, 21 (Konstantin). Auch heute gilt selbst für den unentgeltlichen Geschäftsbesorger und Vermögensverwalter der allgemeine, strenge Haftungsmaßstab des § 276 BGB.

71. **Alienatio rei praefertur juri accrescendi.** Die Veräußerung der Sache wird dem Recht der Anwachsung vorgezogen. Gehört ein Gegenstand, der nicht in Natur geteilt werden kann, mehreren gemeinsam und will sich einer von ihnen von der Gemeinschaft lösen, so ist der Gegenstand eher zu veräußern (und der Erlös zu verteilen), als daß der freiwerdende Teil den verbleibenden Gemeinschaftern anwächst (und diese den Ausscheidenden entschädigen). S. heute §§ 753, 2042 Abs. 2, aber auch 738 BGB.

72. **Alieno facto jus alterius non mutatur.** Fremde Tat verändert das Recht eines andern nicht. Nur eigene, nicht auch fremde Rechte kann man durch sein Tun schmälern. S. Dig. 8, 6, 6 § 1d a.A. (Celsus). Vgl. N 49. Ausnahme: sofort Nr. 85.

73. **Alienum negotium ratihabitione fit meum.** Ein fremdes Geschäft wird durch Genehmigung mein eigenes. S. Dig. 3, 5, 5 § 12 g.E. S. heute §§ 177 Abs. 1 u. 185 Abs. 2 BGB. S.a. R 2f., ab. a. sofort Nr. 77.

74. **Alienus dolus nocere alteri non debet.** Fremde Arglist darf einem andern nicht schaden. Dig. 44, 4, 11 pr. (Neraz). S. heute §§ 123 u. 166 Abs. 1 BGB. Vgl. Nr. 84 u. N 49.

75. **Alimenta cum vita finiuntur.** Unterhaltsansprüche enden mit dem Leben. Stirbt der Unterhaltsberechtigte oder der Unterhaltsverpflichtete, so erlischt der Unterhaltsanspruch. S. Dig. 2, 15, 8 § 10 a.E. (Ulpian). Bernhard Laubach, Lateinische Spruchregeln zum Unterhaltsrecht (Köln 2004) 165–174. S. heute § 1615 BGB, ab. a. § 1586b. Vgl. Nr. 25.

76. **Aliud est credere, aliud deponere.** Ein Darlehen geben ist etwas anderes als hinterlegen. Dig. 42, 5, 24 § 2 (Ulpian). S. heute § 700 BGB.

77. **Aliud est vendere, aliud vendenti consentire.** Verkaufen und dem Verkäufer zustimmen ist nicht dasselbe. Es ist nicht gleichgültig, ob man seine Sache selber verkauft oder durch einen Dritten. Dig. 50, 17, 160 pr. (Ulpian). S. ab. a. Nr. 73 u. R 2f.

78. **Aliud pro alio invito creditori solvi non potest.** Mit etwas anderem kann ohne Einwilligung des Gläubigers nicht erfüllt werden. Mit einer Leistung, die der geschuldeten nicht entspricht, kann man seine Schuld nur erfüllen, wenn der Gläubiger zustimmt. Dig. 12, 1, 2 § 1 a.E. (Paulus). S. heute §§ 363f. BGB.

79. **Allegans contraria non est audiendus.** Wer (vor Gericht) Widersprüchliches vorbringt, wird nicht gehört. Cheng S. 141–149. S. heute § 286 Abs. 1 ZPO. S.a. C 85.

80. **Allegatio contra factum non est admittenda.** Ein Vorbringen, das den Taten widerspricht, darf nicht zugelassen werden. S. heute § 286 Abs. 1 ZPO. Vgl. P 125.

81. **Alteri stipulari nemo potest.** Für einen anderen kann man sich nichts versprechen lassen. Satz des römischen Rechts, das direkte Stellvertretung und Verträge zugunsten Dritter nicht anerkannte. Dig. 45, 1, 38 § 17 a.A. (Ulpian) = Inst. 3, 19 § 19 a.A. Peter Apathy, in: SZ 93 (1976) 98f.; Ulrich Müller, Die Entwicklung der direkten Stellvertretung und des Vertrages zugunsten Dritter (Stuttgart 1969); Okko Behrends, Überlegungen zum Vertrag zugunsten Dritter im röm. Privatrecht, in: Studi in onore di C. Sanfilippo V (Mailand 1984)1–158; Dietmar Schanbacher, Die Konvaleszenz von Pfandrechten im klassischen römischen Recht (Berlin 1987) 196; u. Zimmermann 35–47. Gilt heute nicht, s. §§ 164 u. 328 BGB. Aber im engl. Common law noch aktuell; s.a. Art. 1119 französ. Code civil.

82. **Alterius circumventio alii non praebet actionem.** Dadurch, daß man jemand hintergeht, verschafft man sich keinen Anspruch. Dig. 50, 17, 49 (Ulpian). Vgl. heute § 123 BGB. S.a. E 48.

83. **Alterius contractu nemo obligatur.** Durch den Vertrag eines andern wird niemand verpflichtet. Verträge zu Lasten Dritter ver-

pflichten diese nicht. Cod. Just. 4, 12, 3 a.E. (Diokletian). S.a. R 37.

84. **Alterius culpa nobis nocere non debet.** Die Schuld eines anderen darf uns nicht schaden. Im Delikts- und im Strafrecht darf nur eigene Schuld veranschlagt werden. Knütel, in: SZ 100 (1983) 359–364, 435 u. 439–443. S. heute §§ 831 BGB u. 18 StGB. Vgl. Nr. 74 u. N 71.

85. **Alterius factum alteri nocet.** Die Tat des einen schadet dem andern. Betrifft zu vertretende Zerstörung und Verschlechterung im Rahmen eines Gesamtschuldverhältnisses. Dig. 45, 2, 18 a.E. (Pomponius). S. heute dagegen § 425 BGB.

86. **Alterius mora alteri non nocet.** Der Verzug des einen schadet dem andern nicht. Gemeint sind Gesamtschuldner. Dig. 22, 1, 32 § 4 a.E. (Marcian). S. heute § 425 BGB. S.a. M 68 u. U 23.

87. **Alternativa petitio non est audienda.** Alternativklagen sind unzulässig. Eine Klage muß einen bestimmten Antrag enthalten und darf nicht mehrere Möglichkeiten offenlassen. S. heute § 253 Abs. 2 Nr. 2 ZPO.

88. **Ambiguitas contra stipulatorem.** Zweideutigkeit (bei einem Vertrag schlägt) gegen den (aus), der (ihn) formuliert hat. Dig. 34, 5, 26 (Celsus); s.a. 96 (Marcian); u. vgl. 172 (Paulus). Christoph Krampe, in: SZ 100 (1983) 185–228; Christian Baldus, Regelhafte Vertragsauslegung nach Parteirollen im klassischen römischen Recht und in der Völkerrechtswissenschaft (Frankfurt am Main 1988) I 118–120. S. heute § 915 Hs. 2 österr. ABGB; Art. 1602 Abs. 2 französ. Code civil; Art. 1370 ital. Codice civile; u. § 305c Abs. 2 BGB. S.a. C 81 u. J 123; ab. a. J 30 u. Q 55.

89. **Ambulatoria est voluntas defuncti** usque **ad vitae supremum exitum.** Wandelbar ist der Wille des Erblassers bis zum Lebensende. Verfügungen von Todes wegen kann man ändern, solange man lebt. Satz des römischen Rechts, das Erbverträge nicht anerkannte. Dig. 34, 4, 4 a.E. (Ulpian); s.a. 24, 1, 32 § 3 (ders.). Gilt heute nicht uneingeschränkt, s. § 2253 Abs. 1, ab. a. §§ 2290–2295 u. 2271 Abs. 2 BGB. S.a. J 128. Vgl. N 153.

90. **Ames judicio, non amore judices.** Liebe mit Urteil, aber urteile nicht nach Liebe. Pseudo-Seneca, De moribus 48.

91. **Amor et dominium non patiuntur socium.** Liebe und Eigentum dulden keinen Teilhaber. Gemeinsame Berechtigungen sind streitträchtig; das Recht macht ihre Auflösung leicht. S. a. C 44 u. N 54.

92. **Angliae jura in omni casu libertati dant favorem.** Das Recht Englands gibt in jedem Fall der Freiheit den Vorzug.

93. **Animus hominis est anima scripti.** Der Wille eines Menschen ist die Seele des Schriftstücks. Schriftliche Erklärungen haben nur deshalb Kraft, weil der Verfasser damit etwas verband. S. heute § 133 BGB.

94. **Animus praesumitur ab effectu.** Vorsatz wird bei Erfolg vermutet. Wer behauptet, eine Tat unvorsätzlich begangen zu haben, muß dies beweisen. Nicolaus Everardi, Loci argumentorum legales 21, 4. S. schon Cod. Just. 9, 16, 1 pr. (Antoninus Pius) und den Kommentar von Baldus dazu. Gilt im Strafrecht heute nicht. S. a. Nr. 17.

95. **Apices juris non sunt jura.** Die Spitzen im Recht sind nicht das Recht. Das Recht läßt sich nicht begreifen, wenn man nur seine äußersten Konsequenzen in Betracht zieht. S. Dig. 17, 1, 29 § 4 (Ulpian). Vgl. S 79.

96. **Apocha non alias liberatio contingit, quam si pecunia soluta sit.** Eine Quittung befreit den Schuldner nur dann, wenn die Summe bezahlt worden ist. Eine Quittung hat keine konstitutive Kraft. Dig. 46, 4, 19 § 1 (Ulpian). S. heute § 368 S. 1 BGB.

97. **Appellatione extinguitur judicatum.** Durch Einlegung eines Rechtsmittels wird das Urteil ausgelöscht. Dionysius Gothofredus, Außenglosse Appellatione zu Glosse Extinguitur zu Dig. 48, 16, 1 § 14 a.E. S. heute § 705 S. 2 ZPO.

98. **Applicatio est vita regulae.** Die Anwendung ist das Leben der Regel. Vgl. O 25.

99. **Approbatione totius rei quaelibet ejus pars approbatur.** Billigung der ganzen Sache bedeutet Billigung jedes Teils von ihr. Vgl. P 12 u. J 129.

100. **Aqua profluens est res communis.** Das fließende Wasser ist Gemeineigentum. S. Dig. 1, 8, 2 § 1 (Marcian) = Inst. 2, 1 § 1. S. heute WaStrG, WasserhaushaltsG u. WasserverbandsG.

101. **Arbitrium est judicium.** Der Schiedsspruch ist ein Urteil. S. Glosse Iurisdictioni zu Dig. 3, 1, 1 § 2. S. schon Dig. 4, 8, 1 (Paulus). S. heute § 1040 ZPO.

102. **Argumenta non sunt numeranda, sed ponderanda.** Argumente sind nicht zu zählen, sondern zu wägen. S. ab. a. Q 9. Vgl. T 17 u. N 178.

103. **Arma in armatos sumere jura sinunt.** Gegen Bewaffnete zu Waffen zu greifen gestattet das Recht. Ovid, Ars amatoria 3, 492. S. heute §§ 227 BGB u. 32 StGB. S. a. Q 122 u. V 26.

104. **Assignatus utitur jure autoris.** Der Angewiesene übt ein Recht des Anweisenden aus. Er leistet für Rechnung des Anweisenden. S. heute § 783 Abs. 2 BGB.

105. **Aucupia verborum sunt judicis indigna.** Wortklaubereien sind eines Richters unwürdig. S. heute § 133 BGB. S. a. S 19.

106. **Audiatur et altera pars.** Auch die andere Seite muß gehört werden. In einem Rechtsstreit darf eine Entscheidung erst ergehen, nachdem beide Seiten Gelegenheit hatten, ihren Standpunkt darzulegen. Uralter Rechtssatz, nicht erst römisch. Die Formulierung fand ich nicht vor Abraham Saur, Peinlicher Processz (Frankfurt am Main 1580) 1 unt. Berfg. a. Dig. 48, 17, 1 pr. a. E.; s. schon Seneca d. J., Medea 199f. Janbernd Oelbecke weist mich auf den Deckenbalken des Friedenssaals im Rathaus von Münster hin (1562). Ohne „et" nicht vor Johannes Pauli, Schimpf und Ernst (erstmals Straßburg 1522, Neudr. hrsgg. v. Joh. Bolte Berlin 1924) Ernst Nr. 259 (auf allen Richthäusern). S. Hinrich Rüping, Der Grundsatz des rechtl. Gehörs u. seine Bedeutung im Strafverfahren (Berlin 1976) 29f.; Liebs, JZ 1981, 163; u. Andreas Wacke, Audiatur et altera pars. Zum rechtlichen Gehör im römischen Zivil- und Strafprozeß, in: Ars boni et aequi. Festschr. Wolfgang Waldstein (Stuttgart 1993) 369–399. S. heute Art. 103 Abs. 1 GG. S. a. N 39.

107. **Autoritas, non veritas facit legem.** Die Staatsgewalt, nicht die Richtigkeit macht das Gesetz. Für die Gültigkeit eines Gesetzes

kommt es nicht auf seinen Gerechtigkeitsgehalt an, sondern darauf, ob die Staatsautorität es erlassen hat. S. Thomas Hobbes, Leviathan (2., lat. Fassung 1668) Kap. 26, etwa Mitte. Dazu s. Carl Schmitt, Politische Theologie (München 1922, 2. Ausg. 1934) 44–46 u. 66 (d. 2. Ausg.); Martin Kriele, Einführung in die Staatslehre (Reinbek 1975) 123 ff. u. 148; F. u. K. von Benda Beckmann, Auctoritas . . ., in: Brocardica (s. oben A 32) 9–13.

108. **Autor regit actum.** Der Aussteller regiert das Geschäft. Ein Rechtsgeschäft, das von oder vor einer öffentlichen Stelle vorzunehmen ist, wie ein notariell zu beurkundendes Geschäft, eine Eheschließung oder eine Adoption, ist nach dem Recht der betreffenden Stelle vorzunehmen. Satz des interlokalen und internationalen Verwaltungsverfahrensrechts.

109. **Autor se non obligat.** Der gesetzliche Vertreter macht sich nicht selbst verbindlich. Wer als gesetzlicher Vertreter einer Verpflichtung seines Schützlings zustimmt, haftet nicht selbst.

110. **A verbis legis non est recedendum.** Vom Wortlaut des Gesetzes darf nicht abgewichen werden. Ein Gesetz darf nicht so ausgelegt werden, daß die ihm beigelegte Bedeutung seinem Wortlaut widerspricht. Vgl. Dig. 32, 69 pr. (Marcellus). S.a. M 10 u. V 13, ab. a. L 9.

B

1. **Beati possidentes.** Glücklich die Besitzenden. Wer eine Sache besitzt, ist im Vorteil. Z.B. muß im Streit um das Eigentum nicht der Besitzer, sondern derjenige, der die Sache beansprucht, sein Recht beweisen. S. Euripides, Danaë = Fragm. 328, 8 d. Ausg. von Aug. Nauck (Leipzig 1912): οἱ δ᾽ἔχοντες ὄλβιοι mit handfester nichtjuristischer Bedeutung. S. heute §§ 1006 Abs. 1 S. 1 u. etwa 817 S. 2 BGB. S.a. J 61, 93, M 35, P 79 u. 108.

2. **Beneficia non obtruduntur.** Wohltaten werden nicht aufgedrängt. Einprägsamere Fassung von J 134. Beide Sentenzen werden vergröbernd auch auf Schenkungen und das erforderliche Einverständnis des Beschenkten bezogen, s. dazu Andreas Wacke, Europäische Spruchweisheiten über das Schenken und ihr Wert als rechtshistorisches Argument, in: Rechtsgeschichte und Privatrechtsdogmatik (für Hans Hermann Seiler, Heidelberg 1999) 336–338.

3. **Beneficium legis amittit, qui legem subvertere intendit.** Eine Rechtswohltat verliert, wer das Recht umzustoßen versucht. S.a. F 59 u. P 104.

4. **Beneficium legis non debet esse captiosum.** Eine Rechtswohltat darf nicht zum Nachteil ausschlagen. S. Glosse Restitui g.E. zu Dig. 21, 2, 39 pr. a.E.

5. **Bene judicat, qui distinguit.** Gut richtet, wer unterscheidet.

6. **Benignius leges interpretandae sunt, quo voluntas earum conservetur.** Gesetze müssen verständig ausgelegt werden, so daß ihre Absicht gewahrt wird. Dig. 1, 3, 18 (Celsus). Herbert Hausmaninger, Publius Iuventius Celsus: Persönlichkeit und juristische Argumentation, in: ANRW Tl. II Bd. 15 (Berlin 1976) 404f. Vgl. C 22.

7. **Bis de eadem re ne sit actio.** Zweimal über dieselbe Sache gibt es keine Klage. Formulierung griechischer und römischer

Übungsbücher der Redekunst: Liebs, Die Herkunft der „Regel" bis . . ., in: SZ 84 (1967) 104–132. E. Slob, Bis . . ., in: Brocardica (s. oben A 32) 83–89. S. a. N 6, 41 u. S 11. Vgl. sofort Nr. 10f.

8. **Bonae fidei possessor fructus consumptos suos facit.** Der gutgläubige Besitzer macht verbrauchte Früchte zu eigenen. Verbrauchte Früchte muß er nicht ersetzen, während er noch vorhandene herausgeben muß. Satz des Gemeinen Rechts, s. Inst. 2, 1 § 35 S. 1 u. 2; Dig. 41, 1, 40 g. E. (Afrikan); u. Windscheid-Kipp I 958 u. Fn. 12. S. heute § 993 Abs. 1 BGB. S. a. das Folgende.

9. **Bonae fidei possessor fructus suos facit.** Der gutgläubige Besitzer macht Früchte zu seinen eigenen. Er erwirbt an gezogenen Früchten mit der Trennung erst einmal Eigentum, ob er es schließlich wieder herausgeben muß oder nicht. Satz des klassischen römischen Rechts, s. Dig. 22, 1, 25 § 1 (Julian). S. heute §§ 955 BGB; 330 österr. ABGB; Art. 938 schweiz. ZGB; 1148 ital. Codice civile; u. 549 französ. Code civil. Peter Apathy, Das Recht des redlichen Besitzers an den Früchten, in: Juristische Blätter 100 (1978) 517 ff. S. a. das Vorige.

10. **Bona fides non patitur, ut bis idem exigatur.** Die gute Treue duldet es nicht, daß zweimal dasselbe eingeklagt wird. Dig. 50, 17, 57 (Gajus). Liebs, Die Klagenkonkurrenz im römischen Recht (Göttingen 1972) 77f. S. a. das Folgende. Vgl. soeben Nr. 7, N 6, 41 u. S 11.

11. **Bona fides non patitur, ut semel exactum iterum exigatur.** Die gute Treue duldet es nicht, daß einmal Eingeklagtes ein zweites Mal eingeklagt wird. Liber sextus 5, 13, 83 (Bonifaz VIII.). S. schon das Vorige. Vgl. soeben Nr. 7, N 6, 41 u. S 11.

12. **Bona fides praesumitur.** Guter Glaube wird vermutet. Bis zum Beweis des Gegenteils ist davon auszugehen, daß die Rechtsgenossen gutgläubig waren bzw. sind. Glosse Qui bona fide zu Inst. 2, 6 pr. Mitte (Accursius). S. heute §§ 405 a. E., 407 Abs. 1 a. E., 407 Abs. 2 a. E., 892 Abs. 1 S. 1 a. E. u. S. 2 a. E., 932 Abs. 1 S. 1 a. E., 936 Abs. 2, 937 Abs. 2, 990 Abs. 1 S. 1 u. 1208 S. 1 a. E. BGB. S. a. Q 53.

13. **Bonam fidem agnoscere licet.** Eine gute Forderung darf man anerkennen. Ein gesetzlicher Vertreter, Treuhänder oder sonstiger Sachwalter, der in Sachen seines Schützlings belangt wird, darf berechtigte Forderungen mit Wirkung für den Schützling anerkennen, braucht ihretwegen keinen Prozeß zu führen. S. Dig. 26, 7, 9 § 6 a. E. (Ulpian). Gilt heute ebenso.

14. **Bona non sunt nisi deducto aere alieno.** Vermögen ist nur nach Abzug der Schulden. S. Dig. 50, 16, 39 § 1 (Paulus).

15. **Boni judicis est ampliare jurisdictionem.** Ein guter Richter versteht seine Aufgabe weit. Ein Richter sollte einen Kläger nicht schon dann abweisen, wenn keine hergebrachte Bestimmung vorliegt, unter die das Begehren subsumiert werden kann. Der Richter ist zur Rechtsfortbildung berufen. S. heute etwa Dieter Grimm, Verfassungsgerichtsbarkeit im demokratischen System, in: JZ 1976, 697–703.

16. **Boni judicis est lites dirimere.** Den guten Richter zeichnet aus, daß er Streitigkeiten beilegt. D. h. seine Prozesse so zu Ende bringt, daß daraus kein neuer Streit entsteht.

17. **Bonis nocet, qui malis parcit.** Wer die Bösen schont, schädigt die Guten. Pseudo-Seneca, De moribus 114. S. schon Pythagoras bei Stobäus, Anthologie 4, 5, 112. S. a. J 82 u. M 45.

18. **Bonitas creditoris non debet ei esse captiosa.** Nachsicht darf einem Gläubiger nicht zum Fallstrick werden. Einem Gläubiger, der rücksichtsvoll vorgeht, dürfen daraus keine zusätzlichen Nachteile entstehen. Vgl. Dig. 30, 8 § 1 S. 2 u. 3 (Pomponius). S. heute etwa §§ 203 u. 421 S. 2 BGB.

C

1. **Calor iracundiae non excusat a delicto.** Zorneshitze entschuldigt kein Delikt. Dionysius Gothofredus, Außenglosse Calor zu Glosse Sed cum zu Cod. Just. 9, 35, 5. S. heute §§ 20 f. und 199 StGB.

2. **Casum sentit dominus.** Zufall spürt der Eigentümer. Wird eine Sache durch Zufall beschädigt oder zerstört, so hat der Eigentümer den Verlust zu tragen; er kann ihn weder auf den schuldlosen Verursacher abwälzen noch z. B. auf einen Mieter. Andreas Wacke, Gefahrerhöhung als Besitzerverschulden, in: Festschr. H. Hübner (Berlin 1984) 669–695; ders., Casum sentit dominus: Liability for accidental damages in Roman and modern German law of property and obligation, in: ders., Estudios de derecho romano y moderno en cuatro idiomas (Madrid 1996) 367–380. S. heute § 1311 S. 1 österr. ABGB. S. a. sofort Nr. 3 f., D 3 u. R 49.

3. **Casum sentit is, quem tangit.** Einen Zufall trägt der, den er trifft. D. h. wessen Recht betroffen ist. Verallgemeinerung von Nr. 2.

4. **Casus a nullo praestantur.** Für Zufälle steht niemand ein. S. Dig. 50, 17, 23 a. E. (Ulpian). Zimmermann 430 f. S. a. soeben Nr. 2 f., 6, D 3 u. Q 15.

5. **Casus fortuitus a mora excusat.** Zufall entschuldigt Verzug. S. heute § 286 Abs. 4 BGB.

6. **Casus fortuitus in nullo contractu praestatur.** Für Zufall wird bei keinem Vertrag gehaftet. Ein Vertragspartner haftet nicht für nachträgliche Leistungsstörungen, die er in keiner Weise zu verantworten hat. S. Baldus, Komm. Einl. zu Cod. Just. 4, 24, 6 a. A. S. schon Glosse Contractus g. E. zu Dig. 50, 17, 23 (Accursius); u. bereits diese Stelle a. E. (Ulpian). Vgl. heute § 276 Abs. 1 S. 1 BGB.

7. **Casus omissus habetur pro omisso.** Ein nicht erwähnter Fall wird als nicht berücksichtigt behandelt. Ist in eine Regelung ein naheliegender Fall nicht einbezogen worden, so gilt die Regelung für diesen Fall nicht. S. Dig. 28, 2, 10 S. 2 (Pomponius).

8. **Causa criminalis non praejudicat civili.** Ein Strafprozeß greift einem Zivilprozeß nicht vor. Der Zivilrichter ist an ein in derselben Sache ergangenes Strafurteil nicht gebunden. S. heute § 14 Abs. 2 Nr. 1 EGZPO.

9. **Causa dominii multiplicari non potest.** Eigentum läßt sich nicht vervielfachen. Das (ungeteilte) Eigentum an einer Sache kann nur einem einzigen übertragen werden, während eine Gattungsschuld mehrmals geleistet werden kann. Satz des römischen Vermächtnisrechts. S. Dig. 30, 34 § 3 (Ulpian). S. dagegen heute § 2157 BGB.

10. **Causa ecclesiae publicis causis aequiperatur.** Kirchliche Angelegenheiten stehen staatlichen Angelegenheiten gleich. Die Kirche genießt dieselben Vorrechte wie die öffentliche Hand; Kirchenrecht ist öffentliches Recht. S. Gratian, § 8 zu Dekret 2, 16, 3, 15. S. heute Art. 140 GG i.V.m. 137 Abs. 5 u. 6 Weimarer Verfassung.

11. **Causa proxima, non remota spectatur.** Der nächste, nicht ein entfernter Grund zählt. Meint nicht in erster Linie den Rechtsgrund einer Verfügung, sondern die Zurechenbarkeit von Ursachen und die Maßgeblichkeit von Umständen bei der Auslegung. S. Glosse Operae potius meae g.E. zu Dig. 4, 2, 9 § 1 a.E. Vgl. heute die deutsche Adäquanztheorie. Cheng S. 240–253. S.a. J 80.

12. **Cautela abundans non nocet.** S. A 11.

13. **Cautio medicina est arresti.** Sicherheitsleistung ist ein Heilmittel gegen Arrest. Durch Sicherheitsleistung kann man einen Arrest abwenden. S. heute § 923 ZPO.

14. **Caveat emptor.** Der Käufer sei auf der Hut. Wenn nichts Besonderes vereinbart ist und auch sonst keine besonderen Umstände wie Arglist des Verkäufers eingreifen, hat der Käufer wegen Mängel der Kaufsache keine Ansprüche gegen den Verkäufer.

Gilt im englischen Common law, heute weithin durchlöchert. S. Broom S. 528–553; u. Zimmermann 306–308.

15. **Cavendum est a fragmentis.** Vor Bruchstücken muß man sich in acht nehmen. Gesetze, Verträge, Testamente und sonstige Erklärungen, auf die es in einer Rechtssache ankommt, müssen, damit man sich ein Bild machen kann, vollständig vorliegen.

16. **Cavere aut carere.** Sicherheit leisten oder nicht haben. Manche Befugnisse hat bzw. behält man nur, wenn man Sicherheit leistet. S. Dig. 39, 2, 9 pr. (Ulpian). S. heute etwa §§ 52 Abs. 2, 257 S. 2, 258 S. 2, 273 Abs. 3, 321, 468, 562c, 775 Abs. 2 BGB. Vgl. S 2.

17. **Cedi jus personale alii non potest.** Ein höchstpersönliches Recht kann nicht übertragen werden. S. heute etwa §§ 399, 717 BGB oder den Urlaubsanspruch des Arbeitnehmers.

18. **Celare fraudem fraus est.** Einen Betrug verhehlen ist Betrug. Betrügen kann man auch durch Unterlassen. S. heute §§ 263 StGB, 438 Abs. 3, 444, 522f., 536d, 600, 634 Abs. 3 u. 639 BGB.

19. **Certior factus non debet certiorari.** Wer Bescheid weiß, braucht nicht benachrichtigt zu werden. S. Dig. 19, 1, 1 § 1 a.E. (Ulpian). S.a. E 35 u. Q 28.

20. **Certum esse debet consilium testantis.** Bestimmt muß der Entschluß des Testators sein. Wer eine letztwillige Verfügung trifft, darf nicht im ungewissen lassen, wen er bedenken will. S. Pseudo-Ulpian, Liber singularis regularum 22, 4 a.E. Heute sind wir großzügiger, s. §§ 2066–2073 BGB.

21. **Certum est, quod certum reddi potest.** Bestimmt ist, was bestimmt werden kann. Im Recht steht Bestimmbarkeit der Bestimmtheit gleich. Heute besonders aktuell bei Sicherungsübereignung und Sicherungsabtretung.

22. **Certum est, quod is committit in legem, qui legis verba complectens contra legis nititur voluntatem.** Mit Sicherheit verstößt derjenige gegen das Gesetz, der an den Worten des Gesetzes festhaltend sich gegen die Absicht des Gesetzes auflehnt. Liber sextus 5, 13, 88 (Bonifaz VIII.). S. schon Cod. Just. 1, 14, 5 pr. (Theodosius II.). Vgl. B 6.

23. **Cessante causa cessat effectus.** Fällt der Grund weg, so entfällt auch die Folge. Dekretalen 2, 24, 26 g.E.; u. 2, 28, 16 a.A. (beides Innozenz III.). Alfred Söllner, Die causa im Kondiktionen- und Vertragsrecht des Mittelalters, in: SZ 77 (1960) 187ff.; u. Stephan Kuttner, Urban II and the Doctrine of Interpretation, in: Studia Gratiana 15 (1972) 78–81.

24. **Cessante ratione legis cessat ipsa lex.** Fällt der Sinn eines Gesetzes weg, so fällt das Gesetz selbst weg. S. Glosse Non cohaeret zu Dig. 35, 1, 72 § 6. Hermann Krause, Cessante causa cessat lex, in: SZ Kan. 46 (1960) 81–111; Kuttner (soeben Nr. 23); Wolfgang Löwer, Cessante ... (Berlin 1989); u. Dirk Heckmann, Geltungskraft und Geltungsverlust von Rechtsnormen (Tübingen 1997) 417–476. S.a. U 3, ab. a. R 6 u. Q 75.

25. **Cessionarius est pro creditore.** Der Zessionar tritt an die Stelle des Gläubigers. S. heute § 398 S. 2 BGB. S.a. das Folgende u. Nr. 96.

26. **Cessionarius utitur jure cedentis.** Der Zessionar genießt das Recht des Abtretenden. S. heute § 398 BGB. S.a. das Vorige u. Nr. 96.

27. **Chirographum inductum praesumitur solutum.** Ein durchgestrichener Schuldschein ist im Zweifel eingelöst worden. S. Dig. 22, 3, 24 (Modestin bzw. sein Bearbeiter).

28. **Circuitus est evitandus.** Umwege sind zu vermeiden. Der Gesetzgeber soll den Rechtsgenossen bei der Verfolgung ihrer Ziele keine unnötigen Umwege vorschreiben. Leitsatz Justinians, s. etwa Cod. Just. 2, 55, 4 § 7; 5, 70, 7 §§ 4 u. 8; 7, 47, 1 § 1; u. 8, 48, 6.

29. **Circumvenire se invicem naturaliter licet contrahentibus.** Vertragschließenden ist es von der Natur der Sache her erlaubt, einander zu übervorteilen. S. Dig. 19, 2, 22 § 3 (Paulus). Andreas Wacke, Circumscribere, gerechter Preis und die Arten der List, in: SZ 94 (1977) 185–221; u. Zimmermann 255–258.

30. **Civitas non mutatur, sed amittitur.** Die Staatsangehörigkeit wird nicht gewechselt, sondern verloren. Bei Annahme einer fremden Staatsangehörigkeit verliert man die eigene und wechselt, rechtlich gesehen, die Staatsangehörigkeit nicht etwa aus;

der Verlust ist eine selbständige, allein vom Recht des früheren Staates abhängige Rechtsfolge. S. heute § 25 StAG.

31. **Civitas sibi faciat civem.** Ein Staat muß sich selber Bürger schaffen. Jeder Staat bestimmt souverän selbst, wer seine Bürger sind. S. Bartolus, Komm. 34 zu Dig. 41, 3, 15 pr. Julius Kirshner, Civitas . . .: Bartolus of Sassoferrato's Doctrine on the making of a citizen, in: Speculum 48 (1973) 694–713. S. heute das StAG.

32. **Clandestina injusta praesumuntur.** Heimliches ist im Zweifel Unrecht. Später formulierte Maxime ungezählter Stellen in den Kaisergesetzen des 4. Jhs. n. Chr., s. Cod. Theod. passim nach Otto Gradenwitz, Index verborum Cod. Theod. u. d. St. clandestinus. Vgl. D 67 u. J 111.

33. **Clausulae insolitae inducunt suspicionem.** Unübliche Vertragsklauseln sind verdächtig. Nicolaus Everardi, Loci argumentorum legales 104, 6. S. heute § 305c Abs. 1 BGB. S. a. J 106.

34. **Clausula, quae abrogationem excludit, ab initio non valet.** Eine Bestimmung, welche die Aufhebung (eines Gesetzes) ausschließt, ist von Anfang an ungültig. S. heute dagegen Art. 79 Abs. 3 GG.

35. **Clericus clericum non decimat.** Ein Geistlicher nimmt von einem Geistlichen keinen Zehnten. Die Kirche besteuert nicht die eigenen Funktionäre und Einrichtungen. Auch in einem weiteren Sinn gebraucht: Unter Kollegen sind Dienstleistungen unentgeltlich. S. Dekretalen 3, 30, 2 (Paschal II.).

36. **Clericus concubinarius in officiis vitandus non est nisi sit notorius.** Die Amtshandlungen eines im Konkubinat lebenden Geistlichen sind unanfechtbar, wenn die Sache nicht offenkundig ist. Dekretalen 3, 2, 10 Summarium. S. bis 1983 Can. 2357 § 2 Codex juris canonici 1917.

37. **Coactus volui.** Ich wollte, nachdem gezwungen. Auch die unter Zwang vorgenommene Rechtshandlung ist wirksam. Will man sie nicht gelten lassen, so kann man sie aber entkräften. Dig. 4, 2, 21 § 5 Mitte (Paulus). Arthur Severijn Hartkamp, Der Zwang im römischen Privatrecht (Amsterdam 1971) 84–101, 124–126 u. passim; Zimmermann 652 f. S. heute §§ 123 f. BGB.

38. **Cogitationis poenam nemo patitur.** Gedanken sind straffrei. Dig. 48, 19, 18 (Ulpian). H. P. Glöckner, Cogitationis ... (Frankfurt am Main 1989). S. a. D 19, M 11 u. S 47.

39. **Collegium non moritur.** Eine Körperschaft stirbt nicht. Sie besteht unabhängig vom Fortleben der einzelnen Mitglieder weiter. S. a. E 7.

40. **Commercium jure gentium commune esse debet.** Der Handel muß nach Völkerrecht allen offenstehen. Er darf weder monopolisiert noch einzelnen vorbehalten sein. S. Dig. 1, 1, 5 (Hermogenian).

41. **Commodum ejus esse debet, cujus periculum est.** Der Vorteil muß dem gehören, der die Gefahr trägt. Inst. 3, 23 § 3. Manfred Harder, Commodum ... – Über die actio furti als stellvertretendes commodum beim Kauf, in: Festschr. Max Kaser 70. Geburtstag (München 1976) 351–372. S. a. U 17.

42. **Commodum ex injuria non oritur.** Aus Unrecht erwächst kein Vorteil. Rechtswidrige Handlungen können die Rechtsposition nicht verbessern. Kurzfassung von N 173. S. a. E 54.

43. **Commorientium non videtur alter alterum supervixisse.** Bei zusammen Gestorbenen ist nicht anzunehmen, daß der eine den anderen überlebt habe. Von Bedeutung im Erbrecht. Hätte einer den anderen auch nur für kurze Zeit überlebt, so hätte er ihn beerben können und der weitere Erbgang nähme womöglich einen anderen Weg. S. Dig. 34, 5, 18 pr. a. E. (Marcian). S. bis 1939 § 20 BGB u. heute § 11 VerschG.

44. **Communio est mater rixarum.** Die Rechtsgemeinschaft ist die Mutter von Streitigkeiten. Aus einer Rechtsgemeinschaft entsteht regelmäßig Streit. S. Glosse Ex communione zu Cod. Just. 8, 33, 3 § 4c. S. schon diese Stelle (Justinian); u. Dig. 31, 77 § 20 a. E. (Papinian). S. a. A 91 u. N 54.

45. **Communis error facit jus.** Ein gemeinsamer Irrtum schafft Recht. Glosse Omnium consensu zu Inst. 2, 10 § 7; u. Gl. Reprobari Mitte zu Dig. 1, 14, 3. Betrifft ursprünglich nur irrigen Sprachgebrauch in einem Rechtsgeschäft; Falschbezeichnung schadet hier nicht. S. Dig. 33, 10, 3 § 5 a. E. (Paulus). Zimmermann 598. Die Glosse verstand den Satz auch in dem Sinn,

daß allgemein verbreitete Unkenntnis persönlicher Unfähigkeitsgründe einer Person deren Rechtsakte wirksam macht, s. dazu Rolf Knütel, Barbatius Philippus und seine Spuren. Falsus praetor, parochus putativus, Scheinbeamter, in: Staat, Kirche, Wissenschaft in einer pluralistischen Gesellschaft. Festschrift zum 65. Geburtstag von Paul Mikat (Berlin 1989) 345–365; u. kürzer ders., Röm. Recht u. deutsches Bürgerliches Recht, in: Veröffentlichungen der Joachim-Jungius-Gesellschaft der Wissenschaften Hamburg 72 (1993) 43–47. In einem weiter verallgemeinerten Sinne wurde dem Satz auf dem Kontinent und in England eine verschiedene rechtliche Bedeutung zugemessen. Dort legitimierte er eine pragmatische Rechtsquellenlehre, nach der es nicht darauf ankommt, ob die Grundlage eines Rechtssatzes wahr oder falsch ist, wenn er nur von der allgemeinen Überzeugung des Gemeinwesens, in dem er gelten soll, getragen wird. Bei uns legitimierte er die ein einwandfreies Rechtsgeschäft ersetzende Wirkung des Rechtsscheins.

46. **Communis opinio habet vim consuetudinis.** Eine herrschende Meinung (der juristischen Schriftsteller) hat die Kraft von Gewohnheitsrecht. Baldus, Komm. 5 zu Dekretalen 1, 2, 5 unt. Berfg. a. Johannes Andreae z. d. St.

47. **Compensatio compensationis non datur.** Gegen Aufrechnung gibt es keine Aufrechnung. Der Aufrechnungsgegner kann eine Aufrechnung nicht dadurch zunichte machen, daß er der Forderung des Gegners eine andere als die von diesem bestimmte Forderung gegenüberstellt. S. heute § 396 BGB.

48. **Conceptus pro jam nato habetur.** Der Empfangene wird wie schon geboren behandelt. Schon vor der Geburt kann ein Kind zu berücksichtigen sein, als sei es rechtsfähig. S. Dig. 1, 5, 7 (Paulus). S. heute §§ 844 Abs. 2 S. 2, 1912 u. 1923 Abs. 2 BGB. S. a. N 1.

49. **Concilium repraesentat mentem populi.** Die Versammlung (der Abgeordneten) vertritt den Willen des Volkes. Bartolus, Komm. 10 zu Dig. 1, 4, 1, z. B. der Ausg. Turin 1577 (non vidi, in vielen Ausgaben nicht enthalten). Walter Ullmann, De Bartoli sententia: Concilium ..., in: Bartolo da Sassoferrato – Studi e documenti per il VI centenario (Mailand 1962) 705–733.

50. **Conditio existens ad initium negotii retrotrahitur.** Die eingetretene Bedingung wird auf den Beginn des Rechtsgeschäfts zurückbezogen. Tritt die Bedingung, unter der ein Rechtsgeschäft geschlossen worden ist, ein, so wirkt das, als wäre das Geschäft von Anbeginn unbedingt wirksam geworden. Gottfried Schiemann, Pendenz und Rückwirkung der Bedingung – Eine dogmengeschichtliche Untersuchung, Köln 1973. Gilt heute nur ausnahmsweise, s. § 159 BGB.

51. **Conditio illicita habetur pro non adjecta.** Eine verbotene Bedingung gilt als nicht hinzugefügt. S. Dig. 28, 7, 14 (Marcian): Betraf ursprünglich nur Testamente. S. heute § 2085, ab. a. 139 BGB. Vgl. J 21.

52. **Conditiones quaelibet odiosae, maxime contra matrimonium et commercium.** Alle (einschränkenden) Bedingungen sind von Übel, besonders bei der Ehe und beim Handel.

53. **Conditio, quae defecit, non restauratur.** Eine Bedingung, die ausgefallen ist, wird nicht erneuert. Der Ausfall einer Bedingung ist endgültig und unheilbar. Gilt heute ebenso. S. a. F 58.

54. **Conditio semel impleta non resumitur.** Eine einmal erfüllte Bedingung wird nicht wiederholt. Sie lebt nicht wieder auf, auf sie kommt es nicht noch einmal an. S. Dig. 35, 1, 101 § 4 (Papinian). Gilt heute ebenso.

55. **Conditio suspendit, sed non cogit.** Die Bedingung läßt in der Schwebe, aber zwingt nicht. S. heute § 158 BGB. Vgl. M 62.

56. **Confessio alterius alii non praejudicat.** Das Anerkenntnis bzw. Geständnis des einen präjudiziert niemand anderen. Anerkenntnisse und Geständnisse wirken nur gegen den, der sie abgegeben hat. S. heute § 61 ZPO.

57. **Confessio est regina probationum.** Das Geständnis ist die Königin der Beweise. S. heute § 254 Abs. 1 StPO. S. a. H 1, N 157 u. P 117, ab. a. das Folgende.

58. **Confessio non est probatio.** Ein Geständnis ist kein Beweis. Abraham Saur, Peinlicher Prozessz (Frankfurt am Main 1580) 38: potius relevatio probationis – eher eine Erleichterung des Beweises.

59. **Confessus non appellat.** Wer gestanden hat, ficht nicht an. Ein geständiger Angeklagter kann gegen das daraufhin ergangene Urteil kein Rechtsmittel einlegen. S. Cod. Just. 7, 65, 2 (Konstantius II.). In der Sache älter, s. W. Kunkel, Untersuchungen z. Entw. d. röm. Kriminalverf. in vorsullan. Zeit (1962) 74 u. 76. Gilt im Strafprozeß heute nicht mehr. W. Wedekind, Wielant et Damhouder et l'appel en matière criminelle – L'adage confessus non appellat, in: TR 44 (1976) 153–158.

60. **Confessus pro judicato habetur.** Wer anerkannt hat, wird als verurteilt behandelt. Dig. 42, 2, 3 a.E. (Paulus). S.a. 42, 1, 56 a.E. (Ulpian); Cod. Just. 7, 59, 1 (Caracalla: placet); u. schon Zwölf Tafeln 3, 1. S. heute § 307 ZPO.

61. **Confirmatio nil dat novi.** Eine Bestätigung bringt nichts Neues. Von einer Bestätigung kann man nur sprechen, wenn inhaltlich nichts Neues hinzukommt. S.a. O 30. Vgl. R 10.

62. **Confirmatio supplet defectus.** Die Bestätigung heilt Mängel. Wird ein Rechtsgeschäft von den Parteien bestätigt, so werden etwaige Mängel geheilt. S. heute §§ 141 u. 144 BGB.

63. **Confusione extinguitur obligatio.** Durch Vereinigung (der Forderung mit der Schuld in einer Person) erlischt die Verbindlichkeit. S. Dig. 34, 3, 21 § 1 (Terenz Clemens). Gilt heute ebenso, von Ausnahmen abgesehen. S.a. D 12.

64. **Connexorum idem est judicium.** Zusammenhängendes gehört in einen und denselben Prozeß. Okko Behrends, Die römische Geschworenenverfassung (Göttingen 1970) 192–206; D. Liebs, Die Klagenkonkurrenz im römischen Recht (Göttingen 1972) 262f. S. heute §§ 147 ZPO u. 2–4 StPO. S.a. Nr. 77.

65. **Consanguinei duorum concumbentium non sunt affines.** Die Verwandten zweier Gatten sind nicht miteinander verschwägert. S. heute § 1590 BGB. S.a. A 59 u. J 115.

66. **Consensio omnium gentium lex naturae putanda est.** Worin alle Völker übereinstimmen, ist als Naturgesetz anzusehen. Cicero, Tusculanae disputationes 1, 30.

67. **Consensus facit nuptias.** Die Einigung macht die Hochzeit. Für die Wirksamkeit einer Eheschließung kommt es auf die Eini-

gung der Brautleute (und ihre ordnungsgemäße Bekundung) an, nicht auf Einhaltung bestimmter Hochzeitsbräuche oder die Beiwohnung. S. Dig. 50, 17, 30 (Ulpian); u. 23, 1, 11 (Julian). Carl Gerold Fürst, Ecclesia vivit lege Romana?, in: SZ Kan. 61 (1975) 22–25.

68. **Consensus tollit errorem.** Die Zustimmung hebt den Irrtum auf. Wer einen Irrtum erkannt hat und dennoch deutlich macht, daß er an der Erklärung festhalte, macht den Irrtum unbeachtlich. S. heute § 144 BGB. S. a. Nr. 62 u. E 29.

69. **Consentire videtur, qui longo tempore patitur.** Wer lange Zeit hinnimmt, gilt als einverstanden. Vgl. heute dagegen § 133 BGB.

70. **Consilii non fraudulenti nulla obligatio.** Aus einem nicht arglistigen Rat (entsteht) keine Verbindlichkeit. Dig. 50, 17, 47 pr. (Ulpian), vgl. 17, 1, 10 § 7 (ders.). S. heute § 675 Abs. 2 BGB. S. a. E 44, N 47, 175 u. Q 43.

71. **Constat ad salutem civium inventas esse leges.** Selbstverständlich sind die Gesetze zum Wohle der Bürger erdacht.

72. **Constitutio respicit futura et non praeterita.** Die Rechtssetzung blickt auf das Zukünftige und nicht auf das Vergangene. Rückwirkende Rechtsänderungen sind verboten. Dekretalen 1, 2, 2 Summarium. S. heute Can. 9 Codex juris canonici. S. a. L 45 u. vgl. N 152.

73. **Consuetudo certa esse debet.** Die Übung muß fest sein (um auf Gewohnheitsrecht schließen zu lassen).

74. **Consuetudo est optima legum interpres.** Die Übung ist die beste Deuterin der Gesetze. Glosse Incommodo a. E. zu Dig. 11, 1, 5 u. Dekretalen 1, 4, 8 Summarium a. E. S. schon O 25. S. heute Can. 27 Codex juris canonici.

75. **Consuetudo loci est observanda.** Eine örtliche Übung ist zu beachten. Satz des römischen Reichsrechts, zumal auch zum Verwaltungsgebaren. S. Burkhard Schmiedel, Consuetudo im klass. u. nachklass. röm. Recht (Graz 1966) 25–41. S. heute etwa §§ 151 S. 1, 157, 242 (‚Verkehrssitte'), 612 Abs. 2, 632 Abs. 2, 906 Abs. 2, 919 Abs. 2 BGB, 59, 94 Abs. 1, 96, 99, 346, 359

Abs. 1, 361, 380, 393 Abs. 2, 394 Abs. 1, 396 Abs. 1 u. 428 HGB. S. a. A 16.

76. **Contemporanea expositio est optima.** Die zeitgenössische Erläuterung ist die beste. Bei der Deutung von Texten sind erläuternde Texte um so wertvoller, je näher sie zeitlich dem zu deutenden Text stehen.

77. **Continentia causae dividi non debet.** Der Zusammenhang einer Rechtssache darf nicht zerschnitten werden. Im römischen Recht mußten Prozesse tunlichst zusammengelegt werden. S. Cod. Just. 3, 1, 10 (Konstantin). Okko Behrends, Die röm. Geschworenenverfassung (Göttingen 1970) 192 ff. S. heute §§ 150 ZPO u. 2–5 StPO. S. a. Nr. 64.

78. **Contractus ab initio voluntatis est, ex post facto necessitatis.** Ein Vertrag ist zunächst eine Sache des Beliebens, dann der Notwendigkeit. Der Abschluß eines Vertrags ist frei, seine Erfüllung nicht. S. Cod. Just. 4, 10, 5 (Diokletian).

79. **Contractus ex conventione legem accipere dinoscuntur.** Verträge erhalten bekanntlich ihr Gesetz aus dem Übereinkommen. Maßgeblich bei Verträgen ist, worüber man sich geeinigt hat. Liber sextus 5, 13, 85 (Bonifaz VIII.). S. schon Dig. 16, 3, 1 § 6 a. E. (Ulpian). S. heute § 133 BGB. S. a. sofort Nr. 91, 92 u. P 1.

80. **Contractus vis omnis in conclusione consistit.** Die ganze Kraft eines Vertrages liegt in seinem Abschluß. Entscheidend für einen Vertrag ist der Vertragsschluß.

81. **Contra eum, qui legem dicere potuit apertius, est interpretatio facienda.** Gegen den, der die Bestimmung deutlicher hätte formulieren können, ist die Auslegung vorzunehmen. Liber sextus 5, 13, 57 (Bonifaz VIII.). S. schon Dig. 2, 14, 39 (Papinian) u. ö. S. heute Art. 1602 Abs. 2 französ. Code civil u. § 305 c Abs. 2 BGB. S. a. A 88 u. J 123, ab. a. J 30 u. Q 55.

82. **Contrahentes sub conditione impossibili nihil agere voluisse existimantur.** Wer unter einer unmöglichen Bedingung einen Vertrag schließt, wollte offenbar nichts bewirken. S. ab. a. J 21.

83. **Contra minorem non currit praescriptio.** Gegen einen Minderjährigen (sc. der nicht vertreten ist) laufen keine Verjährung

und keine Aufschlußfrist. S. Cod. Just. 2, 40, 5 (Justinian). S. heute § 210 BGB. S. a. A 65.

Contra non valentem agere ... S. A 65

84. **Contra rem judicatam non audietur.** Gegen eine gerichtlich entschiedene Sache wird man nicht gehört. Dagegen kann man keinen Richter anrufen. S. a. J 119, 121 u. R 43 f.

85. **Contraria allegans non auditur.** Wer (vor Gericht) Widersprüchliches vorbringt, wird nicht gehört. S. a. A 79.

86. **Contra scriptum testimonium non scriptum testimonium non fertur.** Gegen ein schriftliches Zeugnis wird ein schriftloses Zeugnis nicht gelten gelassen. Ein Zeuge kann, was er urkundlich bekundet hat, später nicht widerrufen. Ursprünglich nur für Zeugenurkunden gemeint wie dem römischen Testament, von Justinian verallgemeinert. Cod. Just. 4, 20, 1 (Caracalla). S. a. 4, 20, 18 u. Dig. 22, 3, 25 § 4 g. E. (beides Justinian). Kaser, RZ 367–369 u. 600–605. Gilt heute nicht.

87. **Contra tabulas nulla valet usurpatio.** Gegen die Register gilt keine Rechtsanmaßung. Rechte, die in einem öffentlichen Register eingetragen sind, können dem Berechtigten nicht entzogen werden; Ersitzung und Erwerb vom Nichtberechtigten sind insoweit ausgeschlossen, als die Register geführt sind. S. heute etwa § 927 BGB.

88. **Contra vim non valet jus.** Gegen Gewalt ist das Recht machtlos. S. a. J 114, S 35 u. V 32.

89. **Contumax confitetur.** Der Säumige erkennt an. Wer zum Prozeßtermin nicht erscheint, wird behandelt, als erkenne er das Vorbringen des Gegners an. S. Glosse Confitentur zu Cod. Just. 11, 59, 11 § 1. S. heute § 331 Abs. 1 ZPO.

90. **Contumax non appellat.** Der Säumige appelliert nicht. Die säumige Prozeßpartei ist von den ordentlichen Rechtsmitteln ausgeschlossen. Gegen ein Versäumnisurteil gibt es nur kurzfristig das Rechtsmittel des Einspruchs; unterbleibt dieser, so wird es rechtskräftig. S. Glosse Non recte provocasse Mitte zu Dig. 49, 1, 23 § 3; u. Glosse Quod zu Cod. Just. 3, 1, 13 § 4 g. E. (Accursius). S. heute §§ 513 u. 338–344 ZPO.

91. **Conventio est lex.** Die Übereinkunft ist Gesetz. Eine rechtsgeschäftliche Einigung ist ebenso wirksam wie ein Gesetz. Kurzfassung des Folgenden. S. a. Nr. 79 u. P 1.

92. **Conventio legem dat contractui.** Die Übereinkunft gibt dem Vertrag das Gesetz, seine bindende Wirkung. Grund der vertraglichen Bindung ist die Übereinkunft der Parteien. S. Dig. 50, 17, 23 (Ulpian). S. a. Nr. 79, das Vorige u. P 1. Vgl. V 8.

93. **Corpora communia, sed non pecunia.** Die Körper gemeinsam, aber nicht das Geld. Ausdruck der Gütertrennung in der Ehe. S. heute §§ 1363 Abs. 2 S. 1 u. 1414 BGB.

94. **Credenda est scriptura.** Auf ein Schriftstück ist zu vertrauen. Ein Schriftstück als einziges Beweismittel genügt in der Regel. Dig. 32, 37 § 5 a. E. (Cervidius Skävola).

95. **Creditor non videtur cessisse contra se.** Von einem Gläubiger nimmt man nicht an, daß er gegen sich selbst abgetreten habe. Ein Forderungsübergang darf dem bisherigen Gläubiger keinen zusätzlichen Nachteil bringen. S. heute etwa §§ 268 Abs. 3 S. 2, 426 Abs. 2 S. 2, 774 Abs. 1 S. 2 BGB u. 59 Abs. 1 S. 2 RVG. S. a. N 77.

96. **Creditor posterior in prioris creditoris locum succedit.** Der neue Gläubiger tritt an die Stelle des bisherigen Gläubigers. Bei Forderungsübergang hat der Zessionar nicht mehr und nicht weniger Rechte als der Zedent. S. Dig. 20, 4, bes. 12 § 9 (Marcian); u. Cod. Just. 8, 18, bes. 1 § 1 (Septimius Severus): Betraf ursprünglich nur den rangablösenden nachrangigen Pfandgläubiger, § 268 Abs. 3 S. 1 BGB. S. heute § 398 S. 2 BGB. S. a. Nr. 25 f.

97. **Creditur virgini se praegnantem asserenti.** Einer Jungfrau, die vorbringt, sie sei schwanger, wird geglaubt. Eine ledige werdende Mutter kann von dem, den sie als Kindesvater bezeichnet, Sicherstellung der Entbindungskosten und eines vorläufigen Unterhalts verlangen, ohne die Vaterschaft jetzt schon beweisen zu müssen. S. bis 1969 §§ 1716 BGB i. V. m. 936, 920 Abs. 2 u. 294 ZPO. S. a. V 30.

98. **Crimina morte extinguntur.** Verbrechen werden durch den Tod getilgt. Abwandlung von E 74.

99. **Cui bono (fuerit)?** Für wen (war es) gut? Wem nützte die Tat? Orientierungshilfe bei der Verbrechensaufklärung. Cicero, Rede für Sextus Roscius § 84 g. E.; für Milo § 32 g. A. mit dem Kommentar von Asconius dazu; u. 2. Philippische Rede § 35 g. A. unt. Berufg. a. Lucius Cassius Longinus Ravilla. S. a. U 5. Vgl. N 68.

100. **Cui conceditur aliquid, intelliguntur concessa omnia, sine quibus explicari non potest.** Wem etwas eingeräumt ist, von dem ist anzunehmen, daß ihm alles das eingeräumt ist, ohne das die Sache nicht ausgeführt werden kann. Nicolaus Everardi, Loci argumentorum legales 125, 2. S. schon Glosse Quo minus zu Dig. 43, 19, 4 pr. u. Dionysius Gothofredus, Außenglosse Tacite dazu. S. heute etwa Ernst Wolfgang Böckenförde, Der verdrängte Ausnahmezustand, in: NJW 1978 S. 1885 u. Fn. 35. Vgl. J 178 u. Q 33.

101. **Cui jus est donandi, eidem et vendendi et concedendi jus est.** Wer das Recht hat, zu verschenken, der hat auch das Recht, zu verkaufen und zu überlassen. Verschenken ist die weitestgehende Verfügung über eine Sache. Dig. 50, 17, 163 (Ulpian).

102. **Cuilibet in arte sua credendum.** Man muß jedem auf seinem Gebiet glauben. Ein Fachmann oder Sachverständiger ist auf seinem Gebiet oberste Autorität; Nichtfachleute müssen sein Urteil hinnehmen. S. Ulrich Zasius, Opera omnia 1 (Lyon 1550) 403, 47.

103. **Cui licet quod est plus, licet utique quod est minus.** Wer mehr darf, darf auch, was weniger ausmacht. Liber sextus 5, 13, 53 (Bonifaz VIII.). S. schon Dig. 50, 17, 21 (Ulpian). S. a. J 64, P 47 u. das Folgende.

104. **Cui majus conceditur, et minus concedi videtur.** Wem das Größere eingeräumt wird, dem wird sichtlich auch das Kleinere eingeräumt. Variation des Vorigen.

105. **Cuique defensio tribuenda.** Man muß jedem Gelegenheit geben, sich zu verteidigen. S. Tacitus, Annalen 13, 20, 3 (Burrus zu Nero).

106. **Cuique licet his quae pro se introducta sunt renuntiare.** Jeder darf auf zu seinen Gunsten bestehende Vorrechte verzichten.

S. Cod. Just. 2, 3, 29 § 1 u. Nov. 136, 1 (beides Justinian unt. Berfg. a. eine regula iuris antiqui). S. a. Q 79.

107. **Cui recte solvitur, is novare potest.** Wem wirksam erfüllt wird, der kann novieren. Die Novation einer Forderung kann jeder Einziehungsberechtigte wirksam vornehmen. Dig. 46, 2, 10 (Paulus).

108. **Cujus est dare, ejus est disponere.** Wer befugt ist zu geben, ist befugt zu verfügen. Die Veräußerungsbefugnis berechtigt zu jeder Verfügung.

109. **Cujus est solum, ejus est usque ad coelum.** Wem der Boden gehört, dem gehört er bis zum Himmel. S. Dig. 43, 24, 22 § 4 g. E. (Venulejus). H. Goudy, Cuius ..., in: Essays in Legal History (Oxford 1913) 229–232. S. heute § 905 BGB. S. a. D 65.

110. **Cujus participavit lucrum, participet et damnum.** An wessen Gewinn jemand beteiligt war, an dessen Verlust soll er auch beteiligt sein. Dig. 17, 2, 55 a. E. (Ulpian). S. a. Q 46, U 8 u. Q 78. Vgl. R 7.

111. **Cujus regio, ejus religio.** Wes Gebiet, des Religion. Wem das Territorium untertan ist, dessen christliches Bekenntnis haben die Einwohner. Kurzformel zur Kennzeichnung einiger Artikel des Augsburger Religionsfriedens von 1555, wonach die Landesherren die in ihrem Gebiet geübte Konfession bestimmen konnten. S. Joachim Stephani, Institutiones iuris canonici (2. Aufl. Frankfurt [an der Oder?] 1612, 1. Aufl. 1604) 52 = Kap. 7 Nr. 52. Martin Heckel, Cuius ..., in: HRG I 652–658 u. d. St. (von 1966); Karl-Hermann Kästner, Cuius ..., in: HRG^2 I 913–916 u. d. St. (von 2006) m. w. Nw.; u. Johannes Heckel, Cura religionis Jus in sacra Jus circa sacra, in: Festschr. Ulrich Stutz (Stuttgart 1938) 232–235 mit Verweis auf Stephani.

112. **Culpa caret, qui scit, sed prohibere non potest.** Wer weiß, aber nicht verhindern kann, hat keine Schuld. Wer ein Geschehen zwar verfolgt, aber nicht eingreifen kann, den trifft kein Verschulden. Dig. 50, 17, 50 (Paulus): betraf das Eigenverschulden des Herrn bei Untaten seiner Sklaven. S. ab. a. N 169.

113. **Culpa lata dolo aequiperatur.** Grobe Fahrlässigkeit steht Vorsatz gleich. S. Dig. 11, 6, 1 § 1 g. E. (Ulpian); u. schon 16, 3, 32

(Celsus unt. Berfg. a. Nerva d. Ä.). S. heute etwa § 309 Nr. 7b i.V.m. 276 Abs. 3 BGB. S.a. M 1.

114. **Culpa tenet suum autorem.** Verschulden macht den Schuldigen haftbar. Nicht etwa einen anderen für ihn. S. heute §§ 29 StGB u. 831 BGB, ab. a. 278 u. 31 BGB.

115. **Cum in testamento ambigue scriptum est, benigne interpretari debet.** Wenn in einem Testament etwas zweideutig ausgedrückt ist, muß wohlwollend ausgelegt werden. Unklarheiten machen eine letztwillige Verfügung nicht so schnell unwirksam wie ein Rechtsgeschäft unter Lebenden. Auch ein nicht ganz sicherer Sinn ist der völligen Nichtbeachtung der Verfügung vorzuziehen. Dig. 34, 5, 24 (Marcellus). S. heute § 2084 BGB. S.a. J 53 u. T 12.

116. **Cum in verbis nulla ambiguitas est, non debet admitti voluntatis quaestio.** Wenn die Worte unzweideutig sind, darf nach dem Gemeinten nicht gefragt werden. Urtümliches Auslegungshindernis, in Rom von der prokulianischen Juristenschule vertreten. Dig. 32, 25 § 1 (Paulus oder Neraz); s.a. 33, 10, 7 § 2 (Celsus). S. heute dagegen § 133 BGB. S.a. A 9; ab. a. F 14f.

117. **Cum non stat per eum ad quem pertinet, quominus conditio impleatur, haberi debet perinde, ac si impleta fuisset.** Wenn es nicht an dem, der den Nutzen davon haben würde, liegt, daß die Bedingung nicht erfüllt wird, muß so verfahren werden, als wäre sie erfüllt worden. Liber sextus 5, 13, 66 (Bonifaz VIII.). Geht weiter als das römische und das geltende Recht. Vgl. einerseits Dig. 50, 17, 161 (Ulpian) u. 35, 1, 24 (Julian) u. dazu Hans Josef Wieling, ... Condicio pro impleta im römischen Testament, in: SZ 87 (1970) 230–245. Andererseits §§ 162 u. 2076 BGB.

118. **Cum principalis causa non consistit, ne ea quae sequuntur locum habent.** Hat die Hauptsache keinen Bestand, so hat, was folgt, ebensowenig Bestand. Betrifft Nebenrechte, insbesondere ergänzende Dienstbarkeiten. Dig. 50, 17, 129 § 1 = 50, 17, 178 (Paulus). Hans Hermann Seiler, Utile per inutile non vitiatur – Zur Teilunwirksamkeit von Rechtsgeschäften im römischen Recht, in: Festschr. Max Kaser 70. Geburtstag (München 1976) 145. S.a. das Folgende.

119. **Cum quid prohibetur, prohibentur omnia quae sequuntur ex illo.** Wenn etwas verboten wird, wird alles verboten, was daraus folgt. Liber sextus 5, 13, 39 (Bonifaz VIII.). S. schon das Vorige. Vgl. das Folgende.

120. **Cum quid una via prohibetur alicui, ad id alia non debet admitti.** Wenn jemandem etwas auf dem einen Wege verboten wird, darf es auf einem anderen Weg nicht zugelassen werden. Liber sextus 5, 13, 84 (Bonifaz VIII.). S. heute §§ 306a, 475 Abs. 1 S. 2, 506 u. 655e Abs. 1 S. 2 BGB. S. a. Q 18 u. 92. Vgl. das Vorige.

121. **Cum quis in jus succedit alterius, justam ignorantiae causam censetur habere.** Wenn jemand in das Recht eines anderen nachfolgt, wird davon ausgegangen, daß er einen berechtigten Grund zur Unkenntnis (über die näheren Bewandtnisse dieses Rechts) habe. Liber sextus 5, 13, 14 (Bonifaz VIII.). S. schon Dig. 50, 17, 42 (Gajus). S. heute etwa § 211 BGB.

122. **Cum quis possit alienare, poterit et consentire alienationi.** Wenn jemand veräußern kann, könnte er auch einer Veräußerung (durch einen anderen) zustimmen. Als Verfügungsberechtigter kann man auch einen anderen im eigenen Namen verfügen lassen. Dig. 50, 17, 165 pr. (Ulpian). S. heute § 185 Abs. 1 BGB.

123. **Cum reus moram facit, et fidejussor tenetur.** Kommt der Hauptschuldner in Verzug, haftet auch der Bürge. Dig. 22, 1, 24 § 1 (Paulus). S. heute § 767 Abs. 1 S. 2 BGB.

124. **Cum sunt partium jura obscura, reo favendum est potius quam actori.** Wenn die Rechte der Parteien dunkel sind, ist eher zugunsten des Beklagten zu entscheiden als des Klägers. Liber sextus 5, 13, 11 (Bonifaz VIII.). S. schon Dig. 50, 17, 125 (Gajus). S. a. J 62.

125. **Cum vitia prosunt, peccat qui recte facit.** Wenn Fehler helfen, tut Unrecht, wer recht handelt. Publilius Syrus, Sentenzen C 14. S. ab. a. N 116 u. 143.

126. **Curatorem habenti curator non datur.** Wer einen Pfleger hat, erhält keinen Pfleger. Grundsätzlich wird nur ein Pfleger bestellt. Treffen mehrere Pflegschaftsgründe zusammen, so sind al-

le vom selben Pfleger wahrzunehmen. Genügt er den Aufgaben nicht, so ist er zu ersetzen; und ist er vorübergehend verhindert, so muß er selbst Vorkehrungen treffen. S. Cod. Just. 5, 34, 10 (Diokletian). S. heute §§ 1915 Abs. 1 i.V.m. 1775 u. 1915 Abs. 2 BGB. Vgl. T 41.

127. **Curator rei datur.** Ein Pfleger wird einer Sache wegen bestellt. Im Unterschied zum Vormund obliegt dem Pfleger nicht umfassende Sorge für eine Person, sondern ein sachlich begrenzter Kreis von Geschäften. S. heute §§ 1909–1914 u. 1794 BGB. Vgl. T 45.

128. **Curia parliamenti suis propriis legibus subsistit.** Das Parlament besteht nach seinen eigenen Gesetzen. Parlamente sind nur den von ihnen selbst beschlossenen Gesetzen und Geschäftsordnungen unterworfen.

129. **Currit tempus a tempore scientiae et potentiae.** Eine Frist läuft vom Zeitpunkt der Kenntnis und der Fähigkeit an. Fristen laufen nicht, solange der Betroffene sie nicht kennt oder aus anderen Gründen nicht wahrnehmen kann. Damasus, Regulae canonicae 58. S. heute etwa §§ 121 Abs. 1 S. 1, 124 Abs. 2 S. 1, 199 Abs. 1, 205–208 u. 1944 Abs. 2 S. 1 BGB, ab. a. 51 b BRAO. S. a. das Folgende u. J 15.

130. **Currit tempus contra desides et sui juris contemtores.** Fristen laufen gegen Träge und ihr Recht nicht Achtende. Grobe Wendung des Vorigen.

131. **Cursus curiae est lex curiae.** Der Geschäftsgang eines Gerichtshofs ist das Gesetz des Gerichtshofs. Gerichte halten ihren Geschäftsgang und ihre Geschäftsordnung ein wie ein Gesetz. S. heute z. B. § 140 GVG.

D

1. **Da mihi factum, dabo tibi jus.** Gib mir den Tatbestand, und ich werde dir das Recht geben. Wer vor Gericht geht, braucht keine Rechtsfragen darzulegen, sondern es genügt, wenn er die Tatsachen dartut, aus denen sein Recht folgt; ihre rechtliche Würdigung besorgt das Gericht von sich aus. S. Dekretalen 2, 1, 6 (Alexander III.). S. heute § 293 ZPO. S. a. J 167.

2. **Damnum quod quis sua culpa sentit, sibi debet, non aliis imputare.** Einen Schaden, an dem man selber schuld ist, muß man sich und nicht anderen anrechnen. Liber sextus 5, 13, 86 (Bonifaz VIII.). S. schon Dig. 50, 17, 203 (Pomponius).

3. **Damnum sine injuria esse potest.** Schaden kann ohne Unrecht entstehen. Nicht für jeden Schaden ist jemand verantwortlich. S.a. C 2–4.

4. **Dans et retinens nihil dat.** Wer gibt und zugleich behält, gibt nichts. Nur wenn der Geber alle tatsächliche Gewalt aufgibt, kommt eine Übergabe im Rechtssinn zustande. Vgl. Dig. 50, 17, 167 pr.

5. **Dare in solutum est vendere.** An Erfüllungs Statt leisten ist verkaufen. Es hat Züge des Kaufs. S. Cod. Just. 8, 44, 4 a.E. (Caracalla). S. heute § 365 BGB.

6. **Debet esse titulus secundum jus.** Der Titel muß dem Recht entsprechen. Aus einem unzulässigen Titel gibt es keine Zwangsvollstreckung.

7. **Debet quis juri subjacere, ubi deliquit.** Man muß sich dort verantworten, wo man schuldig geworden ist. Wegen unerlaubter Handlungen und Straftaten wird man am Gericht des Tatorts verbzw. angeklagt. S. heute §§ 32 ZPO u. 7 StPO. S.a. J 1 u. R 23.

8. **Debita sequuntur personam debitoris.** Schulden folgen der Person des Schuldners. Leistungsort und Gerichtsstand richten sich

nach dem Wohnsitz des Schuldners. S. heute §§ 269 BGB u. 12f. ZPO.

9. **Debitoris mei debitor non est meus debitor.** Der Schuldner meines Schuldners ist nicht mein Schuldner. Ich kann auf ihn erst zugreifen, wenn mir die Forderung meines Schuldners abgetreten oder überwiesen ist.

10. **Debitor non praesumitur donare.** Ein Schuldner schenkt im Zweifel nicht. Hat z. B. ein Schuldner seinen Gläubiger letztwillig bedacht, so ist bis zum Beweis des Gegenteils davon auszugehen, daß dies auf die Schuld anzurechnen ist.

11. **Debitor speciei liberatur interitu rei.** Der Schuldner einer bestimmten Sache wird durch (von ihm nicht zu vertretenden) Untergang der Sache befreit. S. Glosse Decesserit g. E. zu Dig. 15, 1, 11 § 4 g.E. S. heute §§ 275 Abs. 1 u. 280 Abs. 1 i. V. m. 276 Abs. 1 BGB. S. a. R 48 u. S 56.

12. **Debitor sui ipsius nemo esse potest.** Niemand kann sein eigener Schuldner sein. Man kann nicht zugleich Schuldner und Gläubiger sein; bei nachträglicher Vereinigung beider Funktionen in einer Person erlischt die Schuld. S. a. C 63.

13. **Debitorum pactionibus creditorum petitio nec tolli nec mutari potest.** Durch Vereinbarungen auf der Schuldnerseite kann eine Forderung weder aufgehoben noch ausgewechselt werden. Ohne Mitwirkung des Gläubigers kann weder eine Schuld erlöschen noch der Schuldner noch der Gläubiger wechseln. Cod. Just. 2, 3, 25 (Diokletian). S. heute §§ 397, 398 u. 415 Abs. 1 BGB. S. a. R 37.

14. **Debitum et contractus sunt nullius loci.** Schuld und Vertrag sind an keinen Ort gebunden. Sie sind nicht von der Sache her an einen bestimmten Leistungsort oder Gerichtsbezirk gebunden; die Parteien können einen beliebigen Erfüllungsort und Gerichtsstand vereinbaren. S. heute §§ 269 Abs. 1 BGB u. 38f. ZPO.

15. **Debitum ex causa victuali non compensatur.** Eine Unterhaltsschuld wird nicht aufgerechnet. Der Schuldner einer Unterhaltsforderung kann eine eigene Forderung gegen jene nicht aufrech-

nen. S. heute § 394 BGB i.V.m. § 850b Abs. 1 Nr. 2 u. Abs. 2 ZPO.

16. **Deceptis, non decipientibus opitulatur.** Übervorteilten, nicht Übervorteilenden wird geholfen. Dig. 16, 1, 2 § 3 Mitte (Ulpian). S.a. J 70.

17. **Deficiente uno sanguine non potest esse heres.** Fehlt jemandem das Blut von einer Seite, so kann er nicht Erbe sein. Halbgeschwister usw. sind von der gesetzlichen Erbfolge ausgeschlossen. S. heute jedoch § 1925 BGB. Vgl. F 47.

18. **De fide et officio judicis non recipitur quaestio.** Zuverlässigkeit und Pflichterfüllung eines Richters stehen nicht zur Verhandlung. Amtshaftungsgründe können nicht darauf gestützt werden, daß ein Richter seine Pflicht verletzt habe. S. heute § 839 Abs. 2 BGB.

19. **De internis non judicat praetor.** Über innere Vorgänge urteilt kein Richter. Andere Fassung von C 38. S.a. M 11 u. S 47.

20. **Deliberandum est diu quod statuendum est semel.** Es ist längere Zeit zu bedenken, was ein für allemal festzusetzen ist. S. Publilius Syrus, Sentenzen D 10. S.a. J 77.

21. **Delicatus debitor est odiosus.** Ein verwöhnter Schuldner ist anstößig. Säumige Schuldner haben nur Anrecht auf eine bescheidene Lebensführung, mehr brauchen ihnen die Gläubiger nicht zu belassen. S. Dig. 13, 7, 25 a.E. (Paulus): Bedeutung ursprünglich enger. S. heute §§ 811–812 ZPO. Vgl. J 183, L 35 u. N 133.

22. **Delicta parentium liberis non nocent.** Unrecht, das Eltern begangen haben, schadet den Kindern nicht. S. Cod. Just. 6, 7, 2 pr. g.E. (Konstantin). S.a. J 2.

23. **Delictum iteratum gravius est.** Ein wiederholtes Delikt ist schwerer. Der Wiederholungstäter wird schwerer bestraft. S. Glosse Consuetudini zu Cod. Just. 1, 4, 3 § 4 g.E. S. heute § 48 StGB. S.a. M 78.

24. **Delictum personae non debet in detrimentum ecclesiae redundare.** Die Unrechtstat einer Person darf nicht zu einem Vermögensnachteil der Kirche ausufern. Wenn ein Repräsentant der

Kirche unrecht gehandelt hat, haftet die Kirche nicht. Die Kirche ist für Unrecht nicht verantwortlich. Liber sextus 5, 13, 76 (Bonifaz VIII.). Vgl. schon Dig. 26, 9, 3 (Papinian: vulgo dictum). S. bis 1983 Can. 536 § 3 u. 1527 § 2 Codex juris canonici 1917; ab. a. § 89 Abs. 1 BGB.

25. **Delinquitur aut proposito aut impetu aut casu.** Man verbricht etwas entweder planvoll oder im Affekt oder aus Versehen. Dig. 48, 19, 11 § 2 (Marcian).

26. **De minimis non curat lex.** Kleinigkeiten kümmern das Gesetz nicht. Das Gesetz gibt nicht auf alle denkbaren Rechtsfragen Antwort, sondern nur auf die wichtigeren. S.a. Q 124.

27. **De morte hominis nulla est cunctatio longa.** Wenn es um Leben und Tod geht, wird nicht lang gezaudert. Bei Lebensgefahr muß rasch entschieden werden, sind zeitraubende Erhebungen nicht am Platz.

28. **Depositum habet executionem paratam.** Verwahrung bedeutet jederzeitige Vollstreckung. Der Hinterleger kann seine Sache jederzeit zurückfordern. S. heute § 695 BGB.

29. **Derivativa potestas non potest esse major primitiva.** Eine abgeleitete Gewalt kann nicht größer sein als die ursprüngliche.

30. **De se confesso non creditur super crimine alterius.** Wer ein eigenes Verbrechen gestanden hat, verdient keinen Glauben über anderer Verbrechen. Damasus, Regulae canonicae 42.

31. **De similibus idem est judicium.** Ähnliche Fälle sind gleich zu entscheiden.

32. **Dicat testator et erit lex.** Der Testator spreche und es wird ein Gesetz sein. Was jemand von Todes wegen verfügt, ist wie ein Gesetz. Prinzip der Testierfreiheit. S. heute §§ 1937–1940 BGB. S. ab. a. H 3.

33. **Diei adjectio pro reo est.** Das Hinzufügen eines Termins wirkt für den Schuldner. Nicht für den Gläubiger: Legen Vertragsparteien eine Zeit für die Leistung fest, so kann sie vorher nicht gefordert werden; wohl aber darf der Schuldner sie vorher erbringen. Dig. 45, 1, 41 § 1 S. 3 (Ulpian). Rolf Knütel, Röm. Recht

(s. C 45) 54 f. S. heute § 271 Abs. 2 BGB; Art. 81 schweiz. OR; 1184 ital. Codice civile.

34. **Dies a quo non computatur.** Der erste Tag wird nicht mitgerechnet. Betrifft die Frage, wann genau eine Frist abläuft. S. Dig. 50, 16, 134 (Paulus), 40, 1, 1 (Ulpian) u. 50, 17, 101 (Pseudo-Paulus). Windscheid-Kipp I 533 f. S. heute § 187 BGB.

35. **Dies coeptus pro completo habetur.** Ein angefangener Tag wird als ganzer gerechnet. Erst wenn der letzte Tag einer Frist abgelaufen ist, endet sie. Dionysius Gothofredus, Außenglosse Dies zu Glosse Dico valere zu Dig. 28, 1, 5. S. schon diese Glosse g. E. u. Bartolus, Komm. zu Dig. 28, 1, 5. Windscheid-Kipp I 535 f. S. heute § 188 BGB. S. a. N 154. Vgl. das Vorige.

36. **Dies dominicus non est juridicus.** Sonntag ist kein Rechtstag. An Sonn- und Feiertagen werden die Justizbehörden nicht tätig und laufen keine Fristen ab. S. Cod. Just. 3, 12, 6 pr. u. § 4 (Theodosius I.); s. schon Cod. Theod. 2, 8, 18 = 8, 8, 3 = 11, 7, 13 (Valentinian II.). S. heute §§ 188, 216 Abs. 3 u. 761 ZPO; u. 193 BGB, 43 Abs. 2 StPO u. 222 Abs. 2 ZPO.

37. **Dies incertus in testamento conditionem facit.** Aus einer ungewissen Zeitbestimmung wird in einem Testament eine Bedingung. Bei der „echten" Zeitbestimmung ist im Gegensatz zur Bedingung nur ungewiß, wann das Ereignis eintritt, nicht dagegen, ob es eintritt. Letztwillige Verfügungen aber stehen gewöhnlich unter dem Vorbehalt, daß der Bedachte den Erblasser überlebt. Dig. 35, 1, 75 (Papinian). S. a. das Folgende.

38. **Dies incertus pro conditione habetur.** Eine (auch bezüglich des ‚ob') ungewisse Zeitbestimmung wird als Bedingung behandelt. Glosse Vel incertum zu Dig. 28, 5, 23 pr. (Azo). S. a. das Vorige.

39. **Dies interpellat pro homine.** Der Termin mahnt statt des Menschen. Baldus, Komm. a. A. zu Cod. Just. 8, 37, 12. S. schon Glosse Committitur zu Dig. 22, 1, 9 § 1; u. Dekretalen 3, 18, 4 a. E. (Gregor IX.). Windscheid-Kipp II 136 f. u. 140. S. heute § 286 Abs. 2 Nr. 1 u. 2 BGB. S. a. L 23.

40. **Dies non remoratur obligationem.** Ein Termin schiebt die Verbindlichkeit nicht hinaus. Durch Festsetzung einer Leistungszeit

wird nicht etwa der Beginn der ganzen Verbindlichkeit hinausgeschoben, sondern nur ihre Fälligkeit. S. heute § 271 BGB.

41. **Dies offert pro homine.** Der Termin bietet an statt des Menschen. S. heute § 296 BGB.

42. **Difficultas non vitiat actum.** Schwierigkeiten berühren die Gültigkeit des Rechtsgeschäfts nicht. Solange eine übernommene Verpflichtung erfüllbar ist, muß sie, mag das auch schwer sein, erfüllt werden. S. Dig. 30, 39 § 7 (Ulpian). S. ab. a. M 2.

43. **Dignitas delictum auget.** Hohe Stellung macht ein Delikt schlimmer. Kurzfassung des Folgenden.

44. **Dignitas delinquentis peccatum auget.** Hohe Stellung des Delinquenten macht die Verfehlung schwerer. Damasus, Regulae canonicae 52. S. heute Can. 2207, 10 Codex juris canonici. S. a. das Vorige.

45. **Diligenter fines mandati custodiendi sunt.** Die Grenzen eines Auftrags sind sorgsam zu beachten. Dig. 17, 1, 5 pr. (Paulus). S. heute § 665 BGB. S. a. Q 40.

46. **Diligentior praesumitur in re sua dominus quam procurator.** Es ist anzunehmen, daß der Eigentümer sorgfältiger mit seiner Sache umgeht als ein Verwalter.

47. **Disciplina militaris potest exerceri diebus festivis.** Militär- und Polizeidienst findet auch an Feiertagen statt. Nicolaus Everardi, Loci argumentorum legales 56, 42 unter Verweis auf Dig. 2, 12, 9 (Ulpian unt. Berfg. a. Trajan).

48. **Divisio instar permutationis obtinet.** Teilung gleicht Tausch. Ein Teilungsvertrag, d. h. eine einvernehmliche Auseinandersetzung, hat dieselben rechtlichen Elemente wie ein Tauschvertrag. S. Dig. 10, 2, 20 § 3 g. E. (Ulpian).

49. **Doctori non tenemur credere, nisi probet opinionem suam per autenticam scripturam.** Einem (Rechts-)Gelehrten brauchen wir nicht zu glauben, wenn er seine Meinung auf keinen authentischen Text stützt. Nicolaus Everardi, Loci argumentorum legales 95, 12. S. a. E 33.

50. **Dolo facit, qui petit, quod redditurus est** bzw. **quod restituere oportet eundem.** Arglistig handelt, wer fordert, was er dem-

nächst zurückgibt bzw. was er selbst zurückerstatten muß. Einer solchen Forderung steht die Einrede der Arglist entgegen. Dig. 50, 17, 173 § 3 = 44, 4, 8 pr. (Paulus); u. Liber sextus 5, 13, 59 (Bonifaz VIII.). Neuerdings auch enger formuliert: **Dolo agit, qui petit, quod statim redditurus est.** Arglistig klagt, wer fordert, was er alsbald zurückgeben wird. Windscheid-Kipp II 463 f. S. ab. a. S 58.

51. **Dolosus versatur in generalibus.** Der Unaufrichtige verweilt im Allgemeinen.

52. **Dolum facit, qui ex aliena jactura lucrum quaerit.** Wer aus fremdem Verlust Gewinn zieht, handelt arglistig. S. Dig. 14, 3, 17 § 4 a. E. (Paulus unt. Berfg. a. Proculus). Vgl. L 70.

53. **Dolus circuitu non purgatur.** Arglist wird durch einen Umweg nicht bereinigt. Arglistiges Verhalten verliert sein Gepräge nicht dadurch, daß es nicht unumwunden hervortritt.

54. **Dolus emtoris qualitate facti non quantitate pretii aestimatur.** Arglist des Käufers ist seinem Verhalten und nicht dem Preis zu entnehmen. Ein besonders günstiger Preis ist kein Indiz für arglistiges Verhalten des Käufers. Cod. Just. 4, 44, 10 a. A. (Diokletian). S. heute § 138 Abs. 2 BGB.

55. **Dolus futurus non potest remitti.** Zukünftiger Vorsatz kann nicht erlassen werden. Die Haftung für Vorsatz kann nicht im voraus erlassen werden. Bartolus, Komm. a. A. zu Dig. 2, 14, 27 § 3; u. schon Glosse Ne dolus, Additio Contii g. A., zu Dig. 2, 14, 27 § 3 (Rogerius?). S. bereits N 159. S. heute § 276 Abs. 3 BGB.

56. **Dolus non praesumitur.** Vorsatz wird nicht vermutet. Im Zweifel ist nicht anzunehmen, daß jemand vorsätzlich gefehlt, insbesondere nicht, daß jemand arglistig gehandelt habe. S. Dig. 22, 3, 18 § 1 (Ulpian). S. a. F 51.

57. **Dolus omnimodo puniatur.** Arglist muß in jedem Fall bestraft werden. Ein arglistiger Vertragspartner kann immer belangt werden. Dig. 44, 4, 11 § 1 (Neraz). S. heute etwa §§ 123, 393, 438 Abs. 3, 442 Abs. 1 S. 2, 444, 523 f., 536 d, 600, 634 a Abs. 3, 639, 826, 2183 S. 2 u. 2339 Abs. 1 Nr. 3 BGB, 377 Abs. 5 HGB. S. a. L 46. Vgl. sofort Nr. 59.

58. **Dolus pro possessione est.** Arglist steht für Besitz. Dem Eigentümer haftet ebenso wie der (unberechtigte) Besitzer derjenige, welcher arglistig Besitz aufgegeben oder vorgespiegelt hat. S. Dig. 50, 17, 131 (Paulus). Kaser, in: Labeo 18 (1972) 362f. S. heute §§ 990 Abs. 1 i.V.m. 989 BGB. S.a. P 116.

59. **Dolus semper praestatur.** Für Vorsatz haftet man immer. Die bei manchen Schuldverhältnissen anzutreffenden Haftungserleichterungen und vertragliche Haftungsausschlüsse erfassen nie vorsätzliche Schädigungen. Vgl. Nr. 57, 55 u. N 159.

60. **Dolus suus neminem relevat.** Niemandem hilft seine Arglist. S. Dig. 17, 2, 63 § 7 (Ulpian). S.a. F 49 u. N 51.

61. **Dominium non potest esse in pendenti.** Eigentum kann nicht in der Schwebe sein. Ungewiß sein kann nur, wem eine Sache in Zukunft gehören wird. Präzisierung von Dig. 7, 1, 12 § 5 u. 25 § 1 (beides Ulpian) durch Glossatoren und Kommentatoren, s. schon Glosse In pendenti zu Dig. 7, 1, 12 § 5 a.E. (Accursius) u. Glosse In pendenti zu Dig. 7, 1, 25 § 1 g.M.

62. **Dominus habetur qui possidet, donec probetur contrarium.** Für den Eigentümer wird gehalten, wer besitzt, bis das Gegenteil bewiesen wird. S. Glosse Dominium zu Cod. Just. 4, 19, 2 unt. Berfg. a. Placentin. S. schon Cod. Just. dort (Caracalla); u. bereits Dig. 7, 6, 5 pr. a.E. (Ulpian unt. Berfg. a. einen Rechtsgrundsatz). Hans Kiefner, in: SZ 79 (1962) 258ff. (zum antiken Recht unbefriedigend). S. heute § 1006 BGB. S.a. P 70.

63. **Dominus imperator in territorio suo.** Der Landesherr ist Kaiser in seinem Land. Satz des deutschen Staatsrechts bis 1806. S. Hulderich von Eyben, Dissertatio De Origine Illustris illius Regulae: S. Romano-Germanici Imperii Electores, Duces, Marchiones, Landgrafios ... Territoriive quos vocant Dominos tantum posse in suis territoriis quantum Imperator in Imperio (Gießen 1660).

64. **Dominus membrorum suorum nemo videtur.** Niemand gilt als Eigentümer seiner Gliedmaßen. Über ungetrennte Teile des eigenen Körpers kann man nicht wie ein Eigentümer verfügen. Dig. 9, 2, 13 pr. (Ulpian).

65. **Dominus soli est dominus coeli et inferorum.** Der Grundeigentümer ist Eigentümer des Himmels und der Unterwelt. Das Grundeigentum erstreckt sich auf den Luftraum über dem Grundstück und den Erdkörper darunter. S. heute § 905 BGB. S. a. C 109.

66. **Domus sua cuique est tutissimum refugium.** Das eigene Haus ist für jeden die sicherste Zufluchtsstätte. Der Wohnungsinhaber braucht niemand einzulassen. S. Dig. 2, 4, 18 (Gajus). S. heute Art. 13 GG.

67. **Dona clandestina sunt semper suspiciosa.** Heimliche Geschenke sind immer verdächtig. S. Cod. Just. 4, 35, 23 (Justinian). Vgl. C 32.

68. **Donare est perdere.** Schenken ist verlieren. Eine Schenkung ist endgültig.

69. **Donationis causa contrahi locatio non potest.** Schenkweise kann ein Miet-, Pacht-, Dienst- oder Werkvertrag nicht abgeschlossen werden. Sollen die Leistungen, welche diese Vertragstypen kennzeichnen, unentgeltlich erbracht werden, so handelt es sich um Leihe, Auftrag oder, insbesondere bei Dienst- und Werkleistungen, um atypische Schenkungen, die formlos nicht verbindlich versprochen werden können. Dig. 19, 2, 20 § 1 (Paulus).

70. **Donatio non praesumitur.** Eine Schenkung wird nicht vermutet. Es ist nicht ohne weiteres davon auszugehen, jemand habe eine Sache unentgeltlich weggeben wollen. S. Dionysius Gothofredus, Außenglosse Praesumi zu Glosse Si non reddas zu Dig. 46, 3, 50 a. E. A. Wacke, Donatio . . ., in: AcP 191 (1991) 1–32; u. ders. (s. B 2) 353–359. S. a. N 59. Vgl. A 67 u. R 22.

71. **Donatio omnium bonorum praesentium et futurorum non valet.** Eine Schenkung des gesamten gegenwärtigen und zukünftigen Vermögens ist unwirksam. S. Bartolus, Komm. 4 u. 5 zu Dig. 45, 1, 61. S. heute §§ 311 b Abs. 2, ab. a. Abs. 3 BGB.

72. **Dormiunt aliquando leges, numquam moriuntur.** Hin und wieder schlafen die Gesetze, niemals sterben sie. Auch wenn Gesetze nicht angewandt werden, gelten sie weiter. Sie werden nicht von selbst ungültig, sondern müssen aufgehoben werden. S. a. L 25.

73. **Do ut des.** Ich gebe, damit du gibst. Formel zur Verdeutlichung der Gegenseitigkeit von Verträgen. S. Dig. 19, 5, 5 pr. u. § 1 (Paulus).

74. **Dubia in meliorem partem interpretari debent.** Zweifelhaftes muß zum Besseren ausgelegt werden. Dekretalen 5, 41, 2 Summarium.

75. **Duc aut dota.** Heirate oder statte aus. Wer eine unbescholtene Jungfrau verführt hat, muß sie entweder heiraten oder ihr eine angemessene Ausstattung geben. S. Dekretalen 5, 16, 1 u. 2 (2. Mose u. Gregor I.). S. schon Edictum Theoderici 59 u. bereits 2. Mose 22, 15 f.

76. **Duorum in solidum dominium esse non potest.** Das Eigentum kann nicht bei zweien ganz sein. Sind zwei Personen Eigentümer ein und derselben Sache, so können sie, wenn die Sache nicht geteilt wird, nur Miteigentümer zu ideellen Bruchteilen sein. Dig. 13, 6, 5 § 15 (Ulpian unt. Berfg. a. Celsus). S. heute §§ 1008–1011 BGB u. das Gesamthandseigentum. Vgl. P 42.

77. **Dura lex, sed lex.** Ein hartes Gesetz, aber ein Gesetz. Auch wenn ein Gesetz hart ist, muß es respektiert werden. S. Dig. 40, 9, 12 § 1 a. E. (Ulpian). Alvaro d'Ors, D ..., in: AHDE 51 (1981) 683 f.; u. Aquilino Iglesia Ferreirós, ebd. 53 (1983) 537–551.

78. **Durior causa est petitoris.** Der Kläger hat es schwerer (als der Beklagte). Dig. 50, 17, 33 a. E. (Pomponius). S. a. A 33.

E

1. **Eadem mens praesumitur regis quae est juris.** Der Herrscher beabsichtigt im Zweifel dasselbe wie das Recht. Vgl. L 31, ab. a. P 94 u. R 59.

2. **Eadem vis est taciti atque expressi consensus.** Stillschweigende und ausdrückliche Einigung haben dieselbe Kraft. S. a. N 136.

3. **Ea, quae fiunt a judice, si ad ejus non spectant officium, viribus non subsistunt.** Wenn das, was der Richter tut, nicht zu seinem Amt gehört, hat es keine Kraft. Überschreitet ein Richter seine Kompetenz, so ist sein Urteil kraftlos. Liber sextus 5, 13, 26 (Bonifaz VIII.). S. schon Dig. 50, 17, 170 (Paulus). Anders heute, s. Peter Arens, Zivilprozeßrecht RdNr. 342 f. S. a. J 159 u. 161.

4. **Ea, quae raro accidunt, non temere in agendis negotiis computantur.** Was sich selten ereignet, berücksichtigt man beim Abschluß von Geschäften nicht ohne weiteres. Was dann gelten soll, ist durch ergänzende Auslegung zu ermitteln; nicht etwa tritt sofort die gesetzliche Regelung an die Stelle der rechtsgeschäftlichen. Dig. 50, 17, 64 (Julian am selben Ort wie 28, 2, 13 pr.). Vgl. heute §§ 140 u. 2084 BGB.

5. **Ea, quae sunt stilo, non operantur.** Was zum Stil gehört, bewirkt nichts. Nur aus Stilgründen in eine Urkunde eingefügte Worte haben keine rechtliche Bedeutung.

6. **Ecclesia fungitur jure minoris.** Die Kirche handelt nach Minderjährigenrecht. Wie ein Minderjähriger kann sie nur durch andere handeln, ist sie also auch vor Übervorteilung besonders geschützt. Dekretalen 1, 41, 3 g. E. (Innozenz III.). S. schon 1, 41, 1 (Alexander III.) u. bereits Cod. Just. 11, 30, 3 (Alexander Severus). S. bis 1983 Can. 100 § 3 Codex juris canonici 1917. F. E. Adami, Ecclesia minoribus aequiperatur (Padua 1970).

7. **Ecclesia non moritur.** Die Kirche stirbt nicht. Sie besteht unabhängig vom Fortleben der einzelnen Führer weiter. S. a. C 39.

8. **Ecclesia non sitit sanguinem.** Die Kirche dürstet nicht nach Blut. Die Kirche lehnt Todesstrafen ab. S. Laktanz, Institutiones divinae 6, 20, 13ff. Adalbert Erler, HRG I u. d. St. (von 1967).

9. **Ecclesia vicem personae obtinet.** Die Kirche nimmt die Stelle einer Person ein. Sie ist eine juristische Person. S. heute Can. 113 § 1 Codex juris canonici.

10. **Ecclesia vivit lege Romana.** Die Kirche lebt nach dem römischen Gesetz. S. Capitula Italica Ludwigs des Frommen oder Lothars I. (um 840 n. Chr.) 1; s. schon Lex Ribuaria 58, 1. Adalbert Erler, HRG I u. d. St. (von 1967); Carl Gerold Fürst, Ecclesia . . ., in: SZ Kan. 61 (1975) 17–30; u. Harald Siems, Handel und Wucher im Spiegel frühmittelalterlicher Rechtsquellen (Hannover 1992) 160f.

11. **Educatio pupillorum nulli magis quam matri committenda est.** Die Erziehung der Unmündigen ist niemandem eher anzuvertrauen als der Mutter. Betrifft ursprünglich nur die Verteilung der Pflichten gegenüber einem unmündigen Kind nach dem Tode des Vaters. Cod. Just. 5, 49, 1 pr. (Alexander Severus).

12. **Ei incumbit probatio, qui dicit, non qui negat.** Dem obliegt der Beweis, der behauptet, nicht dem, der bestreitet. Dig. 22, 3, 2 (Paulus); ähnlich 22, 3, 21 a.E. (Marcian). S.a. A 61, N 19 u. P 106.

12a. **Ei, qui semel sua prodegerit, aliena credi non oportet.** Wer einmal sein Gut vertan hat, dem darf fremdes Gut nicht anvertraut werden. Andreas Alciat, Emblematum liber (Augsburg 1531) Bl. 40 Rücks. Vgl. bis 1994 §§ 1670 u. 1781 Nr. 3 BGB.

13. **Ejus est interpretari leges, cujus est condere.** Dessen Amt ist es, die Gesetze zu deuten, wessen Amt es ist, sie zu erlassen. Der Normgeber ist der berufene Ausleger. Cod. Just. 1, 14, 12 §§ 3–5 u. Constitutio Tanta § 21 a.E. (beides Justinian); aus neuerer Zeit s. § 47 Einl. preuß. ALR. Absolutistischer Grundsatz. Heute ist die Auslegung frei. Clausdieter Schott, „Rechtsgrundsätze“ und Gesetzeskorrektur (Berlin 1975); u. J. H. A. Lokin, Eius . . ., in: Brocardica (s. oben A 32) 49–54.

14. **Ejus est nolle, qui potest velle.** Zu verweigern kommt dem zu, der vornehmen kann. Nur dessen Ablehnung hat Gewicht, der selbst auszuüben befugt und in der Lage ist. Dig. 50, 17, 3 (Ulpian).

15. **Ejus est tollere legem, cujus est condere.** Ein Gesetz aufzuheben kommt dem zu, der Gesetze erlassen kann.

16. **Ejus nulla culpa est, cui parere necesse sit.** Den trifft keine Schuld, der gehorchen muß. Dig. 50, 17, 169 pr. (Paulus). S. heute dagegen §§ 56 BBG, 38 BRRG u. 5 WStG. Vgl. Q 120.

17. **Ejus sunt mobilia, cujus est domus.** Die Möbel gehören dem, dem das Haus gehört. Das Inventar eines Grundstücks folgt im Zweifel dem Eigentum am Grundstück selbst. S. heute § 926 Abs. 1 BGB.

18. **Electa una via non datur recursus ad alteram.** Wenn man einen Weg eingeschlagen hat, kann man auf einen andern nicht mehr zurückkommen. Wer sich für eine von mehreren Möglichkeiten, rechtlich vorzugehen, entschieden hat, wird an seiner Entscheidung festgehalten. S. etwa Dig. 47, 2, 57 § 1 g. A. (Julian). S. heute etwa § 281 Abs. 4, ab. z. B. a. § 325 BGB.

19. **Electio semel facta non patitur regressum.** Eine einmal (ordnungsgemäß) durchgeführte Wahl duldet keinen Rückgriff. Sie muß gelten gelassen, darf nicht als ungeschehen behandelt werden. Betrifft auch die Wahlschuld. S. heute § 263 Abs. 2 BGB.

20. **Eligens electi conditionem scire praesumitur.** Es wird davon ausgegangen, daß der Wähler die Eigenschaften des Gewählten kennt. Eine Wahl kann nicht wegen Irrtums über Eigenschaften des Gewählten angefochten werden.

21. **Emtio tollit locatum.** Kauf bricht Miete. S. Dig. 19, 2, 25 § 1 (Gajus). J. A. C. Thomas, The Sitting Tenant, in: TR 41 (1973) 35–44; Eltjo J. H. Schrage, Sale Breaks Hire – or Does it? Medieval Foundations of the Roman-Dutch Concept, in: TR 54 (1986) 287–296; Zimmermann 378–382; Adela López Pedreira, Emptio ... (Saragossa 1996). S. heute dagegen § 566 BGB.

22. **Emtor curiosus esse debet.** Der Käufer muß neugierig sein. Er muß den Kaufgegenstand vor Vertragsschluß untersuchen; für

sichtbare Fehler haftet der Verkäufer nicht. Vgl. Dig. 15, 3, 3 § 9 a.E. (Ulpian). S. heute §§ 442 S. 2 BGB u. 377 HGB. S.a. V 33.

23. **Emtori tempus venditoris ad usucapionem procedit.** Dem Käufer kommt die Ersitzungszeit des Verkäufers zustatten. S. Dig. 41, 3, 14 pr. (Paulus). S. heute § 943 BGB. S.a. T 8.

24. **Eodem modo quo quid constituitur, eodem modo destruitur.** Auf dieselbe Art und Weise, wie etwas errichtet wird, wird es auch zerstört. Gemeint sind Rechtsgeschäfte, Beschlüsse, Wahlen usf. S. schon P 127, Q 135 u. O 23.

25. **Errans non fatetur.** Wer irrt, gesteht nicht zu. Betrifft Zugeständnisse im Zivilprozeß. S. Dig. 42, 2, 2 (Ulpian). S. heute § 290 ZPO. Vgl. J 116.

26. **Erranti est ignoscendum.** Wer irrt, ist zu entschuldigen. Er ist nicht zu bestrafen. S. Dig. 39, 4, 16 § 9 a.E. (Marcian). S. heute §§ 16f. StGB.

27. **Errantis voluntas nulla est.** Der Wille eines Irrenden ist nichtig. Cod. Just. 1, 18, 8 (Diokletian); s.a. 1, 18, 9 (ders.); u. Dig. 39, 3, 20 (Pomponius). Josef Georg Wolf, Error im römischen Vertragsrecht (Köln 1961) 1–22; Kaser, RP I 241 u. Fn. 54. Heute sind bei Irrtümern die Erklärungen gewöhnlich lediglich anfechtbar, s. d. §§ 119, 1314 Abs. 2 Nr. 2f. u. 2078 BGB; s. ab. a. 779 u. 1949 BGB. S.a. N 100.

28. **Error calculi non nocet.** Ein Rechenfehler schadet nicht. Rechenfehler sind zu berichtigen, auch im Urteil. S. Dig. 49, 8, 1 § 1 a.A. (Macer); u. Cod. Just. 2, 5, 1 (Diokletian). S. heute etwa § 319 ZPO. S.a. J 150.

Error communis . . . s. C 45.

29. **Error, cui non resistitur, approbatur.** Ein Irrtum, dem nicht entgegengetreten wird, wird hingenommen. Wer nach Entdeckung eines Irrtums nicht protestiert, findet sich mit ihm ab. S. heute § 121 BGB. S.a. C 68.

30. **Error in syllaba non nocet.** Ein (offenbarer) Schreibfehler schadet nicht. Er ist ohne weiteres zu berichtigen. S. Dig. 40, 4, 54 pr a.E. (Cervidius Skävola). S. heute etwa § 319 ZPO.

31. **Error juris nocet.** Rechtsirrtum schadet. Knappere Fassung von J 12. Liebs, JZ 1981, 163; Laurens C. Winkel, Error . . ., Zutphen 1985; Zimmermann 604–609 u. 869. S. heute § 17 StGB.

32. **Error nocet erranti.** Ein Irrtum schadet dem Irrenden. Nicht etwa ist ein aus einem Irrtum entstandener Schaden von jemand anders zu tragen. S. heute § 122 BGB.

33. **Erubescimus, cum sine lege loquimur.** Wir erröten, wenn wir ohne Gesetz sprechen. Eine Rechtsmeinung ohne gesetzliche Grundlage ist nichts wert. Bartolus, Komm. 1 zu Auth. 3, 5, 5 (= Nov. 18, 5); s. a. dens., Komm. 1 zu Cod. Just. 6, 20, 19. S. schon Nov. 18, 5 a. A. (Justinian). S. a. D 49 u. L 16.

34. **Et non facere facere est.** Auch Unterlassen ist Tun. S. Dig. 50, 17, 121 (Paulus).

35. **Eum, qui certus est, certiorari ulterius non oportet.** Den, der Bescheid weiß, braucht man nicht noch einmal zu unterrichten. Liber sextus 5, 13, 31 (Bonifaz VIII.). S. schon C 19. S. a. Q 28.

36. **Eventus varios res nova semper habet.** Eine Neuerung hat stets mannigfache Auswirkungen. Die Folgen einer Rechtsänderung sind vorweg schwer zu überschauen. S. a. N 91.

37. **Ex abusu non est argumentum ad desuetudinem.** Ein Mißbrauch erlaubt keinen Schluß auf derogierendes Gewohnheitsrecht. Aus verbreiteter Mißachtung eines Gesetzes oder sonstigen Rechtssatzes kann man noch nicht auf seine gewohnheitsrechtliche Außerkraftsetzung schließen.

38. **Ex asse fit dupondium (tripondium** usw.). Aus einem Ganzen wird ein Zweier (Dreier usw.). Ergeben die in einem Testament verteilten Erbteile mehr als ein Ganzes (zwei Ganze usw.), so erhält der, der ohne Bruchteil, d. h. auf den Rest eingesetzt ist, so viel, wie bis zum nächsten Ganzen fehlt; und dann werden sämtliche Bruchteile halbiert (gedrittelt usw.). S. Inst. 2, 14 § 8. S. heute dagegen § 2092 Abs. 2 BGB.

39. **Exceptio ex jure tertii non datur.** Einwendungen aus Rechten Dritter werden nicht zugelassen. S. Dionysius Gothofredus, Außenglosse Excipere zu Dig. 10, 2, 18 § 1 a. A. Rudolf Stammler, Die Einrede aus dem Recht eines Dritten, in: Hallische Festgabe für Heinrich Dernburg (Halle 1900) 97–100.

40. **Exceptio firmat regulam (in casibus non exceptis).** Die Ausnahme festigt die Regel (in den nicht ausgenommenen Fällen). Wird eine Ausnahme festgesetzt, so bedeutet das zugleich, daß alle anderen Fälle der Regel folgen; jede Ausnahme verweist erneut auf die Regel. Fragwürdiger Trost angesichts der Durchlöcherung von Rechtssätzen im Mittelalter. Nicolaus Everardi, Loci argumentorum legales 9, 1 f. u. 79, 53. S. a. Nr. 42.

41. **Exceptionem objiciens non videtur de intentione adversarii confiteri.** Wer eine Einwendung vorbringt, gesteht nicht etwa die Behauptung des Gegners zu. Liber sextus 5, 13, 63 (Bonifaz VIII.). S. schon Dig. 44, 1, 9 (Marcellus). S. a. Q 41.

42. **Exceptio, quae firmat legem, exponit legem.** Die Ausnahme, welche das Gesetz festigt, legt das Gesetz dar. S. a. Nr. 40.

43. **Exclusa censentur omnia, quae lex enumerando non inclusit.** Alles, was ein Gesetz in einer Aufzählung nicht einschließt, gilt als ausgeschlossen. S. a. J 41.

44. **Ex commendatione et consilio generali nulla nascitur obligatio.** Aus einer Empfehlung und einem allgemeinen Rat entsteht keine Verbindlichkeit. S. Dig. 17, 1, 12 § 12 (Ulpian) u. 17, 1, 2 § 6 (Gajus); s. a. 18, 1, 43 pr. (Florentin). S. heute § 675 Abs. 2 BGB. S. a. C 70, N 47, 175 u. Q 43.

45. **Excusatio non petita accusatio manifesta.** Eine unvermittelte Entschuldigung ist eine handgreifliche Anklage. Wer sich selbst oder jemand anders unaufgefordert entschuldigt, klagt sich bzw. diesen an. S. Pseudo-Hieronymus, Briefe 4, 3 g. E.: dum excusare credis, accusas.

46. **Ex die incipit obligatio.** Die Verbindlichkeit beginnt am Termin. Befristete Verbindlichkeiten, d. h. Verbindlichkeiten mit Anfangstermin, entstehen überhaupt erst zu diesem Zeitpunkt. Im Gegensatz dazu entstehen betagte Verbindlichkeiten sofort, werden jedoch erst später fällig. In diesem Fall kann der Schuldner auch vor Fälligkeit auf die Schuld wirksam leisten, während bei einer befristeten Verbindlichkeit vorzeitige Leistung z. B. kondizierbar wäre. Dig. 44, 7, 44 § 1 (Paulus). S. heute § 163 BGB.

47. **Ex diuturnitate temporis omnia praesumuntur esse rite et sollemniter acta.** Ist lange Zeit verstrichen, so wird davon ausgegangen, daß alles nach Vorschrift und formgerecht zustande kam. Bei Rechtsgeschäften, die lange Zeit hindurch unangefochten galten, muß, wenn ein Streit darüber ausbricht, ob sie wirksam zustande gekommen sind, der, welcher dies bestreitet, den Abschlußmangel beweisen; nicht etwa, wer das Rechtsgeschäft nutzen will, sein ordnungsmäßiges Zustandekommen. S. Dionysius Gothofredus, Außenglosse Praesumitur zu Glosse Pater zu Dig. 29, 2, 6 § 3. S. a. J 32.

48. **Ex dolo malo non oritur actio.** Aus Arglist entsteht keine Klage (für den arglistig Handelnden). Broom 497–509. S. a. A 82.

49. **Executio est finis et fructus legis.** Die Vollstreckung ist Ziel und Frucht des Gesetzes. S. a. J 175.

50. **Executio juris non habet injuriam.** Die Vollstreckung eines Rechts ist kein Unrecht. S. Dig. 47, 10, 13 § 1 a. E. (Ulpian).

51. **Exemplo deterriti delinquunt minus.** Wer durch ein Beispiel abgeschreckt ist, begeht weniger Delikte. Abschreckende Beispiele verringern die Straffälligkeit. S. Dig. 48, 19, 6 § 1 a. E. (Ulpian). S. a. P 52, 132 u. U 40.

52. **Ex eo non debet quis fructum consequi, quod nisus extitit impugnare.** Was man beharrlich versucht hat, zu Fall zu bringen, daraus darf man keinen Vorteil ziehen. Wer z. B. ein Testament angefochten hat, dabei aber unterlegen ist, hat es verwirkt, nun das in Anspruch zu nehmen, was er nach dem Testament erhalten sollte. Liber sextus 5, 13, 38 (Bonifaz VIII.). S. schon Dig. 5, 2, 8 § 14 (Ulpian); 49, 14, 13 § 9 (Paulus); u. Cod. Just. 6, 35, 8 (Gordian III.). Galt im römischen Recht nur für Testamente. Heute obsolet; selbst wenn vom Testator eigens verfügt, problematisch.

53. **Exheredatus partem facit ad minuendam debitam portionem.** Der Enterbte macht einen Erbteil zur Minderung des Pflichtteils. Bei der Berechnung des Pflichtteils, der sich nach der Höhe des gesetzlichen Erbteils richtet, sind von der Erbfolge Ausgeschlossene mitzuzählen. S. Dig. 5, 2, 8 § 8 (Ulpian). S. heute § 2310 BGB.

54. **Ex injuria jus non oritur.** Aus Unrecht geht kein Recht hervor. Man kann sich kein Recht verschaffen, indem man Unrecht begeht. S.a. C 42 u. N 173.

55. **Exitus acta probat.** Ihr Ausgang bemißt die Tat. Taten sind danach zu beurteilen, was aus ihnen hervorgeht, wohin sie am Ende führen. Ovid, Heroiden 2, 85. S.a. F 36.

56. **Ex maleficio non oritur contractus.** Aus einer Missetat geht kein Vertrag hervor. Wird mit einem Vertragsschluß Unrecht geplant, so gilt der Vertrag nicht. S. Dig. 46, 1, 70 § 5 u. 18, 1, 35 § 2 (beides Gajus). S. heute §§ 134 u. 138 BGB. S.a. Nr. 61, 78, J 88 u. M 12.

57. **Ex malitia nemo commodum habere debet.** Bosheit darf niemand zum Vorteil gereichen. S.a. N 173. Vgl. Nr. 48.

58. **Ex natura cujusque actus voluntatem agentium debemus interpretari.** Aus der Natur jedes Rechtsgeschäfts müssen wir den Willen der Handelnden entnehmen. Der typische Inhalt des jeweiligen Rechtsgeschäfts ist eine wichtige Auslegungshilfe. Giuseppe Averani, Interpretationum juris libri quinque (Lyon 1751) B. 4 Kap. 12 a.A. Christoph Krampe, Die Konversion des Rechtsgeschäfts (Frankfurt am Main 1980) 47ff. S. ab. a. J 8.

59. **Ex nihilo nihil.** Aus nichts wird nichts. Ohne Rechtshandlung keine Rechtswirkung. Auch: Ein nichtiges Rechtsgeschäft bringt keine Rechtswirkung hervor. S. Boëthius, De consolatione philosophiae 5, 1 Mitte (vera sententia est). S. schon Aristoteles, Physik 1, 4, etwa nach dem ersten Fünftel unt. Berfg. a. Anaxagoras; u. Simplikios von Kilikien, Komm. dazu unt. Berfg. a. Melissos von Samos. Vgl. N 86 u. O 21.

60. **Ex non scripto jus venit, quod usus comprobavit.** Aus ungeschriebener Quelle kommt das Recht, das sich durch Übung bewährt hat. Gewohnheitsrecht ist ungeschriebenes Recht. Inst. 1, 2 § 9.

61. **Ex pacto illicito non oritur actio.** Aus einem unerlaubten Vertrag entsteht keine Klage. S. heute §§ 138 u. 817 BGB. S.a. Nr. 56 u. 78.

62. **Expedit rei publicae, ne quis re sua male utatur.** Es dient dem Wohl der Allgemeinheit, wenn man seine Sachen nicht vernachlässigt, wenn man sie pflegt. Inst. 1, 8 § 2 Mitte. S. schon M 13. S. heute Art. 14 Abs. 2 GG.

63. **Expedit rei publicae, ut finis sit litium.** Es dient dem Wohl der Allgemeinheit, daß Rechtsstreitigkeiten enden. Im Verfahrensrecht sind Ausschlußbestimmungen nötig. S. Cod. Just. 7, 52, 2 (Caracalla); 2, 4, 10 g. E. (Philipp); u. 3, 1, 16 g. E. (Justinian). S. a. J 121.

64. **Ex praecedentibus et consequentibus fit optima interpretatio.** Die beste Auslegung gewinnt man aus dem Vorangegangenen und dem Folgenden. Eine gegebene Regelung versteht man am besten und wendet man richtig an, wenn man sich vergegenwärtigt, was zu der Regelung geführt hat und welche Folgen sie haben wird.

65. **Expressa nocent, non expressa non nocent.** Ausgesprochenes schadet, Unausgesprochenes schadet nicht. Es kann vorkommen, daß man das rechtsgeschäftlich Gemeinte gerade dadurch, daß man es ausspricht, verfehlt, es aber erreicht hätte, hätte man es nicht ausgesprochen: nämlich immer dann, wenn das, worum es geht, rechtlich bedenklich ist. Dig. 35, 1, 52 a. E. = 50, 17, 195 (Modestin: dictum est). S. a. das Folgende.

66. **Expressa non prosunt, quae non expressa proderunt.** Ausgesprochen nützt nicht, was unausgesprochen nützen würde. Weniger schroffe Fassung des Vorigen.

67. **Expressio specialis omnem impedit extensionem.** Ein Fachausdruck hindert jede Ausdehnung. Genau Bezeichnetes muß genau genommen werden. Auslegungsmaxime.

68. **Expressio unius exclusio alterius.** Aussprechen des einen bedeutet Ausschluß des anderen. Vgl. die ähnliche Regel der Logik: Unius positio alterius exclusio. Broom 443–454. S. a. J 41 u. Q 35.

69. **Expressum facit cessare tacitum.** Ausgedrücktes läßt stillschweigend Erklärtes zurücktreten. Was ausdrücklich erklärt ist, geht stillschweigend Erklärtem vor, soweit dieses von jenem

abweicht. Bartolus, Komm. zu Dig. 28, 6, 39 § 1 a.A. S. ab. a. P 125.

70. **Ex qua persona quis lucrum capit, ejus factum praestare debet.** Durch wen jemand Gewinn macht, für dessen Tun muß er einstehen. Wer jemand anders für sich einsetzt, haftet für Schäden, die dieser Dritten zufügt. Dig. 50, 17, 149 (Ulpian). Vgl. heute §§ 278 u. 831 BGB.

71. **Ex scientia praesumitur consensus.** Bei Kenntnis wird Einverständnis vermutet. In bestimmten Situationen wird Schweigen bis zum Erweis des Gegenteils als Zustimmung gewertet.

72. **Ex singulis causis singulae poenae irrogantur.** Für jede Sache wird eine besondere Strafe auferlegt. Sind mehrere Taten zu ahnden, so muß der Richter für jede Tat eine besondere Strafe ansetzen, die erst in einem zweiten Schritt zusammengerechnet werden. S. Dig. 48, 16, 15 § 1 a.E. (Macer): ursprünglich etwas andere Bedeutung. S. heute dagegen §§ 53f. StGB.

73. **Extinctae res vindicari non possunt.** Zerstörte Sachen können nicht herausverlangt werden. Der Eigentumsherausgabeanspruch erlischt durch Zerstörung der Sache, mag dadurch auch ein anderer Anspruch entstehen. Inst. 2, 1 § 26 g.E. = Gajus, Institutionen 2 § 79 g.E. S. heute § 985 i.V.m. § 989 BGB.

74. **Extinguitur crimen mortalitate.** Der Tod tilgt das Verbrechen. Stirbt der Verbrecher, bevor er verurteilt worden ist, so wird sein Verbrechen nicht weiterverfolgt; ein begonnener Strafprozeß wird ohne Schuldspruch abgebrochen. Dig. 48, 4, 11 g.A. (Ulpian). Andreas Wacke, Der Selbstmord im röm. Recht, in: SZ 97 (1980) 54; ders., JA 1987, 191–193. S. heute § 206a StPO. S.a. C 98.

75. **Extinguitur obligatio, si in eum casum inciderit, a quo incipere non potest.** Die Verbindlichkeit erlischt, wenn sie in eine Lage gerät, in der sie nicht hätte begründet werden können. Dig. 45, 1, 140 § 2 (Paulus): kein strikter Rechtssatz. S. heute die Regelung der Konfusion, nachträglichen Unmöglichkeit, Zweckerreichung und Wegfall der Geschäftsgrundlage. Vgl. ab. a. F 8.

76. **Extra compromissum arbiter nihil facere potest.** Außerhalb des Schiedsvertrags kann ein Schiedsrichter nichts tun. Ein Schiedsrichter kann nur insoweit tätig werden, als er von den Parteien ermächtigt ist. S. Dig. 4, 8, 32 § 21 a. A. (Paulus). S. heute §§ 1037 u. 1041 Abs. 1 Nr. 1 ZPO. Cheng S. 259–266.

77. **Extra territorium jus dicenti impune non paretur.** Einem außerhalb seines Gerichtsbezirks amtierenden Richter braucht man nicht Folge zu leisten. Dig. 2, 1, 20 S. 1 (Paulus). S. a. J 149.

78. **Ex turpi causa non oritur actio.** Aus einer schändlichen Sache entsteht keine Klage. Unter Berufung auf eigenes sittenwidriges Verhalten kann man nicht klagen. S. etwa Cod. Just. 4, 7, 5 (Diokletian). S. heute §§ 138 u. 817 S. 2 BGB. James O'Reilly, Ex . . ., in: The Irish Jurist 7 (1972) 98 f. S. a. Nr. 56.

79. **Ex voluntate debitoris nulla obligatio consistere potest.** Eine Verbindlichkeit, die vom Belieben des Schuldners abhängt, kann es nicht geben. S. Dig. 45, 1, 108 § 1 (Javolen).

F

1. **Facientes et consentientes pari poena plectuntur.** Ausführende und Einverstandene werden gleich bestraft. Damasus, Regulae canonicae 121. S. schon Dekret Gratians 2, 2, 1, 10 a. E. (Nikolaus I.); 2, 17, 4, 5 a. E. (Lucius I.); u. ö. Anders heute, s. §§ 27 u. 138 StGB. S. a. A 64.

2. **Facilius judex quam testis rejicitur.** Einen Richter kann man leichter ablehnen als einen Zeugen. Wegen Befangenheit können Zeugen nicht abgelehnt werden.

3. **Facta non praesumuntur, sed probantur.** Tatsachen werden nicht vermutet, sondern bewiesen. Wer sich auf Tatsachen beruft, muß sie beweisen, während er gemeines Recht nicht beweisen muß. Dionysius Gothofredus, Außenglosse Facta zu Glosse Subiit zu Cod. Just. 4, 30, 10. Vgl. J 190.

4. **Facta per testes, non pacta probantur.** Durch Zeugen werden Geschehnisse, aber keine Verträge bewiesen. Die Frage, ob Äußerungen der Parteien zu einem Vertrag geführt haben, beurteilt nicht der Zeuge, sondern der Richter.

5. **Facta pro infectis haberi non possunt.** Handlungen können nicht als ungeschehen angesehen werden. Anders bei Rechtsgeschäften. Dionysius Gothofredus, Außenglosse Facta zu Glosse Causa vero facti zu Dig. 4, 6, 19; u. ders., dass. zu Glosse Expleta zu Dig. 40, 4, 13. S. schon diese Glossen u. bereits Dig. 49, 15, 12 § 2 a. A. (Tryphonin) u. Dig. 41, 2, 1 § 4 (Paulus). S. a. Nr. 10.

6. **Factum executoris factum partis.** Handlungen des Vollstreckers sind Handlungen der Partei. Gerichtsvollzieher und Vollstreckungsgericht handeln gemäß dem Antrag des Gläubigers. In der Zwangsvollstreckung herrscht der Verfügungsgrundsatz. S. heute § 753 ZPO u. ö.

7. **Factum judicis factum partis.** Handlungen des Richters sind Handlungen der Partei. Der Richter urteilt gemäß dem Antrag

einer Partei. Im Zivilprozeß herrscht der Verfügungsgrundsatz. S. heute §§ 253, 308 ZPO u. ö.

8. **Factum legitime retractari non debet, licet causa postea eveniat, a quo non potuit incohari.** Was rechtmäßig geschehen ist, darf nicht in Frage gestellt werden, auch, wenn später ein Umstand eintritt, unter dem das Geschehene nicht hätte begonnen werden können. Z. B. bleiben alte Geschäfte eines wahnsinnig Gewordenen wirksam. Liber sextus 5, 13, 73 (Bonifaz VIII.). S. schon Dig. 50, 17, 85 § 1 (Paulus). Vgl. Nr. 66, ab. a. E 75.

9. **Factum non dicitur, ubi aliquid superest faciendum.** Von ‚getan' spricht man nicht, wo etwas zu tun übrig geblieben ist. Betrifft die Erfüllung von Pflichten zu einem Tun. S. Cod. Just. 6, 35, 11 § 3 a. E. (Justinian). S. heute § 266 BGB.

10. **Factum suum nemo recte impugnat.** Niemand ficht seine Handlung wirksam an. Was man getan hat, kann man nicht ungeschehen machen; allenfalls daran geknüpfte rechtsgeschäftliche Wirkungen. S. a. Nr. 5.

11. **Factum tutoris factum pupilli.** Handlungen des Vormunds sind Handlungen des Mündels. Was ein Vormund im Rahmen der Vormundschaft tut, wird dem Mündel zugerechnet. S. heute §§ 1793–1795 u. 278 BGB.

12. **Facultas probationum non est angustanda.** Die Möglichkeit, etwas zu beweisen, darf nicht eingeengt werden. S. Cod. Just. 1, 5, 21 § 3 a. E. (Justinian). S. a. P 107.

13. **Falsa causa (adjecta) non nocet.** Eine (hinzugefügte) falsche Begründung schadet nicht. Für die Gültigkeit eines Rechtsgeschäfts ist das Motiv, aus dem es vorgenommen wurde, auch dann unerheblich, wenn es genannt wurde und nicht stimmt. S. Inst. 2, 20 § 31; s. a. Dig. 35, 1, 17 § 2 (Gajus). Hans Josef Wieling, Falsa demonstratio, condicio pro non scripta, condicio pro impleta im römischen Testament, in: SZ 87 (1970) 205–212.

14. **Falsa demonstratio non nocet.** Eine falsche Bezeichnung schadet nicht. Die Gültigkeit eines Rechtsgeschäfts wird dadurch, daß darin etwas falsch bezeichnet wurde, nicht berührt, solange feststeht, was gemeint war. Satz des römischen Testamentsrechts. Gilt heute bei formgebundenen Rechtsgeschäften unter

Lebenden nur beschränkt. Glosse Emisset zu Dig. 32, 102 § 1. S. schon Dig. 35, 1, 33 pr. (Marcian). Wieling, wie soeben, S. 197–204 u. 211 f.; u. ders., Die Bedeutung der Regel ... im Vertragsrecht, in: AcP 172 (1972) 297–316. S. heute § 133 BGB. S. a. P 86; ab. a. C 116.

15. **Falsa demonstratio non vitiat legatum, cum de corpore et quantitate constet.** Eine falsche Bezeichnung macht ein Vermächtnis nicht fehlerhaft, wenn Gegenstand und Menge feststehen. Glosse Testatricis zu Cod. Just. 8, 53 (54), 5. S. schon Cod. Just. 6, 44, 2 (Alexander Severus); Dig. 30, 75 § 1 g. E. (Ulpian); Inst. 2, 20 § 30 (Gajus?); u. bereits Dig. 35, 1, 40 § 4 a. E. (Javolen). Wieling, wie Nr. 13, S. 197–204 u. 211 f.

16. **Falsus in uno falsus in omnibus.** Wer in einem Punkte gelogen hat, hat in allem gelogen. Prägnante Fassung von T 20.

17. **Familias conservari publice interest.** Es liegt im Allgemeininteresse, die Familien zu erhalten. S. heute Art. 6 Abs. 1 GG.

18. **Fatetur facinus, qui judicium fugit.** Wer das Gericht flieht, bekennt eine Untat.

19. **Favores ampliandi, odia restringenda.** Günstiges ist weit, Nachteiliges eng auszulegen. S. Glosse Adfici Mitte zu Dig. 18, 7, 7. S. a. O 6 u. 7.

20. **Felonia implicatur in qualibet proditione.** Jeder Verrat bedeutet Bruch der Lehenstreue. Dies war im Mittelalter eines der schwersten Verbrechen. Später auch in allgemeinerem Sinn gebraucht: Jeder Verrat bedeutet Treubruch, ist eine Schurkerei; Verrat liegt nur vor bei Treubruch.

21. **Feminae pro infirmitate sexus minus ausurae esse creduntur.** Bei Frauen nimmt man an, daß sie wegen der Schwäche ihres Geschlechts weniger wagen werden. Frauen sind weniger gefährlich und deshalb milder zu bestrafen. S. Cod. Just. 9, 8, 5 § 3 a. E. (Arcadius).

22. **Femina est finis familiae.** Eine Frau ist das Ende der Familie. Weibliche Nachkommen setzen eine Familie nicht fort. S. Dig. 50, 16, 195 § 5 (Ulpian).

23. **Fiat justitia et pereat mundus.** Die Gerechtigkeit muß ihren Lauf nehmen und der Putz zunichte werden. Wer Gerechtig-

keit durchsetzen will, darf keine Rücksicht nehmen auf die persönlichen Interessen der Großen. Da mundus auch ‚Welt' bedeuten kann, meist fehlgedeutet i.S.e. Gerechtigkeitsfanatismus, der den Weltuntergang in Kauf nimmt. Dieses Mißverständnis hat Martin Luther verursacht, der in seiner Predigt vom 10. Mai 1535, D. Martin Luthers Werke, Weimarer Ausgabe, Bd. 41 S. 138 Z. 7f., den Satz mit den Worten übersetzte: „Es geschehe, was recht ist, und sollt die Welt drob vergehen", beifällig gemeint (Welt i.S.v. oberflächlicher Weltlichkeit); ähnlich J(ohann) C(hristoph) B(eer), Der Durchleuchtigsten Erz-Herzogen zu Oesterreich Leben, Regierung und Groß-Thaten (I) (Nürnberg 1695) 391: „Was recht ist, soll in meinem (Ferdinands I., s.u.) Reich geschehen, Wann auch die Welt darüber muß zergehen." Erstmals m.W. bei Marino Sanuto, I diarii 33 (Venedig 1892, niedergeschrieben im frühen 16. Jh.) 436 (Alovisio Lippomano zitiert Hadrian VI., der es mit dieser Maxime ablehnte, das Verfahren gegen einen hochgestellten Mörder niederzuschlagen); u. Johannes Manlius, Locorum communium collectanea (Basel 1562) 419 (Ferdinand I., von Hadrian VI. erzogen, erkor den Satz zu seinem Wahlspruch). Rainer Zaczyk, Fiat iustica, pereat mundus. Zu Kants Übersetzung der Sentenz, in: Fiat iustitia. Recht als Aufgabe der Vernunft. Festschr. Peter Krause (Berlin 2006) 649–662.

24. **Fictio** cessat, **ubi veritas locum habere potest.** Eine Fiktion scheidet aus, wo die Wahrheit Platz greifen kann. Fiktion im juristischen Sinn ist nur die Annahme dessen, was mit Sicherheit nicht wahr ist, wie bei der Regel C 89 oder N 1. Was dagegen wahr sein könnte, wie bei C 121, ist keine Fiktion, sondern eine unwiderlegliche Vermutung.

25. **Fictio idem operatur quod veritas.** Die Fiktion bewirkt dasselbe wie die Wahrheit. Die mit ihr angeordnete rechtliche Gleichstellung geht nicht weiter als bei ihrem Vorbild. S. Dionysius Gothofredus, Außenglosse Domini a.E. zu Glosse Quoniam totiens zu Dig. 12, 1, 14. S.a. ders., Außenglosse Fictio zu Dig. 40, 7, 18. S. schon Glosse Mulieris placitum zu Auth. 9, 6, 40. S.a. sofort Nr. 27.

26. **Fictio legis non operatur damnum vel injuriam.** Eine gesetzliche Fiktion bewirkt weder Schaden noch Rechtswidrigkeit. Wenn

kein Schaden eingetreten ist bzw. gegen das Recht nicht verstoßen wurde, kann das auch nicht fingiert werden. Beides muß wirklich vorliegen.

27. **Fictio naturam imitatur, quantum potest.** Die Fiktion ahmt die Natur nach, so gut sie kann. Eine Fiktion bedeutet keine völlige Gleichstellung, sondern nur in vernünftigen Grenzen. So erstreckt sich die Regel N 1 nicht auf das Geburtsdatum. Präzisierung von Nr. 25.

28. **Fictio non operatur ultra casum fictum.** Eine Fiktion wirkt nicht über den fingierten Umstand hinaus.

29. **Fidem non servanti fides servanda non est.** Dem, der sein Wort nicht hält, braucht nicht Wort gehalten zu werden. Damasus, Regulae canonicae 51. Friedrich Merzbacher, Die Regel Fidem frangenti fides frangitur und ihre Anwendung, in: SZ Kan. 99 (1983) 339–362. S. heute etwa §§ 273 u. 320 BGB, ab. z.B. a. § 323 BGB. S.a. Nr. 62 u. J 26.

30. **Fides bona contraria est fraudi et dolo.** Treu und Glauben sind das Gegenteil von Betrug und Arglist. Dig. 17, 2, 3 § 3 a.E. (Paulus).

31. **Fides hosti servanda.** Dem Feinde ist Wort zu halten.

32. **Fides scripturae est indivisibilis.** Die Echtheit eines Schriftstücks ist unteilbar.

33. **Filiatio non potest probari.** Abstammung (vom Vater) kann nicht bewiesen werden. S. Glosse Testamentum nullius zu Dig. 35, 1, 83. S. heute dagegen §§ 1592–1600e BGB. S.a. P 16.

34. **Filius naturalis ventrem sequitur.** Das nichteheliche Kind folgt dem Bauch. Es erhält die Rechtsstellung der Mutter und nicht des Vaters. S. Cod. Just. 11, 48, 21 § 1 g.A. (Justinian). S. heute § 1626a Abs. 2, ab. a. § 1924 BGB. S.a. V 43.

35. **Finis legum consistit in aquirendo conservando minuendo.** Das Ziel der Gesetze besteht in Erwerben, Bewahren, Vermindern. Die Gesetze haben zum Gegenstand Rechtserwerb, Rechtswahrung und Rechtsverlust. S. Dig. 1, 3, 41 (Ulpian).

36. **Finis rei attendendus est.** Man muß auf das Ende der Sache achten. Bei der rechtlichen Beurteilung von Straftaten darf nicht

außer acht gelassen werden, wie die Sache ausgegangen ist. S. a. E 55.

37. **Finito officio cessant onera officii.** Mit dem Ende des Amtes hören die mit dem Amt verbundenen Lasten auf. Vgl. R 7.

38. **Fiscus non erubescit.** Der Fiskus errötet nicht. Steuern aus anrüchigen Einnahmen sind dem Staat darum nicht weniger willkommen. Vgl. Cicero, Epistulae ad familiares 5, 13 (12), 1 g. A.: Epistula non e. – Ein Brief errötet nicht; u. Ambrosius, De virginibus 1, 1, 1 a. E.: Liber non e. – Ein Buch errötet nicht.

39. **Fiscus semper habet jus pignoris.** Der Staat hat immer ein Pfandrecht. Wer mit dem Staat Verträge abschließt, dessen Vermögen ist mit einem Generalpfandrecht des Staates für alle Schulden aus diesen Verträgen belastet. Dig. 49, 14, 46 § 3 (Hermogenian). Herbert Wagner, Die Entwicklung der Legalhypotheken am Schuldnervermögen im römischen Recht (Köln 1974) 111–114 u. 154–157; u. Windscheid-Kipp I 1161 f. Gilt heute nur in engen Grenzen, s. § 76 AO.

40. **Fiscus semper locuples (solvendo).** Der Staat ist immer wohlhabend (zahlungsfähig). Er gilt als sicherer Treuhänder und braucht keine Sicherheit zu leisten. Auch wenn er überschuldet ist, falliert er nicht, sondern erhebt notfalls zusätzliche Abgaben. S. Bartolus, Komm. zu Dig. 36, 3, 1 § 18. S. schon Dig. 23, 5, 2 a.E. u. 36, 3, 1 § 18 a. E. (beides Ulpian). S. heute noch §§ 1807 Abs. 1 Nr. 2 u. 3 BGB u. 2 Abs. 1 Nr. 1–4 PflVG.

41. **Fiunt scripturae, ut, quod actum est, per eas facilius probari possit.** Schriftstücke werden errichtet, damit, was vereinbart wurde, durch sie leichter bewiesen werden kann. Die Schriftform dient oft nur der Beweissicherung, die Wirksamkeit des Geschäfts hängt von ihr nicht ab. Dig. 20, 1, 4 = 22, 4, 4 (Gajus). S. ab. a. Nr. 43.

42. **Flumina et portus publica sunt.** Flüsse und Häfen sind öffentlich. Jeder darf sie für den Verkehr zu Wasser und zum Fischen nutzen. S. Inst. 2, 1 § 2. S. schon Dig. 1, 8, 4 § 1 (Marcian). S. heute etwa §§ 5 WaStrG, 3 Abs. 1 u. 30 Abs. 1 WaG Bad.-Württ. Vgl. R 61.

43. **Forma dat esse rei (et conservat eam in esse).** Die Form gibt der Sache das Dasein (und erhält sie in ihrem Sosein). Manche Rechtshandlungen haben nur in bestimmter Form Bestand, ein Formmangel berührt auch die Substanz. Nicolaus Everardi, Loci argumentorum legales 10, 1 unt. Hinw. a. Dig. 10, 4, 9 § 3 g. E. u. 50, 16, 13 § 1 (beides Ulpian). S. schon Baldus zu Dig. 10, 4, 9 § 3 a. E. u. bereits Dig. 35, 2, 80 § 1 (Gajus). S. heute etwa Parlaments- und Vereinsbeschlüsse.

44. **Forma legalis forma essentialis.** Eine gesetzliche Form ist eine wesentliche Form. Ihre Nichtachtung berührt die Wirksamkeit des Geschäfts. S. heute § 125 S. 1 BGB. S. a. A 39, N 138 u. Q 107.

45. **Forma regiminis mutata non mutatur ipsa civitas.** Wenn die Regierungsform wechselt, wechselt nicht der Staat selbst. Eine aus einer erfolgreichen Revolution hervorgegangene Regierung bedarf zu ihrer Legitimität nicht der Anerkennung durch andere Staaten und ist unweigerlich für die Handlungen früherer Regierungen verantwortlich. Die Kontinuität der Staaten ist unabhängig von der Kontinuität ihrer Regierungsform.

46. **Fortior est custodia legis quam hominis.** Der Schutz durch das Gesetz ist stärker als der Schutz durch Menschen. S. a. L 18. Vgl. M 38.

47. **Frater fratri uterino non succedit in hereditate paterna.** Seinem Halbbruder von der Mutter folgt man nicht in die väterliche Erbschaft. Fällt eine Erbschaft kraft gesetzlicher Erbfolge an Halbgeschwister, so nimmt derjenige Teil des hinterlassenen Vermögens, den der Erblasser seinerseits vom andern Elternteil geerbt hatte, einen anderen Weg. Satz des justinianischen Rechts, s. Cod. Just. 6, 58, 13 § 3 (Justinian). Gilt heute nicht. Vgl. D 17 u. P 15.

48. **Fraus est accipere, quod non possis reddere.** Etwas (als geliehen) anzunehmen, was du nicht zurückgeben kannst, ist Betrug. Publilius Syrus, Sentenzen F 7; s. a. dort R 5.

49. **Fraus et dolus nemini debent patrocinari.** Betrug und Arglist dürfen niemand schützen. Sie dürfen dem Täter nicht zugute kommen. Damasus, Regulae canonicae 20. S. schon Dekretalen

2, 14, 2 g. E. (Alexander III.). S. a. D 60 u. N 27. S. ferner E 57 u. N 51.

50. **Fraus et jus numquam cohabitant.** Betrug und Recht wohnen niemals zusammen.

51. **Fraus numquam praesumitur.** Betrug wird nie vermutet. Daß jemand einen anderen habe hintergehen wollen, ist ohne nähere Anhaltspunkte nicht anzunehmen, mag er ihn auch objektiv benachteiligt haben. S. a. D 56.

52. **Fraus omnia corrumpit.** Betrug macht alles zuschanden. Wo einer den anderen hintergeht, wird eine Rechtsbeziehung brüchig. Cheng S. 158–160.

53. **Fructus augent hereditatem.** Früchte vermehren die Erbschaft. Alle Früchte eines Erbschaftsgegenstandes kommen dem Erben zugute, mag auch zunächst ein anderer das Eigentum an ihnen erlangen. Dig. 5, 3, 20 § 3 g. E. (Ulpian). S. heute § 2020 BGB.

54. **Fructus civiles tempus successivum habent.** Mittelbare Früchte werden nach Tagen verrechnet. Nicht nach längeren Zeitabschnitten. S. heute § 101 Nr. 2 Hs. 2 BGB.

55. **Fructus intelleguntur deductis impensis.** Zu den Früchten zählt nur, was nach Abzug der Gewinnungskosten verbleibt. Dig. 5, 3, 36 § 5 a. A. (Paulus). S. heute § 102 BGB. S. a. N 144.

56. **Fructus pendentes pars fundi videntur.** Hängende Früchte werden als Teil des Grundstücks betrachtet. Solange sie am Baum (Strauch) hängen, gehören sie dem Grundeigentümer. Dig. 6, 1, 44 (Gajus). S. heute § 94 Abs. 1 BGB i. V. m. §§ 953–957.

57. **Fructus sine usu esse non potest.** Nutzung ohne Gebrauch gibt es nicht. Wer das Recht hat, eine fremde Sache zu nutzen, darf sie auch gebrauchen; nicht aber umgekehrt. Dig. 7, 8, 14 § 1 g. A. (Ulpian). S. heute § 100 BGB.

58. **Frustra impletur defecta semel conditio.** Eine einmal ausgefallene Bedingung wird vergeblich erfüllt. S. a. C 53.

59. **Frustra legis auxilium quaerit, qui in legem committit.** Vergeblich beansprucht die Hilfe des Gesetzes, wer gegen das Gesetz verstößt. S. Dekretalen 1, 6, 23 g. A.; u. 5, 19, 14 (beides Inno-

zenz III.). S. schon Dig. 4, 4, 37 § 1 a.E. (Tryphonin). S.a. B 3 u. das Folgende.

60. **Frustra petit debitum, qui, quod debet, non impendit.** Vergeblich fordert eine Schuld ein, wer, was er schuldet, nicht erbringt. Damasus, Regulae canonicae 35. S. heute §§ 273, 320 u. 387 BGB. S.a. Nr. 62 u. J 26.

61. **Frustra probatur, quod probatum non relevat.** Vergebens wird bewiesen, was, wenn es bewiesen ist, nicht stützt. Was bewiesen wird, aber neben der Sache liegt, unerheblich ist, fällt unter den Tisch. S. Bartolus, Komm. zu Cod. Just. 4, 19, 21.

62. **Frustra sibi fidem quis postulat ab eo servari, cui fidem a se praestitam servare recusat.** Wer sich weigert, selbst Wort zu halten, kann nicht verlangen, daß ihm Wort gehalten wird. Liber sextus 5, 13, 75 (Bonifaz VIII.). S. schon Nr. 29 u. 60.

63. **Furiosi voluntas nulla est.** Ein Geisteskranker hat keinen Willen. Er kann keine Willenserklärungen abgeben. Dig. 29, 2, 47 a.E. (Afrikan); s.a. 50, 17, 40 (Pomponius). S. heute § 105 i.V.m. 104 Nr. 2 BGB.

64. **Furiosus solo furore punitur.** Des Geisteskranken einzige Strafe ist die Geisteskrankheit. Ein Geisteskranker kann nicht bestraft werden. S. Dig. 48, 9, 9 § 2 g.E. (Modestin); u. 1, 18, 14 g.A. (Macer, beide unt. Berfg. a. Mark Aurel). S. heute § 20 StGB.

65. **Furiosus tempore intermissi furoris testamentum facere potest.** Ein Geisteskranker kann, solange die Geisteskrankheit aussetzt, ein Testament errichten. Pseudo-Paulus, Sentenzen 3, 41, 5. S. heute § 2229 Abs. 4 BGB.

66. **Furor superveniens non perimit actum prius perfectum.** Eine spätere Geisteskrankheit vernichtet ein vorher vollendetes Rechtsgeschäft nicht. S. Inst. 2, 12 § 1 a.E.; u. Dig. 1, 6, 8 pr. g.E. (Ulpian). Präzisierung von Nr. 63. S. heute § 105 i.V. m. § 104 Nr. 2 BGB. S.a. Nr. 8.

67. **Fur semper in mora.** Der Dieb ist immer in Verzug. Er muß auch, wenn die gestohlene Sache ohne sein Verschulden beschädigt oder zerstört wird, Schadensersatz leisten wie ein in Verzug geratener Sachschuldner. S. Dig. 13, 1, 20 (Tryphonin

unt. Berfg. a. die veteres); u. 13, 1, 8 § 1 (Ulpian). A. Wacke (s. oben C 2) 683–689. S. heute § 848 BGB u. vgl. § 287.

68. **Furtum** praesumitur **factum culpa custodum.** Diebstahl haben im Zweifel die Wächter verschuldet. Nicolaus Everardi, Loci argumentorum legales 107, 3 unt. Berfg. a. Dig. 1, 15, 3 § 2 a. E. (Paulus).

69. **Furtum sine affectu furandi non committitur.** Diebstahl wird nicht ohne Wegnahmewillen begangen. Wer ohne böse Absicht etwas wegnimmt, ist kein Dieb. Dig. 41, 3, 37 pr. (Gajus) = Gajus, Institutionen 2 § 50. S. heute § 242 StGB.

G

1. **Geminat peccatum, quem delicti non pudet.** Wer sich einer Untat nicht schämt, verdoppelt seine Schuld. S. Vinzenz v. Beauvais, Speculum doctrinale 5, 22, Mitte unt. Berfg. a. Sokrates; u. Speculum historiale 3, 58 nach Mitte.

2. **Generalia specialibus non derogant.** Allgemeines hebt Besonderes nicht auf. Eine allgemeine Regel, die nach einer besonderen ergeht, läßt diese in ihrem Bereich bestehen. Trifft oft nicht zu. S.a. L 44 u. S 54.

3. **Generalibus specialia derogant.** Spezielles hebt Generelles auf. Sondervorschriften setzen, soweit sie reichen, allgemeine Regeln außer Kraft. S.a. Nr. 6 u. S 54.

4. **Generaliter lex generalis accipi debet.** Ein allgemeines Gesetz muß allgemein angewandt werden.

5. **Genera non pereunt.** Gattungen gehen nicht unter. Andere Fassung von Nr. 7.

6. **Generi per speciem derogatur.** Das Generelle wird durch das Spezielle aufgehoben. Eine allgemeine Regel gilt nicht, soweit eine besondere Regel etwas anderes besagt. Glossen Si g.A. zu Dig. 34, 5, 1; Honorario g.E. zu Inst. 3, 9 pr.; u. Liber sextus 5, 13, 34 (Bonifaz VIII.). S. schon Dig. 50, 17, 80 (Papinian) u. 32, 99 § 5 (Paulus). S.a. soeben Nr. 3 u. S 54.

7. **Genus perire non potest.** Eine Gattung kann nicht untergehen. Durch Untergang der zur Lieferung vorgesehenen Sache wird der Schuldner einer Gattungsschuld nicht frei. Glosse Non moriturum g.E. zu Cod. Just. 8, 37 (38), 8 (Accursius). S.a. Glossen Demonstrabat zu Dig. 31, 65 § 1 (Accursius); u. Certum zu Dig. 45, 1, 23. S. bis 2002 § 279 BGB a.F. S.a. soeben Nr. 5 u. S. 56.

8. **Gradatim est appellandum.** Man muß Stufe um Stufe Rechtsmittel einlegen. Der Instanzenzug ist einzuhalten. Damasus, Regulae canonicae 64.

9. **Gradus affinitati nulli sunt.** Bei Verschwägerung unterscheidet man nicht nach Graden. Dig. 38, 10, 4 § 5 (Modestin). S. dagegen heute § 1590 Abs. 1 S. 2 BGB.

10. **Graeca non leguntur.** Griechisches wird nicht gelesen. Die griechischen Stellen des Corpus juris civilis werden nicht beachtet, wenn sie nicht ins Lateinische übersetzt sind. Juristen können kein Griechisch. Maxime der mittelalterlichen Juristen bis zum Vorabend des Humanismus. Hans Erich Troje, Graeca leguntur (Köln 1971) 12 u. Anm. 22; u. ders., Europa u. Griechisches Recht (Frankfurt am Main 1971) 20ff. Vgl. Cicero, Rede für Archias § 23: Graeca leguntur.

11. **Gratuitum debet esse commodatum.** Leihe muß unentgeltlich sein. Andernfalls handelt es sich um Miete. Inst. 3, 14 § 2 a.E. S. heute § 598 BGB.

12. **Gratus esse debet, qui beneficium accepit.** Wer eine Wohltat empfangen hat, muß dankbar sein. Bei Undank kann ihm die Wohltat wieder entzogen werden. Cicero, Rede über die konsularischen Provinzen § 41 g.E. S. heute § 530 BGB.

13. **Graviore culpa gravior poena.** Je schwerer die Schuld, desto schwerer die Strafe. Strafen sind nach dem Maß der Schuld zuzumessen. S. heute § 46 Abs. 1 S. 1 StGB. Vgl. M 14 u. P 55.

H

1. **Habemus optimum testem confitentem reum.** Der beste Zeuge ist der geständige Angeklagte bzw. Beklagte. S.a. C 57, N 157 u. P 117, ab. a. C 58.

2. **Habilis ad nuptias habilis ad pacta nuptialia.** Der Ehefähige ist auch zu Eheverträgen fähig. Ehefähigkeit schließt, auch wenn sie nicht mit allgemeiner Geschäftsfähigkeit einhergeht, die Fähigkeit zum Abschluß von Ehegüterverträgen ein. S. Dig. 23, 4, 8 u. 23. 3, 73 pr. (beides Paulus). S. bis 1965 Art. 1398 französ. Code civil, ab. a. § 1411 BGB.

3. **Heredes gignuntur, non scribuntur.** Erben werden gezeugt und nicht geschrieben. Nur Abkömmlinge oder doch Verwandte können erben; durch Testament dagegen kann man niemanden zum Erben machen. Devise der Gegner der Testierfreiheit. S. Publilius Syrus, Sentenzen M 15. Gilt heute nicht, s. D 32.

4. **Heredi a semet ipso legari non potest.** Dem Erben kann nichts zu seinen eigenen Lasten vermacht werden. Pseudo-Ulpian, Liber singularis regularum 24, 22. S.a. Dig. 30, 116 § 1 (Florentin). Windscheid-Kipp III 583 u. 586. S. heute dagegen § 2150 BGB.

5. **Heredi magis parcendum est.** Der Erbe ist eher zu schonen. Ist unklar, mit wie vielen oder wie hohen Vermächtnissen ein Erbe beschwert ist, so ist zugunsten des Erben, nicht des Vermächtnisnehmers zu entscheiden. Dig. 31, 47 g.E. (Proculus). S.a. N 69. Vgl. J 58, 63 u. 91.

6. **Hereditas non delata non transmittitur.** Eine noch nicht angefallene Erbschaft wird nicht weitervermittelt. Wer vor dem Anfall einer Erbschaft stirbt, vermittelt diese Erbschaft seinen eigenen Erben nicht weiter. Kaser, RP I 716 u. 723 unter IV. S. heute §§ 1942 Abs. 1, 2139 u. 2344 BGB.

7. **Hereditas numquam ascendit.** Eine Erbschaft steigt niemals hinauf. Vorfahren erben nicht. Rechtssatz des Lehnsrechts. S. heute dagegen §§ 1925 f. BGB.

8. **Hereditas pro parte adiri nequit.** Eine Erbschaft kann nicht zu einem Teil angenommen werden. S. Dig. 29, 2, 1 (Paulus). S. heute §§ 1950 f. BGB.

9. **Hereditatis aditio in dubio non praesumitur.** Annahme der Erbschaft wird im Zweifel nicht vermutet. S. heute umgekehrt § 1943 Hs. 2 BGB.

10. **Heres est nomen collectivum.** ‚Erbe' ist eine Sammelbezeichnung. Unter ‚Erbe' ist oft kein einzelner Erbe, sondern sind alle Erben des betreffenden Erblassers zu verstehen.

11. **Heres facta defuncti praestare debet.** Der Erbe muß für die Taten des Verstorbenen einstehen. Hat der Verstorbene etwas getan, weshalb er etwas abführen oder einen Verlust ausgleichen muß, so wendet man sich nach seinem Tod an seinen Erben. S. heute § 1967 BGB. S. a. J 104.

12. **Heres heredis mei est meus heres.** Der Erbe meines Erben ist mein Erbe. Betrifft Pflichten, Rechte und Vergünstigungen, die jemandem „und seinem Erben" eingeräumt bzw. auferlegt sind: sie gelten auch für den Erbeserben usf. Satz aus der Vorgeschichte der selbstverständlichen Vererblichkeit der meisten Rechte und vor allem auch Pflichten. S. Dig. 50, 16, 65 (Ulpian); u. Cod. Just. 6, 24, 14 § 2 a. E. (Justinian unt. Berfg. a. antiqua regula).

13. **Heres succedit in vitia realia defuncti.** Der Erbe übernimmt die wirklichen Laster des Verstorbenen. Merkscherz. Das Vermögen des Erblassers geht mit allen daran haftenden Nachteilen, insbesondere Passiven, Belastungen und Rechtsmängeln, auf den Erben über; auch guter Glaube des Erben vermag z. B. Rechtsmängel nicht zu heilen. Nicht dagegen gehen die vitia personalia über, d. h. Strafen und Bußen, die sich der Erblasser zugezogen hatte. S. heute § 1922 Abs. 1 BGB. S. a. J 104 u. P 59.

14. **Heres sustinet personam defuncti.** Der Erbe hält die Position des Verstorbenen aufrecht. S. Glosse Reddito g. E. zu Cod. Just. 2, 19, 3. S. heute § 1922 Abs. 1 BGB.

15. **Hominem homini insidiari nefas est.** Es ist frevelhaft, wenn ein Mensch dem andern nachstellt. Dig. 1, 1, 3 a. E. (Florentin).

16. **Hominum causa omne jus constitutum est.** Alles Recht ist um der Menschen willen gesetzt. Dig. 1, 5, 2 (Hermogenian).

Honeste vivere . . . s. J 177.

17. **Hypotheca est obligationis filia.** Die Hypothek ist eine Tochter der Verbindlichkeit. Hypotheken sind etwas Sekundäres; primär ist die Verbindlichkeit, die sie sichern sollen. S. heute § 1113 BGB.

J

1. **Ibi debet quis puniri, ubi quis deliquit.** Dort muß man bestraft werden, wo man die Tat begangen hat. Im Strafrecht ist das Gericht des Tatorts zuständig. Bartolus, Komm. zu Dig. 48, 2, 7 § 4. S. heute § 7 StPO. S. a. D 7 u. R 23.

2. **Ibi sit poena, ubi et noxa.** Dort sei die Strafe, wo auch die Tat. Nicht etwa sind Verwandte und Freunde eines Straftäters allein wegen ihrer Nähe zu ihm mitzubestrafen. Cod. Just. 9, 47, 22 pr. (Arcadius). S. a. D 22.

3. **Ibi valet populus, ubi leges valent.** Wo die Gesetze geachtet werden, geht es dem Volk gut. S. Publilius Syrus, Sentenzen J 61.

4. **Idem est non esse et non apparere.** Sich nicht zeigen und nicht sein ist dasselbe. Was nicht sichtbar, nicht bewiesen ist, existiert für den Richter nicht und wird im Prozeß nicht beachtet. Vgl. Nr. 37.

5. **Idem est non esse et non significari.** Nicht angegeben werden und nicht sein ist dasselbe. Was nicht angegeben wird, wird als nicht bestehend behandelt und nicht beachtet.

6. **Idem est non facere et non legitime facere.** Nicht rechtens tun und nicht tun ist dasselbe. Wer zu einer Leistung verpflichtet ist und diese zwar irgendwie ausführt, aber nicht, wie es rechtlich geboten ist, hat seine Pflicht nicht erfüllt.

7. **Idem est solvere ac compensare.** Erfüllen und Aufrechnen ist dasselbe. Der Aufrechnung kommt dieselbe schuldtilgende Wirkung zu wie der Erfüllung. S. Dig. 20, 4, 4 g. E. (Pomponius). S. heute §§ 362 Abs. 1 u. 389 BGB.

8. **Id, quod actum fuit, sequi debemus.** Wir müssen dem folgen, was man meinte. Bei der Auslegung von Rechtsgeschäften ist der Parteiwille ausschlaggebend. Giuseppe Averani, Interpretationum juris libri quinque (Lyon 1751) Buch 4 Kap. 12 a. A. Christoph Krampe, Die Konversion des Rechtsgeschäfts

(Frankfurt am Main 1980) 47ff.; Zimmermann 633f. S.a. Nr. 44f. u. P 43, ab. a. E 58.

9. **Id, quod interest, non solum ex damno dato constat, sed etiam ex lucro cessante.** Das Interesse besteht nicht nur aus zugefügtem Schaden, sondern auch aus entgangenem Gewinn. Wer ein Vermögensinteresse in Geld zu erstatten hat, muß dem andern nicht nur den positiven Schaden, sondern auch den ihm etwa entgangenen Gewinn erstatten. S. Cod. Just. 7, 47, 1 § 2 (Justinian) unt. Berfg. a. die klassischen Juristen. Hans Josef Wieling, Interesse und Privatstrafe vom Mittelalter bis zum BGB (Köln 1970) 109–122. S. heute § 252 S. 1 BGB. S.a. L 76.

10. **Ignorantia facti, non juris excusat.** Unkenntnis einer Tatsache entschuldigt, nicht aber Rechtsunkenntnis. Liber sextus 5, 13, 13 (Bonifaz VIII.). S. schon Glosse Qui sciens zu Cod. Just. 2, 11 (12), 15 g.E.; u. bereits Dig. 17, 1, 29 § 1 a.E. (Ulpian). Theo Mayer-Maly, Ignorantia facti u. ignorantia juris, in: AcP 170 (1970) 133–180; Zimmermann 604–609. S. heute §§ 16f. StGB. S.a. Nr. 12f., 176 u. E 31.

11. **Ignorantia judicis foret calamitas innocentis.** Unwissenheit des Richters ist das Verderben des Unschuldigen.

12. **Ignorantia juris nocet.** Rechtsunkenntnis schadet. Sie schützt weder vor Strafe noch stellt sie von Haftung frei. S. Glosse Scire potuit Mitte zu Dig. 29, 2, 38 g.E. H. Kupiszewski, Ignorantia ..., in: Sodalitas. Scritti in onore di G. Guarino III (Neapel 1984) 1357–1364. S. heute § 2 österr. ABGB. S.a. sofort Nr. 176, soeben Nr. 10, das Folgende u. E 31.

13. **Ignorantia legis neminem excusat.** Unkenntnis des Gesetzes entschuldigt niemand. S.a. N 34. Vgl. soeben Nr. 10, das Vorige u. E 31.

14. **Ignorantiam allegans eam probare debet.** Wer sich auf Unkenntnis beruft, muß sie beweisen. Damasus, Regulae canonicae 131. Gilt heute im Strafrecht nicht. S.a. N 34.

15. **Ignoranti non currit tempus.** Dem Unwissenden läuft keine Frist. S. Glosse Scientiam zu Dig. 38, 15 (16), 2 § 5. S.a. C 129.

16. **Ignoranti possessio non aquiritur.** Ein Unwissender erwirbt keinen Besitz. Solange man weder weiß noch damit rechnet, daß eine Sache in den eigenen Herrschaftsbereich gelangt ist, erlangt man keinen Besitz an ihr; die Kenntnis eines Untergebenen genügt nicht. S. Dig. 41, 2, 3 § 3 (Paulus). Hans Peter Benöhr, Der Besitzerwerb durch Gewaltabhängige im klassischen römischen Recht (Berlin 1972) 87ff. Vgl. heute § 867 S. 1 BGB.

17. **Ignoscitur his, qui aetate defecti sunt.** Den Altersschwachen wird verziehen. Nämlich wenn sie bei Unglücksfällen oder Not keine Hilfe leisten. Dig. 29, 5, 3 § 7 (Ulpian). S. heute § 323c StGB.

18. **Imaginaria venditio non est pretio accedente.** Wenn ein Preis dabei ist, liegt kein Scheinkauf vor. Das erst dann, wenn in Wahrheit überhaupt kein Preis gezahlt wird. Schon ein geringer Preis macht das Geschäft zum Kauf. Dig. 50, 17, 16 (Ulpian). David Daube, Zur Palingenesie einiger Klassikerfragmente, in: SZ 76 (1959) 162–164. Heute sprechen wir von einer gemischten Schenkung, wenn der Preis eigens niedrig angesetzt wurde, um den andern Teil zu begünstigen.

19. **Imperitia culpae adnumeratur.** Unerfahrenheit wird der Fahrlässigkeit zugezählt. Dig. 50, 17, 132 (Gajus). Zimmermann 386f. S. heute § 276 Abs. 2 BGB.

20. **Impium praesidium praescriptio.** Verjährung ist ein ungutes Verteidigungsmittel.

21. **Impossibilis conditio pro non scripta habetur.** Eine unmögliche Bedingung wird als nicht geschrieben behandelt. Betrifft ursprünglich nur letztwillige Verfügungen. S. Inst. 2, 14 § 10. Hans Josef Wieling, ... condicio pro non scripta ... im römischen Testament, in: SZ 87 (1970) 212–230 u. 242–245. S. heute § 2085 BGB, ab. a. § 139. S. ab. a. C 82. Vgl. C 51.

22. **Impossibilium nulla obligatio.** Zu Unmöglichem gibt es keine Verpflichtung. Dig. 50, 17, 185 (Celsus). Christian Wollschläger, Die Entstehung der Unmöglichkeitslehre (Köln 1970); u. Zimmermann 686–697. S. bis 2002 § 306 BGB a.F. S.a. N 64. Vgl. U 21.

23. **Impotentia excusat legem.** Unvermögen entschuldigt vom Gesetz. Einem gesetzlichen Gebot braucht nicht nachzukommen, wer dazu unfähig ist. S. Dionysius Gothofredus, Außenglosse Impotentia zu Glosse Certiorare g.E. zu Libri feudorum 2, 24, 2. S.a. U 21. Vgl. das Vorige.

24. **Impunitas semper ad deteriora invitat.** Straflosigkeit lädt stets zu Schlimmerem ein. S.a. Nr. 117. Vgl. Nr. 132.

25. **Imputari non debet ei, per quem non stat, si non faciat, quod per eum fuerat faciendum.** Dem, an dem es nicht liegt, wenn er nicht tut, was von ihm zu tun gewesen war, darf das nicht zugerechnet werden. Wer seinen Aufgaben, seien es Rechtspflichten oder Obliegenheiten, nicht nachkommt, ohne daß es an ihm liegt, soll daraus keinen rechtlichen Nachteil erleiden. Liber sextus 5, 13, 41 (Bonifaz VIII.). S. schon Dig. 19, 2, 38 (Pseudo-Paulus).

26. **Inadimplenti non est adimplendum.** Wer nicht erfüllt, dem ist nicht zu erfüllen. Erfüllung seiner Forderung kann nur verlangen, wer seinerseits seine Pflicht erfüllt. Betrifft an sich nur gegenseitige Verträge. S. heute § 320, ab. a. 273 BGB; im übernationalen Recht etwa Maria V. Castillo Daudi, Notas sobre un caso de aplicación del principio inadimplenti ... en derecho internacional, in: Estudios jurídicos en homenaje al profesor Santa Cruz Teijeiro (Valencia 1974) I 157–168. S.a. F 29 u. 60.

27. **In alienam voluntatem conferri legatum non potest.** Ein Vermächtnis kann nicht in das Belieben eines anderen gestellt werden. Dig. 35, 1, 52 g.E. (Modestin). S. heute §§ 2065 Abs. 2, ab. a. 2151 u. 2153 BGB.

28. **In alta proditione nullus potest esse accessorius.** Bei Hochverrat kann keiner (bloßer) Teilnehmer sein. Alle Beteiligten sind Täter. Vgl. heute „unternimmt, Unternehmen“ in §§ 81–83 StGB.

29. **In ambigua voce legis ea potius accipienda est significatio, quae vitio caret.** Bei zweideutigem Gesetzeswortlaut ist die Bedeutung vorzuziehen, die Ungereimtheiten vermeidet. Dig. 1, 3, 19 (Celsus). Herbert Hausmaninger, Zur Gesetzesinterpretation des Celsus, in: Studi in onore di Giuseppe Grosso V (Turin 1972) 252–256.

30. **In ambiguis orationibus maxime sententia spectanda est ejus, qui eas protulisset.** Bei mehrdeutigen Formulierungen ist in erster Linie die Meinung dessen zu berücksichtigen, der sie abgefaßt hat. Dig. 50, 17, 96 (Marcian). S. a. Q 55, ab. a. A 88, C 81 u. sofort Nr. 123. Vgl. heute §§ 133 u. 157 BGB.

31. **In antiquis enuntiativa probant etiam contra tertium.** Aussagen in alten Dokumenten beweisen auch gegen Dritte. D. h. auch gegen an seiner Abfassung Unbeteiligte. Hohes Alter eines Dokuments schließt es praktisch aus, daß der Bericht auf die heutige Lage berechnet sei.

32. **In antiquis omnia praesumuntur rite ac solemniter acta.** Bei alten Rechtsgeschäften wird vermutet, daß sie nach Vorschrift und in aller Form geschehen sind. S. a. E 47.

33. **In argumentum trahi nequeunt, quae propter necessitatem aliquando sunt concessa.** Als Vorbild kann nicht dienen, was irgendwann einmal in der Not erlaubt wurde. Liber sextus 5, 13, 78 (Bonifaz VIII.). S. schon Q 11.

34. **In casu extremae necessitatis omnia sunt communia.** Im Falle äußerster Not ist alles gemeinschaftlich. S. a. N 12.

35. **Incaute factum pro non facto habetur.** Unachtsam Gemachtes wird als nicht geschehen behandelt. Betrifft Änderungen und Streichungen in einem Testament. S. Dig. 28, 4, 1 § 1 a. A. (Ulpian).

36. **Incendia plerumque fiunt culpa inhabitantium.** Feuer bricht meist aus Schuld der Bewohner aus. Brennt ein Haus, so ist die Schuld vor allem bei den dort Wohnenden zu suchen. Dig. 1, 15, 3 § 1 (Paulus).

37. **Incerta pro nullis habentur.** Ungewisses wird als Nichts behandelt. Was nicht zur Gewißheit des Richters bewiesen ist, wird im Prozeß nicht beachtet. Gilt insbesondere von behauptetem Gewohnheitsrecht. Vgl. Nr. 4.

38. **Incerta quantitas vitiat actum.** Eine unbestimmte Menge macht das Rechtsgeschäft ungültig. Der Inhalt eines Rechtsgeschäfts muß bestimmt, zumindest bestimmbar sein. S. heute etwa §§ 315–319, 612 Abs. 2 u. 632 Abs. 2 BGB. S. a. das Folgende.

39. **Incertitudo rei vitiat actum.** Unbestimmtheit der Sache macht das Rechtsgeschäft ungültig. Der Gegenstand, um den es bei einem Rechtsgeschäft geht, muß bestimmt, zumindest bestimmbar sein. S. heute §§ 243 Abs. 1, 315–319, 2065–2073, 2151–2155 BGB u. den Bestimmtheitsgrundsatz im Sachenrecht. S. a. das Vorige.

40. **Incivile est nisi tota lege perspecta una aliqua particula ejus proposita judicare.** Es geht nicht, unter Herauslösung eines Teilchens des Gesetzes zu urteilen, ohne das ganze zu überschauen. Dig. 1, 3, 24 (Celsus). Hausmaninger (soeben Nr. 29) 250–252. S. heute Art. 1161 französ. Code civil; u. Art. 1363 ital. Codice civile.

41. **Inclusio unius exclusio alterius.** Einbeziehung des einen bedeutet Ausschluß des andern. Auslegungsmaxime. S. a. E 43, 68 u. Q 35.

42. **Incolas domicilium facit.** Einwohner macht der Wohnsitz. Durch Niederlassung in einem Land bzw. einer Gemeinde erlangt man den Status eines Einwohners; Bürger des Staates bzw. der Gemeinde wird man erst, wenn weitere Voraussetzungen erfüllt sind. Cod. Just. 10, 40, 7 pr. (Diokletian). S. heute etwa § 10 Abs. 1 GemO Bad.-Württ.

43. **In contractibus tacite insunt, quae sunt moris et consuetudinis.** In Verträgen ist stillschweigend enthalten, was Sitte und Gepflogenheit ist. S. Dig. 21, 1, 31 § 20 a. E. (Ulpian). S. heute §§ 157 BGB u. 346 HGB.

44. **In contrahendo quod agitur pro cauto habendum est.** Beim Vertragsschluß gilt, was gemeint ist, als ausbedungen. Dig. 12, 1, 3 g. E. (Pomponius). S. heute § 133 BGB. S. a. das Folgende, soeben Nr. 8 u. P 43.

45. **In conventionibus contrahentium voluntas potius quam verba spectanda sunt.** Bei Verträgen ist das Gemeinte stärker zu berücksichtigen als der Wortlaut. S. Dig. 50, 16, 219 S. 1 (Papinian). S. heute § 133 BGB. S. a. d. Vorige, Nr. 8 u. P 43.

46. **Incorporalia bello non aquiruntur.** Unkörperliche Gegenstände (d. i. Rechte) werden durch Krieg nicht erworben. Rechte er-

langt der kriegführende Staat erst durch einen (Friedens-)Vertrag, vorher nur eine vorläufige Herrschaft.

47. **In criminalibus probationes debent esse luce clariores.** In Strafsachen müssen die Beweise klarer sein als das Licht. S. Cod. Just. 4, 19, 25 a. E. (Theodosius I.)

48. **In criminalibus voluntas pro facto reputabitur.** In Strafsachen zählt der Wille als Tat. Auch die bloß versuchte Straftat ist strafbar. S. a. A 58.

49. **Index animi sermo.** Die Rede zeigt die Absicht an. S. Leo I., Epistulae 20 g. M.; u. Pseudo-Seneca, De moribus 72 f.

50. **Indigno aufertur hereditas.** Dem Unwürdigen wird die Erbschaft entzogen. Bartolus, Komm. a. A. zu Dig. 29, 5, 15 § 1. S. schon Dig. 34, 9 u. Cod. Just. 6, 35. S. heute §§ 2339–2344 BGB.

51. **Indignus potest capere, non retinere.** Der Unwürdige kann erwerben, aber nicht behalten. S. heute § 2340 BGB.

52. **In dubiis abstine.** Bei Zweifeln schlage aus. Bestehen Zweifel, ob eine angefallene Erbschaft überschuldet ist, so ist Ausschlagung ratsamer als Annahme. Haftungsbeschränkung zu erwirken ist lästig und kann fehlschlagen.

53. **In dubiis benigniora.** Im Zweifel wohlwollender. Maxime der Auslegung von letztwilligen Verfügungen, wonach diejenige Auslegung vorzuziehen ist, welche die Verfügung am besten zur Geltung bringt. Dig. 50, 17, 56 (Gajus). S. heute § 2084 BGB. S. a. C 115. Vgl. Nr. 97.

54. **In dubio contra fiscum.** Im Zweifel gegen den Fiskus. Steuerforderungen müssen über alle Zweifel erhaben sein. Angelus von Arezzo, Komm. 10 zu Inst. 2, 17 § 8 (7) a. E. S. schon Dig. 49, 14, 10 (Modestin); u. Cod. Theod. 10, 15, 2 a. A. (Konstantin).

55. **In dubio instrumento standum est nec actus simulatus praesumitur.** Im Zweifel muß man sich an eine Urkunde halten und wird kein Scheingeschäft vermutet.

56. **In dubio interpretatio pro regula contra limitationem facienda.** Im Zweifel ist im Sinne der Regel und gegen ihre Begrenzung auszulegen. Vgl. Q 2 f. u. S 40.

57. **In dubio legis constructio plus quam verba ostendit.** Im Zweifel erklärt die Auslegung eines Gesetzes mehr als seine Worte. Erst ihre Auslegung erschließt die ganze Reichweite einer Vorschrift. S.a. Q 49.

58. **In dubio minus.** Im Zweifel weniger. Ist die Höhe einer Forderung oder der Umfang eines Rechts zweifelhaft, so gilt die geringere Höhe bzw. der kleinere Umfang. Kurzfassung von Nr. 63. Baldus (s. A 88) 122–128. S.a. Nr. 91.

59. **In dubio pars mitior est sequenda.** Im Zweifel ist der milderen Möglichkeit zu folgen. Unklare Formulierungen schlagen im Strafrecht zugunsten des Angeklagten aus. S. Dig. 48, 19, 32 a.E. (Ulpian). S.a. Nr. 97 u. P 57. Vgl. A 54.

60. **In dubio pro libertate.** Im Zweifel für die Freiheit. Betraf ursprünglich nur die Frage, ob jemand Sklave ist oder nicht. S. Dig. 50, 17, 20 (Pomponius); u. 40, 1, 24 (Hermogenian unt. Berfg. a. ein Gesetz wohl von 19 v. Chr.). S. heute Artt. 1 u. 2 GG u. dazu etwa Martin Hochhut, Relativitätstheorie des öffentlichen Rechts (Baden-Baden 2000) 187–197. S.a. P 111.

61. **In dubio pro possessore.** Im Zweifel für den Besitzer. Beansprucht jemand eine Sache, die ein anderer in seinem Besitz hat, und bleibt zweifelhaft, wem sie gehört, so behält sie der Besitzer. S.a. B 1, sofort Nr. 93, M 35 u. P 79.

62. **In dubio pro reo (iudicandum est).** Im Zweifel (ist) zugunsten des Angeklagten (zu entscheiden). M. W. erstmals bei Aegidius Bossius, Tractatus varii: Titulus de Favoribus defensionis 2 g.E. unt. Berfg. a. Dig. 44, 7, 47. S. schon Dig. 42, 1, 38 pr. (Paulus unt. Berfg. a. Antoninus Pius); 48, 19, 5 pr. (Ulpian unt. Berfg. a. Trajan); 50, 17, 125 (Gajus); u. bereits Aristoteles, Problemata physica 29, 13. Peter Holtappels, Die Entwicklungsgeschichte des Grundsatzes „in dubio pro reo“ (Hamburg 1965); Heinz Holzhauer, HRG u. d. St. (1973, beide für das Altertum unzureichend); u. M. van de Vrugt, In . . ., in: Brocardica (s. oben A 32) 123–128. S. heute Art. 6 Abs. 2 MRK. Vgl. C 124 u. T 38.

63. **In dubio semper id, quod minus est, debetur.** Im Zweifel wird immer der kleinere Betrag geschuldet. S. heute Art. 6 Abs. 2 WG u. 9 Abs. 2 ScheckG. S.a. Nr. 58 u. 91.

64. **In eo, quod plus sit, semper inest et minus.** Im Größeren ist immer zugleich das Kleinere enthalten. Dig. 50, 17, 110 pr. (Paulus). S. schon Dig. 32, 29 § 1 (Labeo unt. Berfg. a. Quintus Mucius Skävola). Ralf Backhaus, In maiore minus inest, in: SZ 100 (1983) 136ff., Zusammenfassung 180–184. S. heute in ehedem altpreußischen Gebieten § 91 Einl. preuß. ALR. S. a. P 47 u. C 103f.

65. **Infamibus portae non pateant dignitatum.** Den Ehrlosen sollen die Türen für Würden nicht offenstehen. Entehrend Bestrafte können keine öffentlichen Ämter bekleiden. Liber sextus 5, 13, 87 (Bonifaz VIII.). S. schon Cod. Just. 12, 1, 2 (Konstantin). S. heute § 45 StGB.

66. **In fictione juris semper aequitas existit.** Hinter einer Rechtsfiktion steckt immer die Billigkeit. S. Bartolus, Komm. 67 zu Dig. 41, 3, 15 pr. S. a. L 20.

67. **Infinita aestimatio est libertatis et necessitudinis.** Die Freiheit und die Angehörigen sind unbezahlbar. Ihre Entziehung läßt sich nicht in Geld aufwiegen. Dig. 50, 17, 176 § 1 (Paulus). S. heute dagegen §§ 253, 844 Abs. 2 u. 845 BGB. S. a. L 60f.

68. **Infinitum in jure reprobatur.** Unendliches wird im Recht mißbilligt. Das Ausmaß einer Rechtspflicht muß begrenzt sein.

69. **Infirmitas culpae adnumeratur.** Schwäche zählt zur Schuld. Wer aus körperlicher Schwäche jemand, insbesondere seinen Vertragspartner, schädigt, hat dies zu vertreten. S. Dig. 9, 2, 8 § 1 Mitte (Gajus). S. heute § 276 Abs. 2 BGB.

70. **Infirmitati, non calliditati mulierum consultum est.** Die Schwachheit und nicht die Verschlagenheit der Frauen ist in Schutz genommen worden. Der besondere Schutz der Frauen vor Inanspruchnahme aus Bürgschaften u. ä. entfällt, wenn eine Frau den Gläubiger bewußt getäuscht hat. Cod. Just. 4, 29, 5 a. E. (Alexander Severus). S. schon Dig. 16, 1, 2 § 3 a. E. (Ulpian). Joëlle Beaucamp, Le vocabulaire de la faiblesse féminine dans les textes juridiques romains du IIIe au VIe siècle, in: RH 54 (1976) 485ff., bes. 491–493. S. a. D 16.

71. **Infitiatio non est furtum.** Ableugnen ist kein Diebstahl. Wer eine fremde Sache in Gewahrsam hat, dies dem Berechtigten gegenüber aber ableugnet, begeht keinen Diebstahl. S. Dig. 47, 2, 68 pr. (Celsus).

72. **In generalibus latet error.** In allgemeinen Aussagen liegt der Irrtum verborgen.

73. **Ingratus ex solo conatu nemo judicatur.** Aufgrund eines bloßen Versuchs wird niemand für undankbar erachtet. Nur vollendeter Undank hat Rechtsfolgen.

74. **Inimico testi credi non oportet.** Dem Zeugnis eines Feindes darf man nicht glauben. Ist der Zeuge ein persönlicher Feind des Angeklagten bzw. der gegnerischen Partei, so darf sein Zeugnis den Prozeß nicht entscheiden. S. Cicero, Rede für Fontejus § 26 g. A. S. heute dagegen §§ 261 StPO u. 286 ZPO.

75. **In individuis minor relevat majorem.** Bei der Rechtsgemeinschaft hilft der Minderjährige dem Volljährigen. Steht ein Recht einem Minder- und einem Volljährigen gemeinschaftlich zu und haben diese bezüglich des Rechts etwas versäumt, was dem Minderjährigen nicht zugerechnet wird, so kommt des einen Minderjährigkeit auch dem andern zugute. S. Dig. 8, 6, 10 pr. (Paulus). S. heute Art. 710 französ. Code civil.

76. **Iniquitati proxima est severitas.** Strenge ist der Ungerechtigkeit sehr nahe. Pseudo-Seneca, De moribus 95.

77. **In judicando criminosa est celeritas.** Beim Richten ist Eile verbrecherisch. Publilius Syrus, Sentenzen J 25; s. a. dort P 21. S. a. hier D 20, ab. a. sofort Nr. 193.

78. **In judiciis non est acceptio personarum habenda.** Vor Gericht gibt es kein Ansehen der Person. Liber sextus 5, 13, 12 (Bonifaz VIII.). S. schon Paulus, Brief an die Kolosser 3, 25; u. bereits Sprüche Salomos 24, 23. S. heute Art. 3 GG. S. a. O 13.

79. **In judicio non creditur nisi juratis.** Im Prozeß glaubt man nur Beschworenem. Zeugenaussagen müssen beeidigt werden. S. heute §§ 59 StPO u. 391 ZPO. S. a. Nr. 171.

80. **In jure non remota causa, sed proxima spectatur.** Im Recht zählt nicht der entfernte, sondern der nächste Grund. S. C 11.

81. **Injuria illata judici videtur ipsi regi illata.** Einem Richter zugefügte Injurien werden dem König selbst zugefügt. Als Repräsentant des Königs steht der Richter unter seinem besonderen Schutz.

82. **Injuriam ipse facias, ubi non vindices.** Wenn du Unrecht nicht verfolgst, begehst du es selbst. Publilius Syrus, Sentenzen J 55. S.a. hier B 17 u. sofort Nr. 147.

83. **Injuria non excusat injuriam.** Unrecht entschuldigt Unrecht nicht. Unrecht, das zur Vergeltung für erlittenes Unrecht begangen wird, ist nicht entschuldigt. S. ab. a. P 5.

84. **Injuria non praesumitur.** Rechtswidrigkeit wird nicht vermutet.

85. **Injuste detentus in carcere impune potest aufugere.** Wer zu Unrecht (von einem Privatmann) festgehalten wird, darf ohne nachteilige Folgen ausbrechen. S. Bartolus, Komm. 1 u. 2 zu Cod. Just. 4, 19, 15. S. heute §§ 227, 229, 230 BGB u. 32, 34, 35 StGB.

86. **In legibus magis simplicitas quam difficultas placet.** In Gesetzen ist Einfachheit besser als Kompliziertheit. Inst. 2, 23 § 7 a.A. (Justinian). S.a. S 36. Vgl. L 3.

In majore minus inest. S. soeben Nr. 64.

87. **In maleficiis voluntas spectatur, non exitus.** Bei Straftaten zählt der Wille, nicht der Ausgang. Die Sanktion richtet sich nach der Schuld. Dig. 48, 8, 14 (Callistrat unt. Berfg. a. Hadrian). S. heute §§ 15–18, 23 u. 46 Abs. 1 S. 1 StGB. S.a. A 38 u. V 37.

88. **In malis promissis fidem non expedit observari.** Bei üblen Versprechen frommt es nicht, Wort zu halten. Rechts- oder sittenwidrige Zusagen sind nicht zu halten. Liber sextus 5, 13, 69 (Bonifaz VIII.). S.a. E 56 u. N 111.

89. **Innocens fortunam, non testes timet.** Der Unschuldige fürchtet Unglück, nicht Zeugen. Wer Zeugen fürchtet, ist nicht unschuldig. Publilius Syrus, Sentenzen R 3.

90. **In nummis non tam corpora ipsa quae solventur considerantur, quam quantitas, quae ex his efficitur.** Bei Geld wird nicht so sehr auf die Stücke, die geleistet werden, gesehen, als auf die Summe, die dabei herauskommt. Geldschulden sind Wertschulden, nicht Sachschulden. S. Glosse Corporalium zu Dig. 12, 6, 46 a.E. (Johannes Bassianus). S. schon Dig. 46, 3, 94 § 1 a.E. (Papinian).

91. **In obscuris minimum est sequendum.** Bei Dunkelheit ist vom Kleinsten auszugehen. Bleibt etwas unklar, so ist die geringste der in Betracht kommenden Möglichkeiten vorzuziehen. Liber sextus 5, 13, 30 (Bonifaz VIII.). S. schon Dig. 50, 17, 9 u. 34 (beides Ulpian). S. a. Nr. 58 u. 63, ab. a. 107.

92. **In odium spoliatoris omnia praesumuntur.** Zuungunsten des Eigenmächtigen wird alles vermutet. Wer verbotene Eigenmacht übt, hat die Beweislast, z. B. auch zur Frage der einstigen Gestalt der entzogenen Sache. Gilt heute nicht. S. a. O 16.

93. **In pari delicto vel causa potior est conditio possidentis.** Bei gleichem Delikt oder Sachstand ist die Lage des Besitzenden stärker. Bei zwei Prätendenten, deren Sache gleich gut oder gleich schlecht steht, obsiegt der Besitzer. Liber sextus 5, 13, 65 (Bonifaz VIII.). S. schon Dig. 50, 17, 154 S. 1 (Ulpian). S. a. das Folgende, Nr. 61, P 79, M 34 u. B 1.

94. **In pari turpitudine melior est causa possidentis.** Bei gleicher Sittenwidrigkeit ist die Sache des Besitzenden besser. Haben bei einem Streit um Vermögenswerte beide Teile gegen die guten Sitten verstoßen, so wird keiner verurteilt. S. Dig. 3, 6, 5 § 1 (Ulpian). Hans Hermann Seiler, § 817 S. 2 BGB und das römische Recht, in: Festschr. Wilhelm Felgentraeger 70. Geburtstag (Göttingen 1969) 379 ff.; Heinrich Honsell, Die Rückabwicklung sittenwidriger oder verbotener Geschäfte (München 1974) bes. S. 85–90; Liebs, JZ 1981, 162 f.; u. Zimmermann 863–866. S. heute § 817 S. 2 BGB. S. a. M 35. Vgl. N 32.

95. **In parvulis nulla deprehenditur culpa.** Bei kleinen Kindern findet sich keine Schuld. Dig. 40, 5, 55 § 1 a. E. (Marcian). S. heute §§ 19 StGB u. 828 BGB.

96. **In poenam heres non succedit.** In eine Strafe rückt der Erbe nicht nach. Der Erbe haftet nicht für Strafen, die der Erblasser verwirkt hat. Dig. 39, 1, 22 (Marcellus). S. heute §§ 459 c Abs. 3 StPO u. 101 OWiG. S. a. H 13, sofort Nr. 104 u. P 59.

97. **In poenis benignior est interpretatio facienda.** In Strafsachen ist der glimpflicheren Auslegung zu folgen. Liber sextus 5, 13, 49 (Bonifaz VIII.). S. schon Dig. 50, 17, 155 § 2 (Paulus). S. bis 1983 Can. 2219 § 1 Codex juris canonici. Vgl. soeben Nr. 53 u. P 57.

98. **In positivis non licet argumentari a pari.** Bei hochpositiven Regelungen darf man nicht mit Analogie argumentieren. Auf manchen Rechtsgebieten ist eine feste Normierung wichtiger als Ausgewogenheit.

99. **In praesentia maioris cessat potentia minoris.** In Gegenwart eines Höheren tritt die Gewalt des Niedrigeren zurück. Ist ein Vorgesetzter anwesend, dann hat der Untergebene insoweit keine Amtsgewalt, als der Vorgesetzte sie wahrnimmt.

100. **In praeteritum non vivitur.** Für die Vergangenheit lebt man nicht. Für die Vergangenheit kann man Unterhalt nicht beanspruchen. S. Dionysius Gothofredus, Anm. zu Cod. Just. 2, 4, 8 praeteritis. Paula Ewert, Der Rechtsgrundsatz ‚in praeteritum non vivitur' im deutschen und französischen Recht (Diss. jur. München 1975); Laubach (s. A 75) 151–164. S. heute § 1613 BGB.

101. **In re communi potior est conditio prohibentis.** Bei Miteigentum hat, wer sich weigert, einen stärkeren Stand. Damit etwas mit der Sache geschehen kann, müssen alle Teilhaber zustimmen. Liber sextus 5, 13, 56 (Bonifaz VIII.). S. schon das Folgende. S. heute §§ 744 f. BGB.

102. **In re pari potior est causa prohibentis.** Bei Gleichberechtigung ist, wer sich weigert, stärker. Betrifft ursprünglich nur die Miteigentümergemeinschaft nach Bruchteilen. Dig. 10, 3, 28 g. A. (Papinian: constat). S. heute §§ 744 f. BGB. S. a. das Vorige.

103. **In re publica maxime conservanda sunt jura belli.** Ein Staat muß besonders gewissenhaft das Kriegsrecht einhalten. Cicero, De officiis 1 § 34.

104. **In restitutionem non in poenam heres succedit.** Der Erbe rückt in Erstattungspflichten, aber nicht in Strafen nach. Vom Erblasser verwirkte Strafen treffen den Erben nicht, wohl aber erbt er Schadensersatz- und Rückgabepflichten. S. Dig. 39, 1, 22 (Marcellus). S. a. soeben Nr. 96, H 11, 13 u. P 59.

105. **In societatis contractibus fides exuberat.** Bei Gesellschaftsverträgen waltet in jeder Beziehung Treu und Glauben. Alle auftauchenden Streitigkeiten sind nach Treu und Glauben zu beurteilen. Cod. Just. 4, 37, 3 a. A. (Diokletian).

106. **Insolita suspicionem arguunt.** Unübliches begründet Verdacht. Kurzfassung von C 33.

107. **Inspicimus in obscuris quod est verisimilius vel quod plerumque fieri consuevit.** Bei Dunkelheiten prüfen wir, was wahrscheinlicher ist und wie die Sache bisher meistens gehandhabt wurde. Ist etwas unklar, so versucht man erst einmal, auf diesem Wege eine Lösung zu finden. Liber sextus 5, 13, 45 (Bonifaz VIII.). S. schon Dig. 50, 17, 114 (Paulus). S. a. O 26 u. V 21, ab. a. soeben Nr. 91.

108. **Instrumentum est probatio probata et non probanda.** Eine Urkunde ist ein fertiger und nicht erst noch zu erhärtender Beweis. Wer eine Urkunde vorlegt, braucht nicht erst noch die Richtigkeit ihres Inhalts zu beweisen. S. heute §§ 415–418 ZPO. S. a. P 128.

109. **Instrumentum fundi non est pars fundi.** Das Inventar eines Landguts ist kein Teil des Landguts. Es hat nicht dasselbe rechtliche Schicksal wie das Landgut. S. Dig. 33, 10, 14 (Callistrat). S. heute freilich § 98 Nr. 2 BGB i. V. m. §§ 311 c, 926 Abs. 1 S. 2 u. 2164.

110. **Instrumentum operatur quantum pactum.** Die Urkunde bewirkt so viel wie ein Vertrag. Satz des Wertpapierrechts, wonach zur Entstehung einer Wertpapierverbindlichkeit ein Vertrag nicht erforderlich ist, solange nur das Wertpapier ausgestellt ist. Heute sog. Kreationstheorie.

111. **Intentio caeca mala.** Eine versteckte Absicht ist schlecht. Heimlichtuerei ist meist mit Üblem verbunden, indiziert Straftaten. Auch ein Rechtsgeschäft oder ein Verwaltungsakt, bei dem etwas verdeckt worden ist, ist kraftlos oder rücknehmbar. S. heute etwa §§ 117 Abs. 2, 123 BGB u. 12 Abs. 2 Nr. 3 GWB. Vgl. C 32.

112. **Intentio in mente retenta nihil operatur.** Eine im Busen verschlossene Absicht bewirkt nichts. Wer rechtsgeschäftlich etwas bewirken will, muß sich erklären. S. heute § 116 S. 1 BGB. S. a. P 115 u. V 38.

113. **Intentio inservire debet legibus, non leges intentioni.** Der Wille (der Staatsführung, der öffentlichen Verwaltung und der Privat-

personen) ist den Gesetzen unterworfen, nicht die Gesetze dem Willen. S. heute Art. 20 Abs. 1 u. 3 GG.

114. **Inter arma silent leges.** Wo die Waffen sprechen, schweigen die Gesetze. Umstellung von S 35.

115. **Inter consanguineos viri et uxoris nulla affinitas contrahitur.** Zwischen den Verwandten der Ehegatten kommt keine Schwägerschaft zustande. Die Verwandten des einen Ehegatten sind nur mit dem andern selbst verschwägert. S. heute § 1590 BGB. S. a. A 59 u. C 65.

116. **Inter errantem et patientem nulla est dubitatio.** Zwischen einem Irrenden und einem Duldenden kann man deutlich unterscheiden. Wer irrt, stimmt nicht stillschweigend zu. Eine Zustimmung durch schlüssiges Verhalten ist nur anzunehmen, ein bestimmtes Verhalten erlaubt diesen Schluß nur, wenn der Betreffende nicht irrte. S. a. N 100 u. vgl. E 25.

117. **Interest rei publicae, ne maleficia remaneant impunita.** Es liegt im Interesse der Allgemeinheit, daß Straftaten nicht ungesühnt bleiben. S. Glosse Salutis zu Cod. Just. 9, 36, 2 (1) § 2 (Azo); u. Glosse Alterum zu Dig. 39, 4, 9 § 5 a.E. S. schon Dig. 5, 1, 18 § 1 g.A. (Ulpian); 46, 3, 95 § 1 g.E. (Papinian); u. 9, 2, 51 § 2 Mitte (Julian). Kenneth Pennington, Innocent III and the Ius commune, in: Grundlagen des Rechts. Festschr. Peter Landau (Paderborn 2000) 349–366; u. Günter Jerouschek, Ne crimina remaneant impunita, SZ Kan. 120 (2003) 323–337. S. a. M 17. Vgl. soeben Nr. 24 u. sofort Nr. 132.

118. **Interest rei publicae, quod homines conserventur.** Es liegt im öffentlichen Interesse, daß Menschen gerettet werden. Eher sind Sachen zu opfern.

119. **Interest rei publicae res judicatas non rescindi.** Zur öffentlichen Ordnung gehört, daß rechtskräftige Urteile nicht wiederaufgehoben werden. S. a. Nr. 121 u. C 84.

120. **Interest rei publicae, ut carceres sint in tuto.** Es liegt im Interesse der Allgemeinheit, daß die Gefängnisse sicher sind.

121. **Interest rei publicae, ut sit finis litium.** Der Allgemeinheit liegt daran, daß Streitigkeiten ein Ende haben. Betrifft vor allem

Rechtsstreitigkeiten. Glattere Fassung von E 63. S. a. Nr. 119 u. C 84.

122. **Intermedium matrimonium non nocet.** Eine Zwischenehe schadet nicht. Für die Legitimation eines nichtehelichen Kindes kommt es nur darauf an, daß die Eltern irgendwann heiraten. S. bis 1998 § 1719 BGB a. F.

123. **Interpretatio est contra eum facienda, qui clarius loqui debuisset.** Auszulegen ist zum Nachteil dessen, der sich deutlicher hätte ausdrücken müssen. Zimmermann 639f. S. heute Art. 1602 Abs. 2 französ. Code civil u. § 305c Abs. 2 BGB. S. a. A 88 u. C 81, ab. a. soeben Nr. 30 u. Q 55.

124. **Inter proximos fraus facile praesumitur.** Unter nahen Angehörigen wird ohne weiteres Betrug vermutet. Betrifft Geschäfte unter Angehörigen vor Insolvenz oder sonstiger Rechenschaft über das ganze Vermögen. S. Bartolus, Komm. zu Dig. 23, 2, 67 pr. a. E. S. heute §§ 133 Abs. 2 i. V. m. 138 InsO u. 3 Abs. 2 AnfG.

125. **Intervallum medium non vitiat obligationem.** Eine Unterbrechung macht die Verpflichtung nicht unwirksam. Ein Vertragsangebot muß nicht auf der Stelle angenommen werden. Dig. 45, 1, 1 § 1 a. E. (Ulpian). S. heute § 147 BGB.

126. **Interveniens vice actoris fungitur.** Der Intervenient hat die Rolle eines Klägers. Betrifft nur die Hauptintervention, die durch Klage geltend zu machen ist. S. heute § 64 ZPO.

127. **In testamentis plenius testatoris intentionem scrutamur.** Bei Testamenten erforschen wir die Absicht des Testators umfassender. Eine mangelhaft ausgedrückte Absicht wird eher als bei einem Geschäft unter Lebenden beachtet. S. Dig. 50, 17, 12 (Paulus). S. a. T 13.

128. **In testamento nemo sibi legem dicere potest, a qua recedere non possit.** In ein Testament kann niemand eine Bestimmung aufnehmen, von der er nicht mehr abrücken kann. Auf das Recht zum Widerruf einer testamentarischen Bestimmung kann man nicht bindend verzichten. S. Dig. 32, 22 pr. Mitte (Hermogenian). S. heute § 2253 Abs. 1 BGB. S. a. A 89. Vgl. N 153.

129. **In toto et pars continetur.** In einem Ganzen ist auch das Teil enthalten. Steht jemandem ein Ganzes zu, dann auch die Teile. Dig. 50, 17, 113 (Gajus). S. a. P 12 u. vgl. A 99.

130. **In tributis non admittitur compensatio.** Gegen Steuerschulden ist Aufrechnung unzulässig. Nicolaus Everardi, Loci argumentorum legales 112, 2 unt. Berfg. a. Cod. Just. 4, 31, 3 (Alexander Severus). S. heute dagegen § 226 AO.

131. **Inveterata consuetudo pro lege custoditur.** Eine alte Gewohnheit wird gleich einem Gesetz beachtet. Dig. 1, 3, 32 § 1 a. A. (Julian). Dieter Nörr, Zur Entstehung der gewohnheitsrechtlichen Theorie, in: Festschr. Wilhelm Felgentraeger (Göttingen 1969) 353–366. S. a. O 2.

132. **Invitat culpam, qui peccatum praeterit.** Wer Unrecht übergeht, reizt zu neuem Unrecht. Publilius Syrus, Sentenzen J 9. S. a. Nr. 24. Vgl. Nr. 117.

133. **Inviti negotia non geruntur.** Gegen den Willen (des Geschäftsherrn) werden keine (fremden) Geschäfte geführt. Geschäftsführung mit oder ohne Auftrag ist unzulässig, wenn der Wille des Geschäftsherrn entgegensteht. S. heute §§ 665 u. 678, ab. a. 679 BGB.

134. **Invito (beneficium) non datur.** Wer nicht will, bekommt (die Vergünstigung) nicht. Betrifft ursprünglich besondere Rechtsbehelfe des Erben, des Vollstreckungsschuldners u. a., später auch allgemein rechtsgeschäftlichen Erwerb. Dig. 50, 17, 69 (Paulus). S. heute etwa §§ 1981 Abs. 1, 1993 BGB, 765a u. 721 ZPO. S. a. B 2.

135. **Invitus agere nemo cogitur.** Wer nicht klagen will, wird nicht gezwungen. Kernsatz der Dispositionsmaxime im Prozeßrecht. Cod. Just. 3, 7, 1 (Diokletian).

136. **Invitus liberari potest.** Man kann ungefragt (von einer Schuld) befreit werden. S. Dig. 46, 3, 23 a. E. (Pomponius). S. heute § 267 BGB.

137. **Invitus nemo rem cogitur defendere.** Gegen seinen Willen wird niemand gezwungen, eine Sache zu verteidigen. Seitenstück zu Nr. 135, wiewohl ursprünglich eine Besonderheit der dinglichen

Klagen im römischen Recht gemeint war. Dig. 50, 17, 156 pr. (Ulpian). S. heute §§ 331 u. 307 ZPO.

138. **Invitus procurationem suscipere nemo cogitur.** Gegen seinen Willen wird niemand gezwungen, die Vertretung eines anderen zu übernehmen. Cod. Just. 2, 12, 17 (Diokletian). S. heute §§ 44 BRAO, 362 HGB, 663 u. 675 Abs. 1 i.V.m. 663 BGB. Dagegen ist heute zur Erlangung von Vertretungsmacht keine Einwilligung des Vertreters erforderlich, § 167 BGB.

139. **Jocus consensui adversatur.** Scherz und Einwilligung schließen sich aus. Ein Scherz ist keine rechtsgeschäftliche Erklärung. S. Dig. 44, 7, 3 § 2 (Paulus). S. heute § 118 BGB.

140. **Ipso jure compensatur.** Aufgerechnet wird kraft Gesetzes. Erklärungen der Beteiligten sind nicht erforderlich. Satz des römischen und älteren gemeinen Rechts. S. Cod. Just. 4, 31, 14 pr. (Justinian). Liebs, Römisches Recht 296–298; u. JZ 1981, 163. S. heute Art. 1290 französ. Code civil, ab. a. § 388 BGB.

141. **Irrelevantia ad probationem non admittuntur.** Unerhebliches wird zum Beweis nicht zugelassen. S. heute etwa §§ 244 Abs. 3 S. 2 StPO u. 397 Abs. 3 ZPO.

142. **Is damnum dat, qui jubet dare.** Schaden fügt der zu, der ihn zuzufügen anordnet. Verantwortlich ist der Herr des Geschehens. Dig. 50, 17, 169 pr. a.A. (Paulus). Vgl. R 50.

143. **Is justus conjux est, quem demonstrat puer.** Der ist der rechtmäßige Gatte, den der Knabe bezeichnet. Ist zweifelhaft, wer der Ehemann einer Frau mit Kindern ist, so beobachte man diese.

144. **Is potest repudiare, qui et aquirere potest.** Der kann ausschlagen, wer auch erlangen kann. Eine Erbschaft oder ein Vermächtnis kann nur ausschlagen, wem sie angefallen sind. Dig. 29, 2, 18 (Paulus). Vgl. heute §§ 1943 u. 2180 BGB. S.a. Q 123.

145. **Is, qui in jus successit alterius, eo jure quo ille uti debebit.** Wer in das Recht eines andern nachfolgt, wird dasselbe Recht wie jener ausüben müssen. Durch Rechtsnachfolge ändert sich der Umfang eines Rechts nicht. Liber sextus 5, 13, 46 (Bonifaz VIII.). S. schon Dig. 50, 17, 177 pr. (Paulus).

146. **Is, qui tacet, non fatetur (sed nec utique negare videtur).** Wer schweigt, erkennt nicht an (aber lehnt ebensowenig ab). Liber sextus 5, 13, 44 (Bonifaz VIII.). S. schon Dig. 50, 17, 142 (Paulus). S. a. S 34 u. Q 80.

147. **Judex damnatur, cum nocens absolvitur.** Der Richter wird verurteilt, wenn ein Schuldiger freigesprochen wird. Rechtsbeugung auch zugunsten eines Angeklagten wird bestraft. S. Publilius Syrus, Sentenzen J 28; s. a. dort S 31. S. heute § 336 StGB. S. a. hier T 3 u. soeben Nr. 82.

148. **Judex est lex loquens.** Der Richter ist der Mund des Gesetzes. Durch den Richter werden Gesetze zum Sprechen gebracht. Nicht etwa setzt er selbst Recht. Vgl. Nr. 162.

149. **Judex extra territorium est privatus.** Der Richter ist außerhalb seines Gerichtsbezirks Privatmann. Er hat dort keine amtlichen Befugnisse. S. Glosse Iubere zu Dig. 1, 12, 3 (Accursius). S. schon Dig. 1, 18, 3 Mitte (Paulus). S. a. E 77.

150. **Judex non calculat.** Der Richter rechnet nicht. Rechnen ist nicht Aufgabe des Richters; reine Rechenarbeit im Urteil erwächst nicht in Rechtskraft, ein dabei unterlaufener Fehler kann jederzeit berichtigt werden. S. Dig. 49, 8, 1 § 1 (Macer) u. Pseudo-Paulus, Sentenzen 5, 5 a, 11. S. heute § 319 ZPO. S. a. E 28.

151. **Judex non communicat officium suum nisi imploratus.** Der Richter waltet seines Amtes nur, wenn er angerufen worden ist. S. a. N 57 u. 166.

152. **Judex non debet lege clementior esse.** Der Richter darf nicht milder sein als das Gesetz.

153. **Judex non facile recedere debet.** Der Richter darf nicht leichthin abweichen. Von einem Präjudiz soll nicht ohne weiteres abgegangen werden.

154. **Judex non reddit plus, quam quod petens ipse requirit.** Der Richter gewährt nicht mehr als der Klagende selbst verlangt. S. heute §§ 308 Abs. 1 ZPO u. 88 VwGO. S. a. N 15, 84 u. S 20.

155. **Judicatum titulus est optimus.** Ein Urteil ist der beste Vollstreckungstitel. S. heute § 704 i. Vgl. z. § 794 ZPO.

156. **Judices non tenentur exprimere causam sententiae suae.** Die Richter sind nicht gehalten, die Gründe ihrer Urteile darzulegen. Galt in Deutschland bis ins 19. Jh. S. heute dagegen etwa §§ 268 Abs. 1 StPO, 311 Abs. 3 i.V.m. 313 Abs. 1 Nr. 6 ZPO; 34 StPO; 77 GBO; u. 25 FGG.

157. **Judicia posteriora sunt in lege fortiora.** Im Recht sind die späteren Erkenntnisse stärker. Gemeint: als frühere in derselben Sache, mögen in anderen Fächern auch umgekehrt frühere Erkenntnisse größere Autorität haben. S. a. Nr. 160.

158. **Judicia suum effectum habere debent.** Urteile müssen ihre Wirkung haben. Sie müssen durchsetzbar sein und durchgesetzt werden. S. a. Nr. 163 u. 175.

159. **Judici incompetenti impune non paretur.** Einem unzuständigen Richter leistet man straflos keine Folge. S. Cod. Just. 7, 48 Rubrik. S. a. E 3 u. sofort Nr. 184.

160. **Judiciis posterioribus fides est adhibenda.** Den späteren Urteilen ist Glauben zu schenken. Liegen in einer Sache mehrere Urteile vor, so ist das jüngste maßgebend. S. a. Nr. 157.

161. **Judici officium suum excedenti non paretur.** Einem Richter, der seine Kompetenz überschreitet, leistet man keine Folge. S. Dig. 2, 1, 20 (Paulus). S. a. E 3.

162. **Judicis est jus dicere, non dare.** Sache des Richters ist es, Recht zu sprechen, nicht zu geben. Der Richter soll nicht Recht schaffen, sondern das ihm vorgegebene Recht anwenden. Vgl. heute Art. 20 Abs. 3 GG. S. a. P 90 u. S 32. Vgl. soeben Nr. 148.

163. **Judicium non debet esse illusorium.** Ein Urteil darf nicht zum Spott dienen. Es muß ernst genommen werden können, d.h. vollstreckbar sein, und tatsächlich ernst genommen werden. S. a. Nr. 158.

164. **Juramentum ad incogitata non extenditur.** Der Eid wird auf nicht Bedachtes nicht erstreckt. Einen Meineid schwört nicht, wer zwar eine unvollständige oder falsche Aussage beschwört, sich dessen aber nicht bewußt war. S. heute §§ 154, ab. a. 163 StGB.

165. **Jura non in singulas personas, sed generaliter constituuntur.** Rechtsbestimmungen werden nicht für einzelne Personen, sondern allgemeingültig getroffen. Dig. 1, 3, 8 (Ulpian).

166. **Jura non possidentur, sed quasi possidentur.** Rechte werden nicht besessen, sondern gleichsam besessen. Die Besitzschutzvorschriften sind auf Rechte, insbesondere Dienstbarkeiten, nicht unmittelbar, sondern nur entsprechend anzuwenden. S. heute § 1029 BGB.

167. **Jura novit curia.** Das Recht ist dem Gericht bekannt. Im Gegensatz zu den Tatumständen ihres Streitfalls brauchen die Parteien die einschlägigen Rechtssätze dem Gericht nicht darzutun; sie können darauf vertrauen, daß das Gericht sie kennt und von sich aus anwendet. Adolf Stoelzel, Die Entwicklung der gelehrten Rechtsprechung II (Berlin 1910) 79; Cheng S. 299–301. S. heute § 293 ZPO. S. a. D 1.

168. **Jura ossibus inhaerent.** Die Rechte hängen an den Knochen. Kommen mehrere Rechtsordnungen zur Beurteilung eines Streits einer Person in Betracht, so kommt es darauf an, welcher Rechtsgemeinschaft, d. h. gewöhnlich: welchem Staat sie angehört. Personalitätsprinzip. Formulierung in Anklang an das obsolete Nomina ossibus inhaerent (Forderungen hängen an der Person des Gläubigers, sind unabtretbar). Erich Genzmer, in: Mélanges Ph. Meylan (Lausanne 1963) 159–165. Gilt heute in Deutschland nur beschränkt, s. etwa Artt. 7, 9 f., 13–15, 17 u. 22–26 EGBGB.

169. **Jura publica anteferenda privatis.** Die Rechte der öffentlichen Hand sind den Rechten der Privatleute vorzuziehen. Gilt heute nur mehr vereinzelt, S. etwa §§ 839 Abs. 1 S. 2 BGB u. 49 Abs. 1 Nr. 1 KO. S. a. P 100, L 13 u. U 38.

170. **Jura sanguinis nullo jure civili dirimi possunt.** Die Rechte des Blutes können durch kein staatliches Recht aufgehoben werden. Betrifft das gesetzliche Erbrecht der Blutsverwandten. Dig. 50, 17, 8 (Pomponius). Vgl. L 53 u. N 2.

171. **Jurato creditur in judiciis.** Vor Gericht glaubt man Geschworenem. Aussagen vor Gericht müssen beschworen werden. S. heute dagegen §§ 261 StPO; 286, 391, 446 u. 453 ZPO. S. a. Nr. 79.

172. **Jure dantis confirmato confirmatur jus accipientis.** Eine Bestätigung des Rechts des Veräußerers bestätigt das Recht des Erwer-

bers. Betrifft die Übertragung mangelhafter Rechtspositionen, z.B. eines zweifelhaften Versorgungsanspruchs, auf einen andern.

173. **Jure naturae aequum est neminem cum alterius detrimento et injuria fieri locupletiorem.** Es ist schlechthin recht und billig, daß niemand zum Schaden und unter Verletzung des Rechts eines andern reicher wird. Dig. 50, 17, 206 (Pomponius). S.a. L 70 u. N 38.

174. **Jurisdictio sine modica coercitione nulla est.** Es gibt keine Rechtsprechung ohne ein bescheidenes Maß von Zwangsmitteln. Dig. 1, 21, 5 § 1 a.E. (Paulus). S. heute §§ 176–180 GVG, 51, 70, 77, 81–81d, 94–134 StPO u. 380, 390 u. 409 ZPO.

175. **Juris effectus in executione consistit.** Die Wirkung des Rechts liegt in der Vollstreckung. S.a. E 49 u. soeben Nr. 158.

176. **Juris ignorantia nocet, facti non nocet.** Rechtsunkenntnis schadet, Tatsachenunkenntnis schadet nicht. S. Dig. 22, 6, 9 pr. (Paulus: regula est). S.a. Nr. 10, 12, 13 u. E 31.

177. **Juris praecepta sunt haec: honeste vivere, alterum non laedere, suum cuique tribuere.** Die Anweisungen des Rechts sind: ehrenhaft leben, den andern nicht verletzen und jedem das Seine zugestehen. Dig. 1, 1, 10 § 1 (Pseudo-Ulpian). Dieter Nörr, Iurisperitus sacerdos, in: Xenion – Festschr. Panagiotis J. Zepos (Athen 1973) I 555–572; u. ders., Ethik v. Jurisprudenz in Sachen Schatzfund, in: Bull. 75 (1972) 37–40; u. Gottfried Schiemann, Das allgemeine Schädigungsverbot alterum non laedere, in: JuS 1989, 345–350 S.a. Nr. 192, 195 u. S 89.

178. **Jus ad finem dat jus ad media.** Ein Recht auf das Ergebnis gibt ein Recht auf die Mittel. Wer z.B. ein Forderungsrecht hat, hat auch das zur Realisierung der Forderung erforderliche Klagerecht. S.a. C 100 u. Q 33.

179. **Jus civile scriptum est vigilantibus.** Das Privatrecht ist für die Wachsamen geschrieben. Betraf ursprünglich nur den Vorrang des zuerst Vollstreckenden: Dig. 42, 8, 24 a.E. (Skävola IV). S.a. V 25.

180. **Jus est ars boni et aequi.** Das Recht ist das Handwerk des Billigen und Gerechten. Dig. 1, 1, 2 pr. (Ulpian unt. Berfg. a. Cel-

sus). Herbert Hausmaninger, Publius Juventius Celsus, in: ANRW II 15 (Berlin 1976) 399–403.

181. **Jus ex facto oritur.** Recht geht aus Tatsachen hervor. Rechtswirkungen ergeben sich aus einer bestimmten Reihe von Tatsachen. Bartolus zitiert als Summarium von Dig. 9, 2, 52 § 2 in der Ausgabe der Glosse von Gothofredus; mit der Wortfolge Ex facto ... Bartolus, Komm. 4 a. A. zu Cod. Just. 3, 1, 9 unt. Berfg. a. Dig. 9, 2, 52 § 2 u. 48, 16, 1 § 1.

182. **Jus naturae est immutabile.** Naturrecht ist unveränderlich. S. a. N 4.

183. **Jus non favet votis delicatorum.** Das Recht begünstigt nicht die Wünsche Verwöhnter. S. Glosse Non potest g. A. zu Dig. 8, 1, 8 pr. S. a. L 35 u. N 133. Vgl. heute §§ 281 Abs. 1 S. 3 u. 536 Abs. 1 S. 3, ab. etwa a. §§ 1573–1575 u. 1578 BGB.

184. **Jus non habenti tuto non paretur.** Dem, der kein Recht hat, leistet man gefahrlos keine Folge. S. a. Nr. 159.

185. **Jus nullo continetur loco.** Das Recht ist an keinen Ort gebunden.

186. **Jus posterius derogat priori.** Späteres Recht entkräftet früheres. S. a. L 43 u. 6.

187. **Jus privatum sub tutela juris publici latet.** Das Privatrecht ist im Schutz des öffentlichen Rechts geborgen. Francis Bacon, De dignitate et augmentis scientiarum (London 1623 u. ö.) 8, 3.

188. **Jus publicum privatorum pactis mutari non potest.** Öffentliches Recht kann durch Verträge von Privatpersonen nicht geändert werden. Dig. 2, 14, 38 (Papinian). Max Kaser, Ius publicum und ius privatum, in: SZ 103 (1986) 1–101.

189. **Jus respicit aequitatem.** Das Recht achtet auf Billigkeit. Dem Recht ist an einem billigen Ergebnis gelegen.

190. **Jus Romanum allegans fundatam habet intentionem.** Wer römisches Recht anführt, hat eine brauchbare Klaggrundlage. Wer sich auf das römische Recht berufen kann, für den spricht der Anschein, daß er im Recht sei. Wolfgang Wiegand, Zur Herkunft und Ausbreitung der Formel „habere fundatam intentio-

nem“ – Eine Vorstudie zur Rechtsquellen- und Rechtsanwendungslehre der Rezeptionszeit und des usus modernus, in: Festschrift für Hermann Krause (Köln 1975) 126–187. S. a. ders., Studien zur Rechtsanwendungslehre der Rezeptionszeit (Ebelsbach 1977) 1 f. u. 161 ff.

191. **Juste creditur, quod communiter creditur.** Berechtigterweise wird für wahr gehalten, was allgemein für wahr gehalten wird. Wer sich der allgemeinen Meinung über bestimmte tatsächliche Gegebenheiten anschließt, kann nicht gerügt werden.

192. **Justitia cernitur in suum cuique tribuendo.** Gerechtigkeit wird verwirklicht, wenn jedem das Seine gegeben wird. Kurzfassung von Nr. 195.

193. **Justitiae dilatio est quaedam negatio.** Hinauszögern der Rechtsgewährung ist eine Art, sie zu verweigern. S. ab. a. D 20 u. soeben Nr. 77.

194. **Justitia erga inferiores est verissima.** Gerechtigkeit gegenüber sozial Schwachen ist wahre Gerechtigkeit. Cäcilius Balbus, Sentenzen 102.

195. **Justitia est constans et perpetua voluntas jus suum cuique tribuendi.** Gerechtigkeit ist der stetige und fortwährende Wille, jedem das Seine zu geben. Dig. 1, 1, 10 pr. (Pseudo-Ulpian) = Inst. 1, 1 pr. S. a. Nr. 177, 192 u. S 89.

196. **Justitia est fundamentum regnorum.** Gerechtigkeit ist die Grundlage der Staaten. S. Sprüche Salomos 25, 5.

197. **Justitia nemini neganda.** Rechtsschutz darf niemand verweigert werden.

198. **Justitia non debet claudicare.** Die Gerechtigkeit darf nicht hinken.

L

1. **Lata sententia judex desinit esse judex.** Ist das Urteil ergangen, so endet das Richteramt. Mit Verkündung des Urteils hat der Richter mit dem Prozeß nichts mehr zu tun; auch wenn ihm später noch etwas dazu einfällt oder er einen Fehler entdeckt, kann er am Urteil nichts mehr ändern. S. Dig. 42, 1, 55 a. A. (Ulpian). S. heute § 318 ZPO.

2. **Legatus regis vice fungitur, a quo destinatur** (**et honorandus est sicut ille, cujus vicem gerit**). Der Gesandte vertritt den Herrscher, von dem er entsandt wird (und ihm gebühren dieselben Ehren wie dem, für den er tätig ist).

3. **Leges ab omnibus intellegi debent.** Die Gesetze müssen von allen verstanden werden. S. Cod. Just. 1, 14, 9 a. A. (Markian). Vgl. sofort Nr. 5, J 86 u. S 36.

4. **Leges bonae ex malis moribus procreantur.** Gute Gesetze entstehen aus schlechten Sitten. Segensreiche Gesetze sind oft von üblen Praktiken veranlaßt. Macrob, Saturnalien 3, 17, 10 a. E.: vetus verbum.

5. **Leges breves esse oportet** (**quo facilius teneantur**). Gesetze müssen kurz sein (damit sie leichter erfaßt werden). S. Seneca d. J., Epistulae 94, 38 g. A. unt. Berfg. a. Poseidonios von Apameia. Vgl. soeben Nr. 3, J 86 u. S 36.

6. **Leges posteriores priores contrarias abrogant.** Spätere Gesetze heben entgegenstehende frühere auf. S. a. Nr. 43.

7. **Leges suum ligent latorem.** Gesetze sollen ihren Geber binden. S. a. Nr. 31 u. Q 121.

8. **Legibus, non exemplis judicandum.** Nach den Gesetzen, nicht nach Präzedenzfällen ist Recht zu sprechen. Kürzere Fassung von N 114.

9. **Legis constructio non facit injuriam.** Gesetzesauslegung schafft kein Unrecht. Auslegung ist legitim; auch wenn sie zu Ergebnissen kommt, die dem Wortlaut widersprechen, ist das keine Rechtsbeugung. S. ab. a. A 110, Q 27 u. V 13.

10. **Legum corrector usus.** Die Erfahrung berichtigt die Gesetze. Erst längere Erfahrung mit einem Gesetz befähigt zu seiner Verbesserung. S. Livius, Ab urbe condita 45, 32, 7g. E. Vgl. C 74 u. O 25f.

11. **Lex Angliae sine parliamento mutari non potest.** Ein englisches Gesetz kann ohne Parlament nicht geändert werden.

12. **Lex arctius prohibet, quod facilius fieri potest.** Das Gesetz verbietet um so genauer, je leichter etwas einreißen kann.

13. **Lex citius tolerare vult privatum damnum quam publicum malum.** Das Gesetz will eher einen privaten Schaden ertragen als einen öffentlichen Mißstand. S. a. J 169, P 100f., S 1 u. U 38.

14. **Lex dilationes semper abhorret.** Dem Gesetz ist Hinhalten immer zuwider. S. a. Nr. 47.

15. **Lex est dictamen rationis.** Das Gesetz ist die Stimme der Vernunft. S. a. Nr. 50.

16. **Lex est exercitus judicum tutissimus ductor.** Das Gesetz ist der sicherste Führer bei der Arbeit der Richter. S. a. E 33.

17. **Lex est, quod notamus.** Gesetz ist, was wir niederschreiben. Devise der Notare.

18. **Lex est tutissima cassis, sub clipea legis nemo decipitur.** Das Gesetz ist der sicherste Helm, unter dem Schild des Gesetzes wird niemand hintergangen. S. a. F 46.

19. **Lex facit regem.** Das Gesetz macht den König. Das Gesetz steht über dem Herrscher; wer herrscht, bestimmt das Gesetz. Martin Kriele, Einführung in die Staatslehre (Reinbek 1975) 125f. S. ab. a. R 57.

20. **Lex fingit, ubi subsistit aequitas.** Das Gesetz fingiert, wo die Billigkeit unterstützt. Rechtsfiktionen sind immer von Gerechtigkeitserwägungen getragen. S. schon J 66.

21. **Lex injusta non est lex.** Ein ungerechtes Gesetz ist kein Gesetz. Vgl. heute Art. 1 GG.

22. **Lex intendit vicinum vicini facta scire.** Das Gesetz unterstellt, daß man weiß, was der Nachbar tut. Im Nachbarrecht kann man sich nicht darauf berufen, man habe eine Maßnahme des Nachbarn nicht bemerkt. S. heute etwa § 912 BGB.

23. **Lex interpellat pro homine.** Das Gesetz mahnt statt des Menschen. Damit ein Schuldner in Verzug gerät, ist eine Mahnung in manchen Fällen kraft besonderer gesetzlicher Vorschrift entbehrlich. S. heute z.B. § 848 BGB u. dazu F 67. S.a. D 39.

24. **Lex jubeat, non disputet.** Ein Gesetz soll anordnen und nicht erörtern. Erörterung des Für und Wider gehört nicht in ein Gesetz. S. Seneca d.J., Epistulae 94, 38 Mitte unt. Berfg. a. Poseidonios von Apameia. S.a. Nr. 26.

25. **Lex lege tollitur.** Ein Gesetz wird durch Gesetz aufgehoben. Auf keine andere Weise tritt es außer Kraft. S.a. D 72.

26. **Lex moneat, non doceat.** Ein Gesetz soll anweisen und nicht belehren. S.a. Nr. 24.

27. **Lex moneat, priusquam feriat.** Das Gesetz soll androhen, bevor es zuschlägt. Strafen darf ein Gesetz nur verhängen, wenn es sie so rechtzeitig angedroht hat, daß man sich danach richten konnte. S. heute Art. 103 Abs. 2 GG. S.a. N 161.

28. **Lex necessitatis est lex temporis (scilicet instantis).** Notstandsrecht ist das Recht der Stunde (und zwar der gerade geschlagenen). Im Falle eines Notstands gelten, solange er andauert, besondere Regeln. S.a. N 8.

29. **Lex neminem cogit ostendere, quod nescire praesumitur.** Das Gesetz zwingt niemanden, etwas darzulegen, wovon anzunehmen ist, daß er es nicht weiß. Die Beweislast wird so verteilt, daß keiner in eine von vornherein aussichtslose Lage gerät. Droht das, so kehrt sich die grundsätzliche Verteilung der Beweislast um. Ausnahme vom Grundsatz A 61 bzw. E 12. S. heute z.B. §§ 280 Abs. 1 S. 2 u. 286 Abs. 4 BGB.

30. **Lex nihil frustra facit.** Das Gesetz tut nichts vergeblich. Gesetze ohne praktische Bedeutung gibt es nicht.

31. **Lex non a rege est violanda.** Das Gesetz darf vom Herrscher nicht verletzt werden. S. a. Nr. 7 u. Q 121. Vgl. E 1, ab. a. P 94 u. R 59.

32. **Lex non debet deficere conquerentibus in justitia exhibenda.** Das Gesetz darf die nicht im Stich lassen, welche um Rechtsschutz nachsuchen. Jeder vor Gericht gebrachte Rechtsstreit muß aus dem Gesetz entschieden werden können. S. a. Nr. 51.

33. **Lex non debet esse ludibrio.** Das Gesetz darf nicht zum Gespött werden. Der Rechtsstab darf die Gesetze nicht so wenig ernst nehmen, daß die Rechtsgenossen ihrer spotten; darf insbesondere nicht zulassen, daß sie unterlaufen werden. Bartolus, Komm. 2 Summarium zu Cod. Just. 1, 1, 1 unt. Berfg. a. Dig. 5, 1, 75 u. 43, 8, 7 (beides Julian).

34. **Lex non distinguit.** Das Gesetz unterscheidet nicht. Nämlich zwischen arm und reich, angesehen und verachtet u. ä. S. heute Art. 3 GG. S. a. Nr. 56 u. O 13.

35. **Lex non favet votis delicatorum.** Das Gesetz begünstigt nicht die Wünsche Verwöhnter. S. a. J 183 u. N 133. Vgl. D 21. Vgl. heute §§ 280 Abs. 1 S. 2 u. 536 Abs. 1 S. 3, indessen auch 1573–1575 u. 1578 BGB.

36. **Lex non intendit impossibile.** Das Gesetz läuft nicht auf Unmögliches hinaus. Vgl. J 22.

37. **Lex non obligat nisi promulgata.** Ein Gesetz bindet nur, wenn es verkündet ist. S. heute Art. 82 GG. In Diktaturen nicht gesichert, s. etwa Werner Weber, Die Verkündung von Rechtsvorschriften (Stuttgart 1942); u. dazu Ernst Rudolf Huber, in: Ztschr. f. d. ges. Staatswiss. 104 (1944) 336–340.

38. **Lex non praecipit inutilia.** Das Gesetz schreibt nicht Nutzloses vor. S. a. Q 133.

39. **Lex non requirit verificari, quod apparet curiae.** Das Gesetz verlangt nicht, daß nachgeprüft wird, was gerichtsbekannt ist. S. heute §§ 291 ZPO u. 244 Abs. 3 S. 2 StPO. Vgl. M 24 u. N 151.

40. **Lex non valet extra territorium.** Ein Gesetz gilt nicht außerhalb seines Geltungsgebiets.

41. **Lex plus laudatur, quando ratione probatur.** Ein Gesetz erntet mehr Zustimmung, wenn sein Sinn erkennbar ist. Ein Gesetz wird um so bereitwilliger bejaht, je mehr sein Sinn einleuchtet.

42. **Lex posterior ad priores trahi nequit.** Ein späteres Gesetz kann nicht im Sinne eines früheren umgedeutet werden. S. Glossen Ideo a. E. zu Dig. 1, 3, 27 u. Sed et posteriores zu Dig. 1, 3, 28 (beides Accursius).

43. **Lex posterior derogat priori.** Ein späteres Gesetz hebt ein früheres auf. S. Baldus, Komm. zu Dig. 9, 2, 1 pr. S. schon Dig. 1, 4, 4 (Modestin); u. bereits Zwölf Tafeln 12, 5. S. a. Nr. 6 u. J 186; ab. a. das Folgende.

44. **Lex posterior generalis non derogat priori speciali.** Ein späteres generelles Gesetz hebt ein früheres spezielles nicht auf. S. a. G 2 u. S 54. Vgl. sofort Nr. 52.

45. **Lex prospicit, non respicit.** Das Gesetz blickt voraus, nicht zurück. Verbot der Rückwirkung von Gesetzen. S. a. C 72.

46. **Lex punit mendacium.** Das Gesetz ahndet Lügen. Andere zu täuschen, zahlt sich rechtlich nicht aus. S. a. D 57.

47. **Lex reprobat moram.** Das Gesetz mißbilligt Verzug. Verzug bei der Erfüllung von Rechtspflichten hat Rechtsnachteile zur Folge. S. a. Nr. 14.

48. **Lex semper dabit remedium.** Das Gesetz wird immer ein Mittel geben. Jeder Rechtssatz stellt, auch wenn dazu ausdrücklich nichts verlautet, die zu seiner Durchsetzung erforderlichen Klag- bzw. Antragsmöglichkeiten usw. zur Verfügung. S. a. U 12.

49. **Lex semper debet esse de casu dubitabili.** Das Gesetz ist immer auf den zweifelhaften Fall zu beziehen. Ist fraglich, welcher von mehreren denkbaren Fällen in einem Gesetz gemeint ist, so ist das im Zweifel derjenige, dessen Lösung nicht auf der Hand liegt. Nicolaus Everardi, Loci argumentorum legales 79, 58 unt. Berfg. u. a. auf Dig. 50, 1, 1 § 2 (Ulpian).

50. **Lex semper intendit, quod convenit rationi.** Das Gesetz bezweckt immer, was der Vernunft entspricht. Hinter jedem Gesetz steckt ein vernünftiger Zweck. S. a. Nr. 15. Vgl. R 4.

51. **Lex semper loquitur.** Das Gesetz spricht immer. Es gibt immer Auskunft, mag es auch unzureichend formuliert sein oder Fälle von vornherein nicht bedacht haben. Positive Wendung von Nr. 32.

52. **Lex specialis derogat legi generali.** Das spezielle Gesetz hebt das generelle insoweit auf. S. a. G 3 u. 6 u. S 54. Vgl. soeben Nr. 44.

53. **Lex spectat naturae ordinem.** Das Gesetz blickt auf die Naturordnung. Natürliche Bindungen werden vom Gesetz respektiert, sei es im Familienrecht, im Erbrecht oder etwa im Zeugnisverweigerungsrecht. S. a. N 2 u. Q 13. Vgl. J 170.

54. **Lex succurit ignoranti.** Das Gesetz kommt dem Unwissenden zu Hilfe. Wer sich aus Unkenntnis Nachteile zugezogen hat, dem stellt das Gesetz Mittel zur Verfügung, die Folgen auszugleichen oder zu mildern. S. a. J 10, 15 u. 176.

55. **Lex superior derogat legi inferiori.** Das höhere Gesetz hebt das geringere auf. S. heute etwa Art. 1 Abs. 3, 31 u. 80 GG.

56. **Lex uno ore omnes alloquitur.** Das Gesetz spricht mit ein und demselben Mund zu allen. Es darf nicht verschieden je nach Ansehen der Person, auf die es anzuwenden ist, ausgelegt werden. S. heute Art. 3 GG. S. a. Nr. 34.

57. **Liberalitatem captiosam interpretatio prudentium fregit.** Die Auslegungskunst der Juristen hat erschlichene Vorteile zunichte gemacht. In einen umfassenden Vertrag dürfen Gratisleistungen, an welche diejenige Partei nicht gedacht hat, die diese erbringen soll, nicht hineingelesen, vielmehr müßten sie eigens ausbedungen werden. Dig. 2, 15, 5 a. E. (Papinian). S. a. N 59.

58. **Libera sunt matrimonia.** Ehen sind frei. Gegen seinen Willen kann auch ein Minderjähriger nicht verheiratet werden; indirekter Druck ist unzulässig, ein Verlöbnis nicht einklagbar. Damasus, Regulae canonicae 101. S. schon Cod. Just. 8, 38, 2 (Alexander Severus: antiquitas): Betraf zumal die Freiheit der Ehescheidung. G. Macours, Libera matrimonia esse antiquitus placuit, in: Brocardica (s. oben A 32) 55–62. S. heute §§ 1297 BGB u. 888 Abs. 2 ZPO bzw. 1564–1568 BGB. S. ab. a. Q 91.

59. **Liberata pecunia non liberat offerentem.** Freigegebenes Geld befreit den Anbietenden nicht. Wer das ihm geschuldete und angebotene Geld wieder freigibt, d.h. nicht annimmt, befreit den Schuldner nicht von seiner Leistungspflicht. S. heute §§ 300–304 BGB.

60. **Libertas est inaestimabilis.** Die Freiheit hat keinen Preis. Ihre Verletzung kann nicht in Geld abgegolten werden. Satz des römischen Rechts, s. Dig. 50, 17, 106 (Paulus). S. heute dagegen § 253 Abs. 2 BGB. S.a. das Folgende u. J 67.

61. **Liberum corpus nullam recipit aestimationem.** Der Körper eines freien Menschen läßt sich nicht in Geld schätzen. Bei fahrlässiger Körperverletzung an einem Freien können nur Heilungskosten und Verdienstausfall ersetzt verlangt werden; erlittene Schmerzen und Entstellungen werden nicht veranschlagt. Satz des römischen Rechts. Dig. 9, 3, 7 a.E. u. 9, 1, 3 (beides Gajus). Liebs, Römisches Recht 206–209; u. Zimmermann 1015. S. heute dagegen § 253 Abs. 2 BGB. S.a. das Vorige u. J 67.

62. **Linea recta semper praefertur transversali.** Die direkte Linie geht der Seitenlinie immer vor. Satz des gesetzlichen Erbrechts.

63. **Liquidi cum illiquido nulla est compensatio.** Es gibt keine Aufrechnung einer fälligen mit einer nicht fälligen Forderung. S. heute § 387 BGB.

64. **Lite amicorum religio comprobatur judicis.** Im Prozeß der Freunde bewährt sich die Gewissenhaftigkeit des Richters. Pseudo-Seneca, Proverbia 42.

65. **Lite contestata usurae currunt.** Mit Rechtshängigkeit laufen Zinsen. Dig. 22, 1, 35 (Paulus). J. J. Hallebeek, Lite contestata usurae currunt, in: Brocardica (s. oben A 32) 37–41. S. heute § 291 BGB.

66. **Lite non contestata non procedatur ad testium receptionem.** Vor Eröffnung des Verfahrens darf nicht zur Vernehmung der Zeugen geschritten werden. Dekretalen 2, 6 Rubrik. Gilt heute ebenso, s. ab. a. § 162a StPO.

67. **Lite pendente nihil innovetur.** Während eines schwebenden Prozesses darf nichts verändert werden. Die umstrittene Sache oder Person, der Streitgegenstand, darf keine den Prozeßerfolg ge-

fährdende Veränderung erfahren. Dekretalen 2, 16 Rubrik; u. Liber sextus 2, 8 Rubrik. S. schon Dig. 49, 7 Rubrik u. 1 pr. u. § 1 (Ulpian). Hans Kiefner, in: Gedächtnisschrift für Wolfgang Kunkel (Franfurt am Main 1984) 117–177. S. heute Can. 1512 Nr. 5 Codex juris canonici, ab. a. §§ 265 f. ZPO u. 80 VwGO. S. a. P 26.

68. **Litorum usus publicus est.** Die Küsten stehen im Gemeingebrauch. Inst. 2, 1 § 5 a. A. Heute steht das Meeresufer in Deutschland im Eigentum des Staates, d. h. des jeweiligen Bundeslandes.

69. **Locare servitutem nemo potest.** Niemand kann eine Grunddienstbarkeit vermieten oder verpachten. Dig. 19, 2, 44 (Ulpian). S. heute § 1019 S. 1 BGB.

70. **Locupletari non debet aliquis cum alterius injuria vel jactura.** Man darf sich nicht bereichern, indem man einem andern Unrecht tut oder Verlust zufügt. Liber sextus 5, 13, 48 (Bonifaz VIII.). S. schon J 173. S. a. N 38. Vgl. D 52.

71. **Locus regit actum.** Der Ort beherrscht den Abschluß. Ob die Form eines Rechtsgeschäfts gewahrt ist, ist nach dem Recht des Ortes zu beurteilen, an dem es vorgenommen wurde. S. heute Art. 11 EGBGB.

72. **Longa possessio parit jus possidenti et tollit actionem vero domino.** Langer Besitz verschafft dem Besitzer ein Recht und nimmt dem wahren Eigentümer den Anspruch weg. S. heute §§ 937 Abs. 1, 927 u. 197 Abs. 1 Nr. 1 BGB.

73. **Luat in corpore, qui non luet in aere.** Mit dem Leib soll büßen, wer nicht mit Geld büßen wird. Wer eine Geldstrafe nicht entrichtet, kommt in Strafhaft. S. Dig. 48, 19, 1 § 3 a. E. (Ulpian). S. heute §§ 43 StGB u. 11 WStG. S. a. Q 62.

74. **Lubricum linguae ad poenam facile trahendum non est.** Ein unbedachtes Wort darf nicht ohne weiteres zur Bestrafung herhalten. Betraf ursprünglich nur Majestätsverletzung. S. Dig. 48, 4, 7 § 3 (Modestin).

75. **Lucrum facere ex tutela quis non debet.** Aus einer Vormundschaft darf man keinen Gewinn ziehen. Dig. 26, 7, 58 pr. (Tryphonin). S. heute § 1836 BGB.

76. **Lucrum radicatum est quasi damnum.** Entgangener Gewinn ist eine Art Schaden. Schadensersatz umfaßt den Ersatz entgangenen Gewinns. Baldus, Komm. zu Cod. Just. 7, 47, 1 Additio specialis de fructibus et interesse 2, 3. S. heute § 252 S. 1 BGB. S. a. J 9.

77. **Lusus noxius in culpa est.** Wer beim Spielen einen andern verletzt, handelt schuldhaft. Betrifft nur Verletzungen nicht mitspielender Dritter. Dig. 9, 2, 10 (Paulus).

M

1. **Magna culpa dolus est.** Grobe Fahrlässigkeit ist Vorsatz. Dig. 50, 16, 226 a.E. (Paulus). S. heute etwa § 309 Nr. 7b i.V.m. 276 Abs. 3 BGB. S.a. C 113.

2. **Magna difficultas impossibilitati aequiperatur.** Große Schwierigkeit steht der Unmöglichkeit gleich. Erweist sich, daß eine Schuld nur unter ganz außergewöhnlichen Schwierigkeiten oder Opfern zu erfüllen ist, so finden die Regeln über die Unmöglichkeit entsprechende Anwendung. S. Glosse Difficilis zu Dig. 30, 39 § 7. S. ab. a. D 42.

3. **Magni minores saepe fures puniunt.** Die großen Diebe bestrafen oft die kleineren Diebe. Oft sind die Spitzen in Staat und Gesellschaft ärgere Verbrecher als die, welche tatsächlich bestraft werden. Cäcilius Balbus, Sentenzen 107. S. schon Diogenes Laërtius, Vitae philosophorum 6, 45 a.A. (Diogenes der Zyniker).

4. **Major dividat, minor eligat.** Der Ältere teilt, der Jüngere wählt. Bei Erbteilung. In Gemeinschaften mit schwacher Staatsgewalt häufig anzutreffen, s. z.B. Plutarch, Romulus 3, 2 (Latium im 8. Jh. v. Chr.); Diogenes Laërtius, Vitae philosophorum 9, 35 (Abdera im 5. Jh. v. Chr.), s. D. Daube, M ..., in: Iura 14 (1963) 176f.; Seneca d.Ä., Controversiae 6, 3 Summarium; Augustin, De civitate Dei 16, 20; ders., Orationes 356, 3; u. Sachsenspiegel, Landrecht 3, 29, 2. Andreas Wacke, Der Jüngste stimmt zuerst – Der Ältere teilt, der Jüngere wählt, in: JA 1981, 176. Galt nicht im klassischen römischen Recht und gilt auch heute nicht.

5. **Major pars trahit ad se minorem.** Der größere Teil saugt den kleineren auf. Werden zwei verschieden große Sachen zu einem neuen Ganzen zusammengefügt, so folgen sie dem Recht des größeren Bestandteils; etwaige Sonderrechte an dem kleineren erlöschen. S. Dig. 6, 1, 23 § 4 nebst 5, 1, 54 (beides Paulus). S. heute § 947 Abs. 2 BGB. S.a. P 95.

6. **Majus est delictum seipsum occidere quam alium.** Es ist ein größeres Verbrechen, sich selbst zu töten, als einen anderen. S. Dekret Gratians 2, 23, 5, 10f. Andreas Wacke, Der Selbstmord . . ., in: SZ 97 (1980) 32–34. S. bis 1983 Can. 2350 § 2 i.V.m. Can. 1240 § 1 Codex juris canonici 1917.

7. **Mala fides superveniens nocet.** Späterer böser Glaube schadet. Knüpft das Gesetz einen rechtlichen Vorteil oder eine Besserstellung an den guten Glauben des Begünstigten, so muß dieser die ganze fragliche Zeit hindurch gutgläubig sein; wird er vor Ablauf bösgläubig, so entgeht ihm der Vorteil bzw. hört die Besserstellung auf. S. Dekretalen 2, 26, 20 a.E. (Innozenz III.). Anders das römische Recht. Andreas Wacke, Mala . . ., in: JA 1981, 233f. S. heute §§ 937 Abs. 2, 990 Abs. 1 S. 2 u. 819 BGB. Vgl. P 71.

8. **Mala grammatica non vitiat chartam.** Schlechte Grammatik beeinträchtigt die Wirksamkeit einer Urkunde nicht.

9. **Male captus, bene detentus** oder **judicatus.** Schlecht festgenommen, gut verwahrt, bzw.: verurteilt. Satz des Auslieferungsrechts. Auch wer rechtswidrig in den Gewahrsam eines Staates gelangt ist, braucht deshalb nicht ausgeliefert zu werden. Geltendes Völkerrecht. Vgl. die Fälle Eichmann, Argoud, Bidault und Öcalan.

10. **Maledicta expositio, quae corrumpit textum.** Verwünschte Auslegung, die den Wortlaut verdreht. Eine Auslegung, die den auszulegenden Text in sein Gegenteil verkehrt, ist abzulehnen. S. a. A 110, V 13 u. 28.

11. **Maleficia propositis distinguuntur.** Missetaten werden von Vorhaben unterschieden. Wer eine Unrechtstat beabsichtigt, zieht sich dadurch die Sanktionen, die für die Tat angedroht sind, nicht zu. S.a. C 38, D 19 u. S 47.

12. **Maleficiorum societas nulla est.** Eine Gesellschaft zur Begehung von Missetaten ist nichtig. S. Dig. 27, 3, 1 § 14 (Ulpian). Liebs, Klagenkonkurrenz (Göttingen 1972) 194f. S.a. E 56.

13. **Male jure nostro uti non debemus.** Wir dürfen unser Recht nicht mißbrauchen. Gajus, Inst. 1, 53 a.E. S. heute Art. 14 Abs. 2 GG. S.a. E 62, ab. a. N 25 u. S 80.

14. **Malitia crescente crescere debet et poena.** Mit wachsender Bosheit muß auch die Strafe höher werden. Vgl. heute § 46 Abs. 1 S. 1 StGB. Vgl. G 13.

15. **Malitia supplet aetatem.** Bosheit füllt Alter auf. Jugendliche, die eine besonders böse Tat begehen, sind wie Erwachsene zu behandeln. S. Cod. Just. 2, 42, 3 pr. (Diokletian). S. heute dagegen §§ 10 StGB i.V.m. 3 u. 105 Abs. 1 JGG u. 828f. BGB, ab. a. 105 Abs. 1 Nr.2 JGG.

16. **Malitiis non est indulgendum.** Schikanen müssen nicht hingenommen werden. Dig. 6, 1,38 g.E. (Celsus) u. dazu Liebs, Römisches Recht 182-184; u. J. E. Spruit, Malitiis non indulgendum esse, in: Brocardica (s. oben A 32) 95–101. S. heute §§ 226 u. 997 Abs. 2 Alt. 2 BGB.

17. **Malorum poena praesidium est bonis.** Die Bestrafung der Bösen ist der Schutz der Guten. S. Publilius Syrus, Sentenzen M 68. S.a. J 117 u. P 132.

18. **Malus usus est abolendus.** Schlechte Gewohnheiten sind auszumerzen. Gewohnheiten dürfen nicht unbesehen als Gewohnheitsrecht, Verkehrssitte oder Handelsbrauch anerkannt werden, sondern sind vom Richter auf ihre Billigkeit hin zu überprüfen; unbillige hat der Richter zu bekämpfen. Vgl. heute §§ 157, 307 BGB u. 1–4 UKlaG.

19. **Mandata licita strictam recipiunt interpretationem, illicita latam et extensam.** Zulässige Aufträge sind eng auszulegen, unzulässige weit. Wem z.B. ein Mord aufgetragen worden ist, handelt auch dann auftragsgemäß, wenn er die ihm gesteckten Grenzen überschreitet, soweit es um die Verantwortlichkeit seines Auftraggebers geht. Anders bei rechtmäßigen Aufträgen. S. heute dagegen §§ 28f. StGB.

20. **Mandatarius terminos sibi positos transgredi non potest.** Der Beauftragte kann die ihm gesetzten Grenzen nicht überschreiten. Überschreitet er sie, so braucht der Auftraggeber dieses Handeln nicht gegen sich gelten zu lassen. S. heute § 177 BGB.

21. **Mandatum morte dissolvitur.** Ein Auftrag erlischt durch Tod (eines der Beteiligten). Dig. 46, 3, 108 a.E. (Paulus). Zimmermann 424–426. S. heute dagegen §§ 672f. BGB.

22. **Mandatum nisi gratuitum nullum est.** Ein Auftrag ist immer unentgeltlich. Dig. 17, 1, 1 § 4 (Paulus) u. dazu Liebs, Römisches Recht 252–254; u. Zimmermann 418–420. S. heute §§ 662 u. 675 BGB.

23. **Mandatum speciale derogat generali.** Ein Sonderauftrag geht einem allgemeinen vor. Widersprechen mehrere Aufträge einander, dann gilt der speziellere.

24. **Manifesta non indigent probatione.** Offenkundiges bedarf keines Beweises. Glosse Demonstratae g.E. zu Dig. 33, 4, 1 § 8 (Accursius). S. heute §§ 291 ZPO u. 244 Abs. 3 S. 2 StPO. S.a. N 151. Vgl. L 39.

25. **Materna jura non possunt aboleri.** Die Mutterrechte können nicht ausgelöscht werden. Bei einer Adoption verliert zwar der wirkliche Vater seine Vaterrechte, nicht aber die Mutter die Mutterrechte. Satz des römischen Rechts, s. Cod. Just. 8, 47, 10 §§ 1f. (Justinian). S. heute dagegen § 1755 BGB.

26. **Mater semper certa est; pater est, quem nuptiae demonstrant.** Die Mutter ist immer gewiß; Vater ist, wen die Ehe ausweist. S. Dig. 2, 4, 5 (Paulus). S. heute §§ 1591 u. 1592 Nr. 1 BGB. S.a. P 14. Vgl. P 16 u. F 33.

27. **Matrimonium inter invitos non contrahitur.** Keine Ehe wird unfreiwillig eingegangen. Wer heiratet, tut dies bewußt und freiwillig; eine Eheschließung ist Willensmängeln weniger ausgesetzt als ein sonstiger Vertrag. S. Dig. 23, 2, 22 (Celsus). S. heute §§ 1303 u. 1313–1318 BGB.

28. **Matrimonium non praesumitur.** Eine Ehe wird nicht vermutet. Kommt es rechtlich darauf an, ob zwei verheiratet sind oder waren, so muß volle Gewißheit darüber bestehen. S. Dekret Gratians 2, 30, 5, 1 § 1. Umgekehrt das röm. Recht, s. Dig. 25, 7, 3 pr. a.E. (Marcian).

29. **Matrimonium subsequens legitimos facit.** Eine nachfolgende Ehe macht Kinder ehelich. Nichteheliche Kinder erhalten die Rechtsstellung von ehelichen, wenn ihre Eltern heiraten. S. Cod. Just. 5, 27, 5 pr. (Zeno unt. Berfg. a. Konstantin). S. bis 1998 §§ 1719–1739 BGB a.F.

30. **Maxima debetur puero reverentia.** Einem Kind gebührt größte Achtung. Juvenal, Satiren 14, 47.

31. **Media tempora non nocent.** Zwischenzeiten schaden nicht. Tritt bei einem gestreckten Rechtsgeschäft nach dem ersten Akt ein Hindernis auf, das vor dem letzten der insgesamt erforderlichen wieder wegfällt, so beeinträchtigt das seine Wirksamkeit nicht. Dig. 28, 5, 6 § 2 (Ulpian).

32. **Medico imputari eventus mortalitatis non debet.** Dem Arzt darf nicht zugerechnet werden, wenn sich die Sterblichkeit (des Menschen) bestätigt. Endet eine Heilbehandlung tödlich, so indiziert das keine Schuld des behandelnden Arztes. Dig. 1, 18, 6 § 7 a. A. (Pseudo-Ulpian).

33. **Meliorem, non deteriorem facere potest conditionem suam pupillus.** Ein Unmündiger kann seine Lage besser, aber nicht schlechter machen. Minderjährige sind nur zu rechtlich vorteilhaften Geschäften fähig. S. Inst. 1, 21 pr. S. heute § 107 BGB.

34. **Melior est conditio defendentis.** Die Lage des Verteidigenden ist besser. In einem Rechtsstreit hat es der Angeklagte bzw. Beklagte einfacher als der Ankläger bzw. Kläger. S. a. P 78 u. 80. Vgl. das Folgende.

35. **Melior est conditio possidentis (ubi neuter jus habet).** Die Lage des Besitzenden ist besser (wo keiner von beiden ein Recht hat). Streiten zwei um eine Sache, dann bleibt sie in diesem Fall beim Besitzer, auch wenn nur unsicher ist, wer zum Besitz berechtigt ist. S. Dig. 43, 33, 1 § 1 (Julian); u. 20, 1, 10 (Ulpian). S. heute etwa §§ 858–863, 1006 u. 817 S. 2 BGB. S. a. B 1, J 61, 93, P 79 u. 108.

36. **Melior est justitia vere praeveniens quam severe puniens.** Eine wahrhaft vorbeugende Gerechtigkeit ist besser als eine streng strafende.

37. **Melior vicini causa fieri potest, deterior non potest.** Die Sache des Nachbarn kann besser werden, aber nicht schlechter. Aus dem Recht der Grunddienstbarkeiten. Der Berechtigte kann die Belastung des dienenden Grundstücks mindern, aber nicht erhöhen. S. Dig. 8, 2, 20 § 5 g. E. (Paulus).

38. **Melius agitur cum lege quam cum homine.** Es ist besser, mit einem Gesetz als mit einem Menschen zu streiten. Vgl. F 46.

39. **Melius est jus deficiens quam jus incertum.** Kein Recht zu haben ist besser als eine unklare Rechtslage. S. a. U 13.

40. **Melius est non habere titulum quam habere vitiosum.** Es ist besser, überhaupt keinen als einen fehlerhaften Vollstreckungstitel zu haben. Macht ein nicht behebbarer Fehler den Vollstrekkungstitel untauglich, so kann sein Inhaber wegen des „ne bis in idem" sich meist keinen neuen verschaffen. Vgl. ab. a. T 24.

41. **Melius est non solvere quam solutum repetere.** Es ist besser, nicht zu leisten, als das Geleistete zurückzufordern. S. Dig. 16, 2, 3 a. E. (Pomponius).

42. **Melius est pignori incumbere, quam in personam agere.** Es ist besser, sich an ein Pfand zu halten, als eine Person zu verklagen. Realkredit ist besser als Personalkredit. S. heute § 233 BGB. S. a. P 44 u. vgl. sofort Nr. 54.

43. **Messis sementem sequitur.** Die Ernte folgt der Saat. Ernten darf, wer gesät hat; ihm gehört die Ernte. Urtümlicher Rechtssatz. Vgl. heute nur mehr § 596 a BGB.

44. **Mihi debetur, quod ex re mihi debita superest.** Mir wird geschuldet, was von der mir geschuldeten Sache übrig ist. Betrifft den Fall der Beschädigung oder teilweisen Zerstörung. S. Dig. 6, 1, 49 § 1 (Celsus). S. heute § 275 Abs. 1 „soweit . . ." BGB.

45. **Minatur innocentibus, qui parcit nocentibus.** Unschuldige bedroht, wer Schuldige schont. S. a. B 17.

46. **Minima circumstantia variat jus.** Ein winziger Umstand ändert die Rechtslage. Auch unscheinbare neue Tatumstände können die Rechtslage grundlegend ändern. Vgl. Q 27.

47. **Minima non curat praetor.** Das Gericht kümmert sich nicht um Kleinigkeiten. Für Bagatellsachen stehen die Gerichte nicht zur Verfügung. S. Dig. 4, 1, 4 (Callistrat). S. schon Cicero, De natura deorum 3 § 86. S. heute §§ 153 StPO u. 511 a ZPO. Vgl. D 26.

Minima poena corporalis . . . s. P 54.

48. **Minime mutanda sunt, quae certam habent interpretationem.** Was eine gefestigte Auslegung hat, darf mitnichten geändert werden. S. Dig. 1, 3, 23 (Paulus). Vgl. C 74 u. O 25.

49. **Minor in delictis major habetur.** Im Deliktsrecht wird ein Minderjähriger als Volljähriger behandelt. Der besondere Minderjährigenschutz gilt im Deliktsrecht nicht. Betraf im römischen Recht nur die über 14- und unter 25jährigen. S. Dig. 4, 4, 37 § 1 (Tryphonin); u. 4, 4, 9 § 2 Mitte (Ulpian). Heute ist die Deliktsfähigkeit der Jugendlichen besonders geregelt, s. §§ 828 BGB u. 3 S. 1 JGG.

50. **Minor jurare non potest.** Ein Minderjähriger kann nicht schwören. S. Glosse Item sacramenta puberum a.E. zu Libri feudorum 2, 53 § 1 g.E. Vgl. heute §§ 60 Nr. 1, 61 Nr. 1 StPO u. 393 ZPO.

51. **Minor minorem custodire non debet.** Ein Minderjähriger darf einen Minderjährigen nicht beaufsichtigen. Minderjährige dürfen nicht zum Vormund oder Pfleger ernannt werden. S. heute §§ 1781 Nr. 1 u. 1915 Abs. 1 i.V.m. 1781 Nr. 1 BGB.

52. **Minor restituitur non tamquam minor, sed tamquam laesus.** Ein Minderjähriger wird nicht, insofern er minderjährig, sondern, insofern er benachteiligt worden ist, geschützt. Rechtsgeschäfte eines Minderjährigen werden nur annulliert, wenn er benachteiligt worden ist. S. Dig. 4, 4, 44 (Pseudo-Ulpian). S. heute Art. 1305 f. französ. Code civil, ab. a. das Folgende.

53. **Minor restituitur quasi minor.** Der Minderjährige wird geschützt, weil er minderjährig ist. Rechtsgeschäfte eines Minderjährigen haben eo ipso keinen Bestand; auf eine konkrete Benachteiligung kommt es nicht an. S. heute §§ 106–109 BGB. S.a. S 77, ab. a. das Vorige.

54. **Minus est actionem habere quam rem.** Es ist weniger, einen Anspruch zu haben, als die Sache (auf die sich der Anspruch richtet). Forderungen sind weniger wert als Sachen. Spielt eine Rolle im Kreditsicherungs- und im Strafrecht: Obwohl ein Betrogener einen Ersatzanspruch gegen den Betrüger hat, hat er unabhängig von dessen Solvenz einen Schaden. Dig. 50, 17, 204 (Pomponius). S. heute § 232 BGB. Vgl. soeben Nr. 42 u. P 44, ab. a. Q 22.

55. **Minus malum permittitur, ut evitetur majus.** Das kleinere Übel ist erlaubt, wenn dadurch ein größeres vermieden wird. Bartolus, Komm. 7 Summarium zu Cod. Just. 1, 1, 1. S. heute §§ 904 BGB u. 34 StGB.

56. **Minus solvit qui tardius solvit.** Wer zu spät leistet, leistet zu wenig. Verzug vergrößert die Schuld. Dig. 50, 16, 12 § 1 (Ulpian). S. heute §§ 280 Abs. 2 i.V.m. 286 u. 288 BGB.

57. **Misera est servitus, ubi jus est vagum aut incertum.** Elend ist die Unfreiheit, wo das Recht schwankend oder ungewiß ist. Abhängige sind um so schlechter dran, je unsicherer das Recht ist.

58. **Mitius agitur cum sponte confesso, quam cum in jure convicto.** Mit einem freiwillig Geständigen wird milder verfahren, als mit einem im Prozeß Überführten. Damasus, Regulae canonicae 123. Vgl. heute § 46 Abs. 2 a.E. StGB.

59. **Mobilia non habent sequelam.** Bewegliche Sachen geben kein Verfolgungsrecht. Rechte an beweglichen Sachen kann man unfreiwillig verlieren, wenn nämlich Gutgläubige sie erwerben. S. heute §§ 932–936 BGB.

60. **Mobilia sequuntur personam.** Die bewegliche Habe folgt der Person. Satz des Kollisionsrechts. Gilt heute wohl nirgends mehr, doch s. bis 1978 § 300 a.E. österr. ABGB. S. ab. a. S 67.

61. **Mobilium vilis possessio.** Der Besitz beweglicher Sachen ist billig. An beweglichen Sachen erwirbt und verliert man den Besitz leichter als an Grundstücken, und der Besitzschutz ist schwächer. Gilt heute nicht mehr. S.a. R 45.

62. **Modus cogit, sed non suspendit.** Die Auflage zwingt, aber läßt nicht in der Schwebe S. Bartolus, Komm. zu Dig. 18, 1, 41 pr. S. heute §§ 525 u. 2194 BGB. Vgl. C 55.

63. **Modus donationi dat legem.** Eine Auflage gibt der Schenkung das Gesetz. Die mit einer Schenkung verbundene Auflage beherrscht die Schenkung. S. heute §§ 525–527 BGB.

64. **Modus et conventio vincunt legem.** Auflage und Vertrag besiegen das Gesetz. Durch die einer letztwilligen Verfügung oder Schenkung beigefügten Auflagen und durch Verträge können

gesetzliche Bestimmungen außer Kraft gesetzt werden. Betrifft nur nachgiebiges Gesetzesrecht.

65. **Modus saepe appellatur conditio, non contra.** Eine Auflage wird häufig ‚Bedingung' genannt, nicht aber umgekehrt.

66. **Mora debitoris non debet esse creditori damnosa.** Der Verzug des Schuldners darf dem Gläubiger nicht zum Nachteil gereichen. Entsteht einem Gläubiger durch den Verzug seines Schuldners ein Schaden, so hat dieser ihn zu ersetzen. S. heute § 280 Abs. 2 i. V. m. 286 BGB.

67. **Mora debitoris perpetuat obligationem.** Verzug des Schuldners verewigt die Verbindlichkeit. Nach Verzug wird der Schuldner nur noch durch Leistung frei, nicht z. B. durch ihr Unmöglichwerden. S. Dig. 45, 1, 91 §§ 3 f. u. 46, 1, 58 § 1 (beides Paulus). S. heute § 287 BGB.

68. **Mora sua cuilibet est nociva.** Jedem schadet sein eigener Verzug. Bei Bürgschaft und Gesamtschuld treten die Verzugsfolgen nur bei dem ein, der in Verzug gerät. Liber sextus 5, 13, 25 (Bonifaz VIII.). S. schon U 23 u. A 86. S. heute § 425 BGB.

69. **Morbus est impedimentum legale.** Krankheit ist ein gesetzliches Hindernis. Wer durch Krankheit gehindert ist, seine Rechtspflichten zu erfüllen, hat das nicht zu vertreten.

70. **Mors omnia jura solvit.** Der Tod löst alle Rechte. Mit dem Tod endet die Rechtsfähigkeit. S. Nov. 22, 20 pr. a. A. (Justinian).

71. **Mortis causa donationes comparantur legatis.** Schenkungen von Todes wegen werden wie Vermächtnisse behandelt. Insbesondere gelten die Legatsbeschränkungen auch für Schenkungen von Todes wegen. Dig. 38, 5, 1 § 1 (Ulpian). S. heute § 2301 BGB.

72. **Mortuus facit possessorem vivum sine ulla apprehensione.** Der Tote macht den Lebenden zum Besitzer ohne alle Ergreifung. Von einem Toten erwirbt man Besitz ohne tatsächliche Gewalt über die Sache. S. heute § 857 BGB.

73. **Mortuus redhibetur.** Der Tote wird zurückgewährt. Die Rückabwicklung eines Austauschvertrags wegen Rücktritts, Sachmangels, arglistiger Täuschung o. ä. wird nicht dadurch ausge-

schlossen, daß der Vertragsgegenstand untergeht, ohne daß, wer ihn zurückzugewähren hatte, dies vertreten muß. S. Dig. 21, 1, 31 § 11 u. 38 § 3 (beides Ulpian). S. heute §§ 350 u. 467 BGB. Rosalie Lederle, M ... Die Rückabwicklung nach Wandlung im röm. Recht (Berlin 1983); u. dazu Dieter Medicus, in: SZ 102 (1985) 655–659; u. Zimmermann 330–334.

74. **Mortuus velle desiit.** Ein Toter hat aufgehört zu wollen. Willenserklärungen, die noch nicht zu einem fertigen Rechtsgeschäft geführt haben, erlöschen mit dem Tod des Erklärenden. S. heute dagegen §§ 130 Abs. 2 u. 153 BGB.

75. **Mulier non debet abire nuda.** Die Frau darf nicht nackt weggehen. Bei Auflösung einer Ehe durch Tod oder Scheidung sind der Frau, was immer ihr gehörte, welcher Güterstand immer vereinbart war und warum immer die Ehe auseinanderging, die zu ihrem persönlichen Gebrauch bestimmten Kleider und Wäschestücke zu belassen. Gabriele Heyse, Mulier ... Das Erbrecht und die Versorgung der Witwe in Rom (Frankfurt am Main 1994). Heute fraglos.

76. **Mulier taceat in ecclesia.** Die Frau schweige in der Gemeinde. In kirchlichen und überhaupt in öffentlichen Dingen haben Frauen kein Mitspracherecht. S. Paulus, Erster Korintherbrief, 14, 34. S. bis 1983 Can. 709 § 2 u. 813 § 2 Codex juris canonici 1917, in weltlichen Dingen dagegen Art. 3 Abs. 2 u. 3 GG.

77. **Multa fieri prohibentur, quae, si facta fuerint, obtinent roboris firmitatem.** Vieles wird verhindert, was, wenn es ausgeführt wird, bestandskräftig ist. Geschieht, was von Rechts wegen nicht hätte geschehen sollen, so nimmt das Recht es oft trotzdem hin. Betrifft vor allem Handeln der öffentlichen Hand bzw. mit öffentlicher Wirkung wie Eheschließung, Gründung einer Gesellschaft, Verwaltungshandeln u.a. Dekretalen 3, 31, 16 g.E. (Innozenz III.). S.a. Q 97, ab. a. Q 5.

78. **Multiplicata transgressione crescat poenae inflictio.** Bei wiederholter Übertretung ist eine höhere Strafe aufzuerlegen. S. heute § 48 StGB. S.a. D 23.

79. **Multitudo errantium non parit errori patrocinium.** Daß viele irren, macht den Irrtum nicht verzeihlich. S. ab. a. C 45.

80. **Multitudo imperatorum perdit curiam.** Viele Dienstherren richten einen Gerichtshof zugrunde. Ein Gericht sollte nur einen Dienstherrn haben.

81. **Multitudo peccantium non exonerat, sed magis aggravat.** Eine große Zahl von Straftätern entlastet nicht, sondern erschwert eher. S. heute §§ 121, 124f. u. 244 Abs. 1 Nr. 3 StGB.

82. **Multum lucratur, qui a lite discedit.** Großen Gewinn trägt davon, wer einen Rechtsstreit nicht bis zum Ende führt. S. ab. a. T 30.

83. **Mutare consilium quis non potest in alterius detrimentum.** Man kann seinen Plan nicht zum Nachteil des andern ändern. Eine einmal eingereichte Klage kann man einseitig nur ändern, wenn dem andern Teil daraus kein Nachteil entsteht. Liber sextus 5, 13, 33 (Bonifaz VIII.). S. schon Dig. 50, 17, 75 i.V.m. 37, 6, 8 a.A. (Papinian). S. heute § 263 ZPO.

N

1. **Nasciturus pro jam nato habetur (quotiens de commodo ejus quaeritur).** Das gezeugte Kind wird als schon geboren behandelt (soweit sein Vorteil in Frage steht). Ein gezeugtes, aber noch nicht geborenes Kind kann Rechte erwerben, insbesondere erben. S. Dig. 50, 16, 231 (Paulus). S. heute §§ 844 Abs. 2 S. 2, 1912 u. 1923 Abs. 2 BGB. Windscheid-Kipp I 231 f. Andreas Wacke, Conceptus . . ., in: JA 1981, 549 f. S. a. C 48.

2. **Naturae vis maxima.** Die Macht der Natur ist sehr groß. Natürliche Bindungen kraft Verwandtschaft, Ehe usf. sind vom Recht zu veranschlagen. S. a. L 53. Vgl. J 170.

3. **Naturalia inesse praesumuntur, accidentalia specialiter probanda.** Der typische Inhalt wird vorausgesetzt, ein atypischer muß besonders bewiesen werden. Betrifft den genauen Inhalt eines Rechtsgeschäfts, insbesondere eines Vertrags.

4. **Naturali juri consuetudine derogari non potest.** Naturrecht kann durch Gewohnheit nicht entkräftet werden. S. Inst. 3, 1 § 11 u. Dig. 4, 5, 8 (Gajus). Vgl. J 182.

5. **Natura non facit saltum, ita nec lex.** Die Natur macht keine Sprünge, ebensowenig das Gesetz. Alle Einzelbestimmungen einer Rechtsordnung werden ständig aufeinander abgestimmt. Zum ersten Teil des Satzes s. Bartels S. 49.

6. **Ne bis in idem (crimen judicetur** oder **quis vocetur** oder **contestetur).** Daß nicht zweimal wegen ein und desselben (Verbrechens geurteilt oder jemand vor Gericht gestellt oder ein Prozeß begonnen werde). S. Glosse Non potest zu Dekret Gratians 2, 2, 1, 14 § 1 (Johannes Teutonicus). S. schon Nahum 1, 9. Peter Landau, Ursprünge und Entwicklung des Verbotes doppelter Strafverfolgung wegen desselben Verbrechens in der Geschichte des kanonischen Rechts, in: SZ Kan. 87 (1970) 124–156, bes. 138 ff. u. 146. Roland Michael Kniebühler, Transnationales ne bis in idem. Zum Verbot der Mehrfachver-

folgung in horizontaler und vertikaler Dimension (Berlin 2005). S. heute Art. 103 Abs. 3 GG. S.a. B 7, sofort Nr. 41 u. S 11.

7. **Necare videtur, qui alimenta detrahit.** Wer Unterhalt vorenthält, wird angesehen, als töte er. S. Dig. 25, 3, 4 (Paulus). S.a. V 6.

8. **Necessitas est lex temporis et loci.** Not ist das Gesetz der Stunde und der Stelle. Manchmal regiert mancherorts die schiere Not. Bei Notstand treten die allgemeinen Regeln außer Kraft und herrscht das Gesetz der Not. S. Seneca d.Ä., Controversiae 4, 4 Abs. 1 Mitte. Liebs, JZ 1981, 163f. S. heute §§ 34, 35 StGB; 16 OWiG; 228, 904 BGB; Art. 11 Abs. 2 u. 35 Abs. 2 u. 3 GG. S.a. L 28 u. die beiden Folgenden.

9. **Necessitas inducit privilegium quoad jura privata.** Notstand begründet Freistellung vom Gesetz, soweit es um private Rechte geht. Öffentliches Recht wird durch (privaten) Notstand nicht außer Kraft gesetzt.

10. **Necessitas non habet legem.** Not kennt kein Gebot. In Notfällen haben Gesetze keine Kraft. Glosse Expedire zu Dig. 1, 10, 1 § 1. S. ausführlich Q 105. S.a. P 120 u. Q 37. Vgl. die beiden Vorigen.

11. **Necessitas publica major est quam privata.** Ein öffentlicher Notstand ist größer als ein privater. Eine gemeine Gefahr rechtfertigt mehr Durchbrechungen des Gesetzes, als wenn nur einzelne betroffen sind.

12. **Necessitatis tempore silent privilegia.** Während eines Notstands schweigen Vorrechte. Menschen in Not ist ohne Ansehen der Person zu helfen, ebenso wie bei Not jeder in Anspruch genommen werden kann. S.a. J 34.

13. **Nec tempus nec locus occurrit regi.** Den König hindert weder Zeit noch Ort. Ein Monarch kann Gericht halten, wo und wann er es für richtig hält. Gilt im Verfassungsstaat nicht. S.a. Nr. 172.

14. **Nec veniam effuso sanguine casus habet.** Ist Blut geflossen, so ist keine Nachsicht mehr am Platz. Das (Straf-)Recht muß dann seinen Lauf nehmen. S. heute §§ 153–153b StPO, ab. a. § 139, bes. Abs. 3 StGB.

15. **Ne eat judex ultra petita partium.** Der Richter soll nicht über die Anträge der Parteien hinausgehen. S. heute §§ 308 Abs. 1 ZPO u. 88 VwGO. S. a. J 154, sofort Nr. 84 u. S 20.

16. **Nefas est tristes casus expectare.** Spekulationsgeschäfte, die auf das Unglück anderer setzen, sind niederträchtig. S. Dig. 18, 1, 34 § 2 a. E. (Paulus).

17. **Negabit frustra medio prensus in crimine.** Wer auf frischer Tat ergriffen worden ist, wird vergeblich leugnen.

18. **Neganda est accusatis licentia criminandi, priusquam se crimine exuerint.** Angeklagten ist die Möglichkeit, jemanden eines Verbrechens zu beschuldigen, zu verwehren, solange sie sich nicht selbst von ihrem Verbrechen gereinigt haben. Stammt aus der Zeit der jedem Bürger offenstehenden Kriminalanklage und sollte Prozeßverschleppungsversuche ausschließen. S. Cod. Theod. 9, 1, 12 a. A. (Valentinian I., von Justinian Cod. Just. 9, 1, 19 leicht abgewandelt).

19. **Negantis nulla probatio.** Wer bestreitet, ist nicht beweispflichtig. Wer im Prozeß etwas behauptet, nicht wer es bestreitet, muß es beweisen. S. Cod. Just. 4, 19, 23 a. E. u. 4, 30, 10 g. E. (beides Diokletian). Hans-Joachim Musielak, Die Grundlagen der Beweislast im Zivilprozeß (Berlin 1975) 259 ff. u. 268 f. S. a. sofort Nr. 22 u. E 12.

20. **Negatio conclusionis est error in lege.** Ein Verstoß gegen die Logik ist ein Rechtsfehler. Eine Instanz, die nur Rechtsfehler zu überprüfen hat, ist auch zuständig, wenn es um die Schlüssigkeit einer Ableitung geht.

21. **Negativa juris probanda est a negante.** Wer jemandem ein Recht (das diesem bislang zugestanden wurde) bestreitet, muß es (daß diesem das Recht doch nicht zusteht) beweisen. Fulvius Pacian, Tractatus de probationibus (erstmals 1593) Kap. 52 a. A. (non vidi). S. schon Glosse Ei incumbit Mitte zu Dig. 22, 3, 2. Ausnahme vom Folgenden. Wolfgang Wiegand, Studien zur Rechtsanwendungslehre der Rezeptionszeit (Ebelsbach 1977) 17–44.

22. **Negativa non sunt probanda.** Nicht Bestehendes braucht nicht bewiesen zu werden. S. Glosse Ei incumbit zu Dig. 22, 3, 2. S. schon E 12 u. soeben Nr. 19.

23. **Negligentia non praesumitur.** Nachlässigkeit wird nicht vermutet. Hat jemand einen Schaden verursacht, so spricht das noch nicht dafür, daß er dies fahrlässig getan habe. Ihm muß vielmehr auch im Zivilprozeß zusätzlich nachgewiesen werden, daß er dabei die im Verkehr erforderliche Sorgfalt verletzt habe.

24. **Negligentia semper habet infortunium comitem.** Fahrlässigkeit hat immer Mißgeschick zum Begleiter. Fahrlässigkeitshaftung ist z.T. Erfolgshaftung, insofern viele, die ebenso sorglos handeln, Glück haben und keinen Schaden stiften.

25. **Neminem laedit, qui suo jure utitur.** Wer von seinem Recht Gebrauch macht, verletzt niemand. Zusammenfassung von Nr. 177 u. 148. S.a. S 80, ab. a. M 13. S. heute § 1305 österr. ABGB.

26. **Neminem oportet esse sapientiorem legibus.** Niemand darf klüger als die Gesetze sein. Wer sich für klüger als die Gesetze hält, redet ihrer Nichtachtung das Wort. S.a. S 68. Vgl. sofort Nr. 145.

27. **Nemini fraus sua debet patrocinari.** Niemanden darf sein Betrug schirmen. S.a. F 49. S. ferner D 60, E 57 u. N 51.

28. **Nemini sua liberalitas damnosa esse debet.** Niemandem darf seine Freigebigkeit zum Schaden gereichen. Aus einem Akt der Freigebigkeit dürfen einem keine zusätzlichen Pflichten erwachsen. S. heute §§ 521–524 BGB.

29. **Nemo absens dijudicetur.** Über niemand soll in Abwesenheit ein Urteil gefällt werden. Er muß Gelegenheit gehabt haben, seine Sache zu vertreten. Burchard von Worms, Decretum 16, 13 Summarium. S. heute § 230 Abs. 1 StPO; s.a. §§ 231–233. Vgl. Nr. 39.

30. **Nemo agit in seipsum.** Niemand klagt gegen sich selbst. Auch als Vertreter eines andern kann man gegen sich selbst keinen Prozeß führen. S. heute § 181 BGB i.V.m. § 52 ZPO.

31. **Nemo auditur perire volens.** Niemand wird (vor Gericht) gehört, der sein Verderben will. Selbstzerstörerische Selbstbezichtigungen darf der Richter nicht beachten. S. Dionysius Gothofredus, Außenglosse Non a.A. zu Dig. 49, 1, 6.

32. **Nemo auditur propriam turpitudinem allegans.** Niemand wird (vor Gericht) gehört, der seine Schandtat vorträgt. Aus verwerflichem Verhalten kann man weder Ansprüche noch Gegenrechte herleiten. S. Cod. Just. 7, 8, 5 (Alexander Severus); u. 8, 55, 4 (Diokletian). Philippe Le Tourneau, La règle „Nemo auditur ..." (Paris 1970) 10–20; Fritz Sturm, Aperçu sur l'origine du brocard Nemo ..., in: Mémoires de la Société pour l'Histoire du Droit ... 30 (1970/71) 289–324; Heinrich Honsell, Die Rückabwicklung sittenwidriger oder verbotener Geschäfte (München 1974) 93–95; u. R. Feenstra, Nemo auditur suam turpitudinem allegans, in: Brocardica (s. oben A 32) 31–36. S. a. T 36. Vgl. J 94 sowie die vielen Formeln gegen rechtlichen Nutzen aus übler Tat: A 82, C 42, D 60, E 48, 54, 56, 57, 61, 78, F 49, N 27, 51 u. 173.

33. **Nemo autor esse potest in rem suam.** Niemand kann in eigener Angelegenheit Sachwalter (eines andern) sein. Verbot des Selbstkontrahierens. S. Dig. 36, 1, 1 § 13 a. E. (Ulpian); S. a. Gajus, Institutionen 1 § 184. Windscheid-Kipp II 650 Fn. 14 u. III 149 f. Fnn. 7 u. 8. S. heute § 181 BGB.

34. **Nemo censetur ignorare legem.** Es wird davon ausgegangen, daß jeder das Gesetz kennt. S. a. J 13.

35. **Nemo commodando rem facit ejus, cui commodat.** Niemand übereignet seine Sache, wenn er sie verleiht. Dig. 13, 6, 9 (Ulpian). Vgl. sofort Nr. 140.

36. **Nemo compellitur contrahere.** Niemand wird zu einem Vertrag gezwungen. Glosse Minime posse g. A. zu Cod. Just. 4, 10, 5. S. schon dort a. A. (Diokletian) u. Cod. Just. 6, 30, 16 (Honorius).

37. **Nemo conditionis illorum, quibuscum contraxerit, sit ignarus.** Man sollte über die Verhältnisse derjenigen, mit denen man einen Vertrag geschlossen hat, Bescheid wissen. Über die Vermögensverhältnisse seiner Vertragspartner sollte jeder im Bilde sein.

38. **Nemo cum damno alterius locupletior fieri debet.** Niemand darf zum Nachteil eines anderen reicher werden. S. Dig. 12, 6, 14 (Pomponius). S. a. J 173 u. L 70.

39. **Nemo damnatus nisi auditus vel vocatus.** Niemand ist (wirksam) verurteilt, der nicht gehört oder geladen worden ist. Grundsatz des rechtlichen Gehörs. S. Dig. 48, 17, 1 pr. a.E. (Marcian). S. heute Art. 103 Abs. 1 GG. S.a. A 109. Vgl. soeben Nr. 29.

40. **Nemo dat, quod non habet.** Niemand gibt, was er nicht hat. Nur der Inhaber eines Rechts kann es übertragen. Kurzfassung von Nr. 63. Vgl. Nr. 52 u. O 21.

41. **Nemo debet bis vexari.** Niemand darf zweimal geplagt werden. Wegen derselben Sache darf niemandem zweimal der Prozeß gemacht werden. S.a. Nr. 6, B 7 u. S 11.

42. **Nemo de domo sua extrahi debet.** Niemand darf aus seinem Hause herausgeholt werden. Betrifft die private Festnahme, um jemanden vor Gericht zu bringen, was in Rom nur außer seinem Hause geschehen konnte. Dig. 50, 17, 103 (Paulus). J. M. Polak, The Roman Conception of the Inviolability of the House, in: Symbolae in honorem J. C. van Oven (Leiden 1946) 257f. Vgl. heute Art. 13 GG.

43. **Nemo de morte cogitans ludere velle censendus est.** Es ist nicht anzunehmen, daß jemand, der seinen Tod bedenkt, spielen will. Wer eine Verfügung von Todes wegen trifft, pflegt nicht zu scherzen.

44. **Nemo duarum civitatum civis esse potest.** Niemand kann Bürger zweier Staaten sein. S. heute §§ 17 Nr. 2 u. 25 StAG.

45. **Nemo duobus utatur officiis.** Niemand darf zwei Ämter ausüben. Man kann nicht mehrere Beamtenverhältnisse gleichzeitig versehen. S. heute §§ 22 Abs. 2 u. 36 BRRG u. 29 Abs. 1 Nr. 2 u. 54 BBG.

46. **Nemo errans rem suam amittit.** Niemand, der irrt, verliert seine Sache. Ein Verwalter fremder Sachen, der für seinen Geschäftsherrn handeln will, irrtümlich aber eigene Sachen hingibt, entäußert sich seines Eigentums dadurch nicht. Dig. 41, 1, 35 a.E. (Ulpian). S. heute § 119 Abs. 1 Alt. 2 BGB.

47. **Nemo ex consilio tenetur.** Niemand haftet aus Rat. S. Dig. 17, 1, 2 § 6 g.E. (Gajus). S. heute § 675 Abs. 2 BGB. S.a. C 70, E 44, sofort Nr. 175 u. Q 43.

48. **Nemo executor testamenti esse cogitur.** Niemand wird gezwungen, Testamentsvollstrecker zu werden. S. heute § 2202 BGB.

49. **Nemo ex facto alterius praegravari debet.** Niemand darf aus andere betreffenden Ereignissen vorbelastet werden. Manche Rechtsnachteile dürfen nur in einem Verfahren verhängt werden, an dem der Betroffene als Partei beteiligt war. S. Dig. 3, 2, 21 a. E. (Paulus). Vgl. A 72.

50. **Nemo existimandus est dixisse, quod non mente agitaverit.** Von niemandem ist anzunehmen, daß er sich nicht überlegt hätte, was er verlautbart hat. So wie man sich im Rechtsverkehr ausdrückt, wird man ernst genommen. Dig. 33, 10, 7 § 2 (Celsus): betraf letztwillige Verfügungen. Herbert Hausmaninger, Tradition und Innovation in den Entscheidungen des Celsus, Vortrag 21. Deutscher Rechtshistorikertag in Linz 1. Okt. 1976.

51. **Nemo ex suo delicto meliorem suam conditionem facere potest.** Niemand kann durch sein Vergehen seine Rechtslage verbessern. Dig. 50, 17, 134 § 1 (Ulpian). S. a. D 60, E 57, F 49, soeben Nr. 27 u. sofort Nr. 173.

52. **Nemo id jus, quod non habet, amittere potest.** Niemand kann ein Recht verlieren, das er nicht hat. S. Glosse Proderit g. A. zu Dig. 35, 1, 74. S. schon Dig. 50, 17, 83 (Papinian). Vgl. soeben Nr. 40 u. O 21.

53. **Nemo in necessitatibus liberalis existit.** Niemand ist in der Not freigebig. In Notlagen werden freigebige Versprechungen zurückgenommen. Dig. 34, 4, 18 a. E. (Modestin). S. heute § 519 BGB.

54. **Nemo invitus compellitur ad communionem.** Niemand wird gegen seinen Willen zu einer Rechtsgemeinschaft genötigt. Auch wenn man unfreiwillig, etwa durch nichtvertragliche Rechtsnachfolge, in eine Rechtsgemeinschaft geraten ist, kann man sie jederzeit verlassen. Dig. 12, 6, 26 § 4 g. E. (Ulpian). S. heute §§ 747 u. 749 BGB. S. a. A 91 u. C 44.

55. **Nemo invitus donat.** Niemand schenkt, ohne es zu wollen. Cod. Just. 8, 53 (54), 10 a. A. (Diokletian).

56. **Nemo judex in sua causa.** Niemand sei Richter in eigener Sache. Betrifft eine Sache den Richter selbst, so darf er sein Amt

nicht ausüben. S. Cod. Just. 3, 5 Rubrik. S. heute §§ 22 Nr. 1 StPO u. 41 Nr. 1 ZPO. Cheng S. 279–289. Vgl. Nr. 75.

57. **Nemo judex sine actore.** Kein Richter ohne Kläger. Gerichte werden nicht von sich aus initiativ, sondern nur auf eine Klage bzw. Anklage hin. S.a. sofort Nr. 166 u. J 151.

58. **Nemo jus publicum remittere potest.** Niemand kann öffentliches Recht nachlassen. Insbesondere kann kein Erblasser dem Vormund seiner Kinder Rechnungslegung von vornherein erlassen. Dig. 26, 7, 5 § 7 (Ulpian). Zu diesem speziellen Fall S. heute §§ 1852–1857 BGB. Vgl. J 188 u. P 99.

59. **Nemo liberalis esse praesumitur.** Von niemandem wird vermutet, daß er freigebig sei. Ist zweifelhaft, ob jemand eine Leistung entgeltlich oder unentgeltlich erbringen wollte, so ist nicht ohne weiteres von Unentgeltlichkeit auszugehen. S.a. D 70 u. L 57. Vgl. A 67 u. R 22.

60. **Nemo liberalis nisi liberatus.** Freigebig nur, wenn schuldenfrei. Der Verschuldete kann nicht wirksam schenken. Andreas Wacke (s. B 2), 361. S. heute §§ 4 AnfG, 39 Abs. 1 Nr. 4, 134 u. 327 Abs. 1 InsO.

61. **Nemo patriam suam exuere potest.** Niemand kann sich seines Vaterlandes entledigen. Seine Staatsbürgerschaft kann man nicht einseitig aufkündigen. S. heute dagegen § 17 Nr. 3 StAG.

62. **Nemo pecuniam suam jactare creditur.** Es ist nicht anzunehmen, daß jemand sein Geld wegwirft. Wer Geld übereignet hat, von dem ist anzunehmen, daß er damit eine Schuld bezahlen oder das Geld zurückbekommen, nicht etwa, daß er es verschenken wollte. S. Dig. 22, 3, 25 pr. Mitte (Paulus). S.a. Nr. 78.

63. **Nemo plus juris ad alium transferre potest, quam ipse habet.** Niemand kann mehr Recht auf einen anderen übertragen, als er selbst hat. Vom Nichtberechtigten kann man nicht erwerben, jedenfalls nicht mit sofortiger Wirkung. Dig. 50, 17, 54 (Ulpian). S.a. 50, 17, 175 § 1 (Paulus); 41, 1, 20 pr. (Ulpian); 50, 17, 120 (Paulus); u. 50, 17, 177 pr. (ders.). S. heute Art. 1599 Hs. 1 französ. Code civil, ab. a. §§ 932 bis 934, 892 u. 405 BGB. S.a. soeben Nr. 40. Vgl. sofort Nr. 128.

64. **Nemo potest ad impossibile obligari.** Niemand kann zu Unmöglichem verpflichtet werden. Liber sextus 5, 13, 6 (Bonifaz VIII.). S. schon J 22. S. bis 2002 § 306 BGB a.F. Vgl. U 21.

65. **Nemo potest praecise cogi ad factum.** Niemand kann zu einer Handlung unmittelbar gezwungen werden. Satz des Vollstreckungsrechts. Eine Handlung, zu der man sich wirksam verpflichtet hat, vorzunehmen, wird man auch im Falle der Zwangsvollstreckung nicht unmittelbar gezwungen. S. Glosse Obligationibus g.E. zu Dig. 42, 1, 13 § 1. S. heute §§ 887f. ZPO.

66. **Nemo potest proprio facto se ab obligatione liberare.** Niemand kann sich eigenmächtig einer Verpflichtung entledigen.

67. **Nemo praedo est, qui pretium numeravit.** Wer einen Preis bezahlt hat, ist kein Räuber. Auch wenn er nicht Eigentümer der Sache geworden ist und sogar gewußt hat, daß er es so nicht werden kann, trifft ihn gegenüber dem Eigentümer nicht die verschärfte Haftung dessen, der sich ohne Rechtstitel und gewaltsam in den Besitz einer fremden Sache gesetzt hat. Dig. 50, 17, 126 pr. = 5, 3, 13 § 8 g.E. (Ulpian). S. heute indessen §§ 987–993 BGB. Vgl. S 51.

68. **Nemo praesumitur gratuito malus.** Es ist zu vermuten, daß niemand umsonst übeltut. Bei Delikten ist zunächst einmal davon auszugehen, daß der Täter dabei einen Vorteil verfolgt hat. Vgl. C 99 u. U 5.

69. **Nemo praesumitur heredem suum onerare voluisse.** Von niemandem wird vermutet, er habe seinen Erben beschweren wollen. Bleibt in einem Testament zweifelhaft, ob ein Erbe durch Vermächtnis, Auflage, Bedingung, Auseinandersetzungsanordnung o.ä. beschwert ist, so ist zugunsten des Erben zu entscheiden. S. Dig. 31, 34 § 5 g.E. (Modestin); u. 31, 67 § 8 g.E. (Papinian). S.a. H 5.

70. **Nemo prohibetur pluribus defensionibus uti.** Niemand ist gehindert, sich mehrerer Verteidigungsmittel zu bedienen. S. Dig. 44, 1, 8 (Paulus). S.a. Dig. 50, 17, 43 pr. (Ulpian). S. heute § 146 ZPO. S.a. Nr. 176.

71. **Nemo punitur pro alieno delicto.** Niemand wird für ein fremdes Delikt bestraft. S. heute § 29 StGB. Vgl. A 74 u. 84.

72. **Nemo rem suam utiliter stipulatur.** Niemand läßt sich seine eigene Sache wirksam versprechen. Es ist sinnlos, jemand zur Übereignung einer Sache zu verpflichten, die einem schon gehört; ein entsprechender Vertrag ist nichtig, sofern die Parteien nicht in Wahrheit etwas anderes gemeint haben. Dig. 45, 1, 82 pr. (Ulpian); S.a. Gajus, Institutionen 3 § 99. Martin Zimmermann, Der Rechtserwerb hinsichtlich eigener Sachen (Berlin 2001) 138–145. S. heute die Figur der Zweckerreichung. Vgl. sofort Nr. 76 u. S 71 sowie Q 118 u. 125.

73. **Nemo sibi ipse causam possessionis mutare potest.** Niemand kann von sich aus den Grund seines Besitzes ändern. Ein bloßer Besitzdiener und ein unrechtmäßiger Besitzer kann sich nicht zum rechtmäßigen machen, ein rechtmäßiger sein Recht nicht weiter aufwerten. Besitz kann man eigenmächtig begründen, aber einen Rechtsgrund zum Besitz nicht selbst legen. Von Bedeutung für die Ersitzung. Dig. 41, 2, 3 § 19 (Paulus unt. Berfg. a. die veteres); s. a. 41, 3, 33 § 1 u. 41, 5, 2 § 1 (Julian). Dieter Nörr, Spruchregel und Generalisierung, in: SZ 89 (1972) 62–66; Geoffrey MacCormack, Nemo sibi . . ., in: Bull. 75 (1972) S. 71–96; Felix B. J. Wubbe, Nemo . . ., in: Brocardica (s. oben A 32) 129–133; u. Richard Böhr, Das Verbot der eigenmächtigen Besitzumwandlung im römischen Privatrecht (München u. Leipzig 2002). S. heute § 319 österr. ABGB u. vgl. § 937 Abs. 2 BGB.

74. **Nemo sibi titulum adscribit.** Niemand verschafft sich selbst einen Vollstreckungstitel. Um zu vollstrecken, braucht man einen besonderen, von einem Gericht oder einem Notar erteilten Vollstreckungstitel. S. heute §§ 704, 708 u. 794 ZPO.

75. **Nemo simul actor et judex.** Niemand zugleich Kläger und Richter. Wer als Kläger oder Ankläger auftritt, darf in dieser Sache nicht richten. S. Burchard von Worms, Decretum 16, 15. S. heute §§ 22 Nr. 4 StPO u. 41 Nr. 4 ZPO. S.a. U 11. Vgl. Nr. 56.

76. **Nemo simul tenens et dominus.** Niemand zugleich (Mieter bzw.) Pächter und Eigentümer. Seine eigene Sache kann man weder mieten noch pachten. Ein entsprechender Vertrag ist unwirksam; fallen beide Rollen nachträglich zusammen, so tritt Konfusion ein. S. Dig. 50, 17, 45 pr. (Ulpian); u. Cod. Just. 4,

65, 20 (Diokletian). J. A. C. Thomas, Conductio rei suae, in: Index 2 (1971) 283–290; u. Zimmermann (s. soeben Nr. 72) 36–81. Gilt heute nach herrschender Meinung nicht, s. aber Zimmermann 161–186. Vgl. soeben Nr. 72 u. S 71.

77. **Nemo surrogat contra se.** Niemand läßt einen andern an die eigene Stelle treten mit Wirkung gegen sich selbst. Niemand läßt ein Recht so auf einen andern übergehen, daß der ihm verbleibende Teil des Rechts dadurch geschmälert werden kann; ein Rechtsübergang kraft Ablösung u. ä. kann nicht zum Nachteil des Vorinhabers geltend gemacht werden. S. heute etwa §§ 268 Abs. 3 S. 2, 426 Abs. 2 S. 2, 774 Abs. 1 S. 2, 1143 Abs. 1 S. 2, 1150 u. 1249 S. 2 BGB. Andreas Wacke, in: AcP 170 (1970) 60 unter b) m. weit. Nachw. Fn. 84 f.; derselbe, in: JA 1980, 721 f.; u. Fritz Sturm, in: Gedächtnisschrift für Wolfgang Kunkel (Frankfurt am Main 1984) 493–513. S. a. C 95.

78. **Nemo suum jactare praesumitur.** Es wird vermutet, daß niemand seine Sachen wegwirft. Verallgemeinerung von Nr. 62.

79. **Nemo tenetur armare adversarium contra se.** Niemand ist verpflichtet, seinem Gegner Waffen gegen sich selbst zu liefern. S. Baldus, Komm. 1 secundo zu Cod. Just. 2, 1, 4. Heute vielfach durchbrochen, s. Peter Schlosser, JZ 1991, 599–608.

80. **Nemo tenetur divinare.** Von niemandem wird verlangt, daß er hellsieht. So weit geht die im Verkehr erforderliche Sorgfalt nie. S. Dig. 9, 2, 31 (Paulus); 17, 1, 29 § 2; u. 44, 4, 4 § 23 (beides Ulpian).

81. **Nemo tenetur seipsum accusare,** einst: **prodere.** Niemand ist verpflichtet, sich selbst anzuklagen, bzw.: zu verraten. Weder braucht man sich anzuzeigen noch im Verhör, sei es als Schuldiger oder sei es als Zeuge, sich zu belasten. S. Dekret Gratians 2, 33, 3, 87 unt. Berfg. a. Johannes Chrysostomus. Klaus Rogall, Der Beschuldigte als Beweismittel gegen sich selbst (Berlin 1977) 67–103; Ronald Torka, Nachtatverhalten und Nemo tenetur (Berlin 2000); Nadine Queck, Die Geltung des nemo-tenetur-Grundsatzes zugunsten von Unternehmen (Berlin 2005); u. Rolf Kölbel, Selbstbelastungsfreiheiten. Der nemo-tenetur-Satz im materiellen Strafrecht (Berlin 2006). S. heute §§ 136 Abs. 1 S. 2, 243 Abs. 4 S. 1 u. 55 StPO. S. a. A 15 u. T 37.

82. **Nemo testis in propria causa.** Niemand Zeuge in eigener Sache. Wer in einem Prozeß Partei oder sonst Beteiligter ist, kann in ihr nicht als Zeuge auftreten, sondern ist als Partei bzw. Angeklagter oder Beschuldigter zu vernehmen. S. Dig. 22, 5, 10 (Pomponius). S. heute §§ 445–455 ZPO bzw. 243 Abs. 4 u. 136 StPO.

83. **Ne procedat judex ex officio.** Der Richter soll nicht von Amts wegen vorgehen. Grundsatz des Parteibetriebes im Prozeß. Galt in Deutschland im Strafprozeß nie, im Zivilprozeß nur bis 1924. S. heute dagegen § 139 ZPO.

84. **Ne ultra petita (sc. judex eat).** (Der Richter soll) Nicht über das Verlangte hinaus(gehen). Kurzfassung von Nr. 15.

85. **Nihil commune habet proprietas cum possessione.** Das Eigentum hat mit dem Besitz nichts gemein. Im Recht werden Eigentum und Besitz streng getrennt. Dig. 41, 2, 12 § 1 a. A. (Ulpian). S. heute §§ 854 u. 903 BGB.

86. **Nihil confirmari nequit.** Nichts kann nicht bestätigt werden. Eine Bestätigung muß sich auf etwas beziehen, nämlich ein Rechtsgeschäft, mag es auch fehlerhaft gewesen sein. S. a. Q 103. Vgl. E 59 u. O 21.

87. **Nihil dolo creditor facit, qui suum recipit.** Ein Gläubiger, der das ihm Gebührende annimmt, tut nichts Arglistiges. Liegt nichts weiter als das vor, so besteht kein Grund zur Anfechtung. Dig. 50, 17, 129 pr. (Paulus). S. heute §§ 3–6 AnfG u. 129–147 InsO.

88. **Nihil iniquius venali justitia.** Nichts ist ungerechter als käufliche Gerechtigkeit.

89. **Nihil similius est insano quam ebrius.** Nichts gleicht einem Geisteskranken mehr als ein Betrunkener. Ein Betrunkener steht rechtlich einem Geisteskranken gleich. S. heute §§ 105 Abs. 2 i. V. m. 104 Nr. 2 BGB u. 20 StGB.

90. **Nihil tam proprium imperii est ut legibus vivere.** Nichts frommt der Staatsmacht so sehr, wie daß sie die Gesetze achtet. Cod. Just. 6, 23, 3 a. E. (Alexander Severus). Liebs, Alexander Severus und das Strafrecht, in: Bonner Historia-Augusta-Colloquium 1977/78 (Bonn 1980) 119 f.

91. **Nihil temere novandum.** Nichts darf auf gut Glück reformiert werden. Vorschnelle Rechtsänderungen sind zu unterlassen. S. a. E 36.

92. **Nimia suptilitas in jure reprobatur.** Allzu große Feinheiten sind im Recht unbrauchbar. S. etwa Cod. Just. 6, 25, 8 § 1 g. E.; 6, 49, 7 pr. g. E.; u. 5, 12, 31 § 6 a. E. (alles Justinian). S. schon Gajus, Institutionen 4 § 30.

93. **Nimium altercando veritas amittitur.** Bei zu viel Streit bleibt die Wahrheit auf der Strecke. Publilius Syrus, Sentenzen N 40.

94. **Nomina ipso jure divisa.** Geldforderungen sind von selbst geteilt. Fällt eine Geldforderung an mehrere, so braucht kein Teilungsverfahren wie bei anderen Gegenständen gemeinsamer Berechtigung eingeleitet zu werden, sondern die Forderung geht von vornherein geteilt auf die Mitberechtigten im Verhältnis ihrer Beteiligung über. S. Cod. Just. 3, 36, 6 (Gordian III. unt. Berfg. a. das Zwölf-Tafel-Gesetz). Gilt im Erbrecht nicht mehr, s. §§ 2039 f. BGB; aber sonst, § 420.

95. **Non advocatus nisi vocatus.** Kein Anwalt, wenn nicht gerufen. Ein Anwalt kann nur tätig werden, wenn der Klient ihn darum gebeten hat. S. heute dagegen § 141 StPO.

96. **Non aetati, sed necessitati alimenta debentur.** Unterhalt wird nicht des Lebensalters, sondern der Bedürftigkeit wegen geschuldet. Laubach (s. A 75) 97–135. S. heute § 1602 BGB.

97. **Non alienat, qui dumtaxat omittit possessionem.** Wer nur den Besitz aufgibt, veräußert nicht. Zum Eigentumsverlust muß die Absicht hinzukommen, auf das Eigentum zu verzichten. Dig. 50, 17, 119 = 4, 7, 4 § 1 Mitte (Ulpian). S. heute § 959 BGB.

98. **Non alienat, qui occasionem aquirendi omittit.** Wer eine Gelegenheit zu erwerben nicht wahrnimmt, verfügt nicht. Gegen ein Verfügungsverbot verstößt nicht, wer lediglich einen möglichen Erwerb unterläßt. S. Dig. 50, 16, 28 pr. g.E. (Paulus).

99. **Non caret fraude, qui conventus testato perseverat.** Wer nach einer Warnung vor Zeugen fortfährt, ist von Benachteiligungsabsicht nicht frei. Wer guten Glaubens ein gläubigerbenachteiligendes Geschäft beginnt, darauf unübersehbar hingewiesen

wird und dennoch das Geschäft ausführt, handelt in Benachteiligungsabsicht. Betrifft nur die Gläubigeranfechtung. Dig. 42, 8, 10 § 3 a.E. (Ulpian). S. heute §§ 3 Abs. 1 AnfG u. 133 i.V.m. 140 InsO.

100. **Non consentiunt, qui errant.** Irrende sind sich nicht einig. An einer vertraglichen Einigung fehlt es, wenn ein Irrtum im Spiele ist; ein Vertrag kommt dann nicht zustande. Dig. 2, 1, 15 (Julian). S. heute dagegen §§ 119, 142, 2078 u. 155 BGB u. 871–873 österr. ABGB. S.a. E 27 u. J 116.

101. **Non creditur referenti, nisi constat de relato.** Dem Weitergebenden glaubt man nur, wenn das Weitergegebene feststeht. Zeugen vom Hörensagen haben als Beweismittel kein eigenes Gewicht. S. heute § 250 StPO.

102. **Non debet actori licere, quod reo non permittitur.** Dem Kläger darf nicht erlaubt sein, was dem Beklagten nicht gestattet wird. Dig. 50, 17, 41 pr. (Ulpian). S.a. Nr. 121.

103. **Non debet aliquis alterius odio praegravari.** Um einen Dritten zu treffen, darf man niemanden benachteiligen. Z.B. ist eine Enterbung des eigenen Kindes aus Abneigung gegen den anderen Elternteil unwirksam. Liber sextus 5, 13, 22 (Bonifaz VIII.). S. schon Cod. Just. 3, 28, 33 § 1 (Justinian).

104. **Non debet alteri per alterum iniqua conditio inferri.** Der eine darf nicht vom andern in eine ungünstige Lage gebracht werden. Die äußeren Bedingungen für wirksamen Rechtsschutz dürfen nicht zu Lasten eines Teils manipuliert werden. Betraf ursprünglich nur die Prorogation. Dig. 50, 17, 74 (Papinian). S. heute §§ 38–40 ZPO.

105. **Non debet calamitas matris nocere ei qui in utero est.** Ein der Mutter zugestoßenes Unheil darf dem Kind im Mutterleib nicht schaden. Verschlechtert sich der Status der Mutter zwischen Empfängnis und Geburt des Kindes, wird sie z.B. in dieser Zeit geschieden, so erlangt das Kind doch den besseren Status, im Beispiel als eheliches Kind des geschiedenen Mannes. S. Dig. 1, 5, 5 § 2 a.E. (Marcian). Heute weitgehend gegenstandslos.

106. **Non decipitur, qui scit se decipi.** Wer weiß, daß er getäuscht wird, wird nicht getäuscht. S. heute etwa § 442 Abs. 1 BGB. S.a. S 3 u. 5. Vgl. sofort Nr. 182.

107. **Non deficit jus, sed probatio.** Es fehlt nicht am Recht, sondern am Beweis. Nicht das Recht ist lückenhaft; wohl aber fehlt es oft an den nötigen Beweisen. S. Dig. 26, 2, 30 g. E. (Paulus).

108. **Non dicta revocari nequeunt.** Nicht Gesagtes kann nicht widerrufen werden.

109. **Non donat, qui necessariis oneribus succurrit.** Wer notwendige Kosten übernimmt, schenkt nicht. Wer z.B. die Fahrtkosten für eine ihm zuliebe gemachte Reise übernimmt, ist nicht wie ein Schenker zu behandeln, sondern wie ein Auftraggeber bzw. Geschäftsherr ohne Auftrag. Dig. 24, 1, 22 pr. g.E. (Ulpian unt. Berfg. a. Papinian).

110. **Non est in mora, qui potest exceptione legitima se tueri.** Wer eine anerkannte Einwendung vorschützen kann, ist nicht in Verzug. Liber sextus 5, 13, 60 (Bonifaz VIII.). S. schon Dig. 12, 1, 40 g.E. (Paulus). S. heute § 286 Abs. 4 BGB.

111. **Non est obligatorium contra bonos mores praestitum juramentum.** Ein eidliches Versprechen, das den guten Sitten zuwider geleistet wurde, ist nicht verbindlich. Liber sextus 5, 13, 58 (Bonifaz VIII.). S. heute § 138 Abs. 1 BGB. S. a. J 88.

112. **Non est regula, quin fallit.** Es gibt keine Regel, die nicht täuscht. Aus jeder Rechtsregel können unannehmbare Folgerungen abgeleitet werden; Rechtsregeln haben immer unscharfe Bereiche. S. Dig. 50, 17, 202 (Javolen). Vgl. Nr. 115.

113. **Non est sine culpa, qui rei, quae ad eum non pertinet, se immiscet.** Nicht frei von Schuld ist, wer sich in eine Sache einmischt, die ihn nicht betrifft. Wer bei solcher Einmischung einen Schaden verursacht, muß ihn ersetzen. Liber sextus 5, 13, 19 (Bonifaz VIII.). S. schon Dig. 50, 17, 36 (Pomponius). S. heute § 1311 S. 2 Alt. 3 österr. ABGB. Vgl. V 16.

114. **Non exemplis, sed legibus judicandum est.** Nicht nach Präzedenzfällen, sondern nach den Gesetzen ist Recht zu sprechen. Cod. Just. 7, 45, 13 (Justinian). S. heute Art. 20 Abs. 3 GG. S. a. L 8.

115. **Non ex regula jus sumatur, sed ex jure, quod est, regula fiat.** Das Recht ist nicht einer Regel zu entnehmen, sondern aus dem vorhandenen Recht ist eine Regel zu bilden. Rechtsregeln sind

etwas Sekundäres, nicht etwa selbst Rechtsquelle. Dig. 50, 17, 1 (Paulus). Vgl. Nr. 112.

116. **Non facias malum, ut inde fiat bonum.** Tu nicht Böses, damit daraus Gutes entsteht. Nachdrücklichere Formulierung von sofort Nr. 143. S. ab. a. C 125.

117. **Non facile debet admitti voluntatis divisio.** Man darf nicht ohne weiteres eine Willensspaltung annehmen. Bei der Auslegung zumal letztwilliger Verfügungen kann man nicht davon ausgehen, daß der Erklärende mit demselben Ausdruck einmal dies und ein anderes Mal etwas anderes oder sonst schwer miteinander Vereinbares gemeint habe. S. Dig. 34, 9, 18 § 2 a.E. (Papinian).

118. **Non facit fraudem, qui facit, quod debet.** Wer tut, was er schuldig ist, tut kein Unrecht.

119. **Non firmatur tractu temporis, quod de jure ab initio non subsistit.** Durch Zeitablauf wird nicht gefestigt, was von Rechts wegen von Anbeginn keinen Bestand hat. Richtet sich gegen eine unbegrenzte Ausweitung des der Ersitzung und der Verjährung zugrundeliegenden Rechtsgedankens. Liber sextus 5, 13, 18 (Bonifaz VIII.). S. schon Q 84. S.a. A 4.

120. **Non innocens est timidus, qui legem timet.** Ein Ängstlicher, der das Gesetz fürchtet, ist nicht rechtschaffen. Pseudo-Seneca, Proverbia 38.

121. **Non licet actori, quod reo licitum non existit.** Dem Kläger ist nicht erlaubt, was dem Beklagten nicht zusteht. Liber sextus 5, 13, 32 (Bonifaz VIII.). S. schon Nr. 102.

122. **Non liquet.** (Die Sache) Ist nicht klar. Mit der Begründung „Res mihi non liquet“ (Mir ist ...) konnte ein römischer Einzelrichter sein Amt zur Verfügung stellen, ein Kollegialrichter sich der Stimme enthalten. Cicero, Rede für Cluentius § 76; u. Gellius, Noctes Atticae 14, 2, 25 a.E. S.a. Dig. 4, 8, 13 § 4 (Ulpian); u. 42, 1, 36 (Paulus unt. Berfg. a. Pomponius).

123. **Non negligentibus subvenitur, sed necessitate rerum impeditis.** Nicht den Nachlässigen wird geholfen, sondern den durch Zwang der Verhältnisse Verhinderten. Betrifft die Wiedereinsetzung in den vorigen Stand. S. heute §§ 233 ZPO u. 44 StPO.

124. **Non omne, quod licet, honestum est.** Nicht alles, was erlaubt ist, ist ehrenhaft. Dig. 50, 17, 144 pr. (Paulus). S. a. 50, 17, 197 (Modestin). Ulrich von Lübtow, De iustitia et iure, in: SZ 66 (1948) 543 f.

125. **Non omnis vox judicis continet autoritatem.** Nicht jedes Wort des Richters hat Rechtskraft. Cod. Just. 7, 45, 7 pr. g. E. (Diokletian).

126. **Non omnium, quae a majoribus constituta sunt, ratio reddi potest.** Nicht bei allem, was die Vorfahren festgelegt haben, kann ein Sinn angegeben werden. Dig. 1, 3, 20 (Julian). S. a. Q 75 u. R 6.

127. **Non petitur bonae fidei exuberantia inter mercatores.** Unter Kaufleuten wird Treu und Glauben nicht im Übermaß verlangt. Unter Kaufleuten verfährt man in stärkerem Maße nach strengem Recht als bei Beteiligung von Nichtkaufleuten. S. heute etwa §§ 348 f., 363, 368, 371 f., 375 u. 377 HGB.

128. **Non plus habere creditor potest, quam habet, qui pignus dedit.** Der (Pfand-)Gläubiger kann nicht mehr haben als der Verpfänder. Bei einer Verpfändung gehen alle Mängel am Recht des Verpfänders auf den Pfandgläubiger mit über. Dig. 20, 1, 3 § 1 g. A. (Papinian). S. heute dagegen §§ 1207 f. BGB. Vgl. Nr. 40 u. 63.

129. **Non plus in accessione potest esse, quam in principali obligatione.** In einem Nebenrecht kann nicht mehr enthalten sein als in der Hauptverbindlichkeit. Betrifft das Verhältnis von Forderung und Sicherungsrechten, insbes. aus Pfand und Bürgschaft. S. Inst. 3, 20 § 5 (Gajus). S. heute §§ 767, 1118 u. 1210 BGB.

130. **Non potest commodari, quod usu consumitur.** Was durch Gebrauch verbraucht wird, kann nicht verliehen werden. Werden solche Sachen „verliehen“, so liegt in Wahrheit ein Darlehen vor. S. Dig. 13, 6, 3 § 6 (Ulpian). Vgl. heute §§ 1067, 1075 Abs. 2 u. 1084 BGB.

131. **Non potest improbus videri, qui ignorat quantum solvere debet.** Als unredlich kann nicht gelten, wer den Umfang seiner Schulden nicht kennt. Überschuldung allein ist nicht strafwürdig. Dig. 50, 17, 99 (Venulejus). S. heute § 283 StGB.

132. **Non potest rex gratiam facere cum injuria et damno aliorum.** Der Herrscher darf keine Gunst erweisen unter Verletzung und zum Schaden anderer. Auszeichnungen dürfen nicht zu Lasten Dritter gehen.

133. **Non praebemus luxuriantibus, sed caste viventibus legem.** Wir geben das Gesetz nicht für die ausschweifend, sondern für die bescheiden Lebenden. Nov. 18, 5 g.E. (Justinian). S.a. J 183 u. L 35. Vgl. D 21. Vgl. heute indessen §§ 1573–1575 u. 1578 BGB.

134. **Non praestat impedimentum, quod de jure non sortitur effectum.** Was rechtens keine Wirkung erlangt, schafft kein Hindernis. So bedeutet eine Nichtehe kein Hindernis, daß einer der Beteiligten mit einem Dritten eine Ehe eingeht; eine unwirksame Klagerhebung kein Hindernis für neuerliches Anhängigmachen der Sache. Liber sextus 5, 13, 52 (Bonifaz VIII.). S. schon Damasus, Regulae canonicae 89.

135. **Non pretii numeratio, sed conventio perficit emtionem.** Nicht die Zahlung des Preises, sondern die Einigung macht den Kauf bindend. Dig. 18, 1, 2 § 1 a.E. (Ulpian). S. heute § 433 BGB.

136. **Non refert an quis assensum praefert verbis an rebus et factis.** Es ist unerheblich, ob jemand seine Zustimmung in Worten vorträgt oder durch Leistungen und Taten. Schlüssiges Verhalten genügt für eine Willenserklärung. S.a. E 2.

137. **Non refert, quid notum judici, si notum non sit in forma judicii.** Es ist unbeachtlich, was dem Richter bekannt ist, wenn es ihm nicht gerichtsförmlich bekannt geworden ist. Urteile dürfen nur auf solche Tatsachen gestützt werden, die Gegenstand der Verhandlung waren und im Prozeß gegebenenfalls erhärtet worden sind. S. heute §§ 264 Abs. 1 StPO u. 309 ZPO. S.a. sofort Nr. 142 u. 150.

138. **Non servata forma corruit actus.** Ist die Form nicht gewahrt, so bricht der Geschäftsabschluß zusammen. S. Nicolaus Everardi, Loci argumentorum legales 10, 2. S. heute § 125 BGB. S.a. A 39, F 44 u. Q 107.

139. **Non solent, quae abundant, vitiare scripturas.** Was überflüssig ist, pflegt Schriftstücke nicht fehlerhaft zu machen. Dig. 50, 17, 94 (Ulpian). S.a. A 11 u. S 83f.

140. **Non solet locatio dominium mutare.** Eine Vermietung oder Verpachtung pflegt das Eigentum nicht wechseln zu lassen. Bei Miete und Pacht bleibt das Eigentum am Vertragsobjekt unverändert, Mieter und Pächter erlangen nur Besitz. Dig. 19, 2, 39 (Ulpian). Vgl. soeben Nr. 35.

141. **Non solum res possunt legari, sed etiam facta.** Nicht nur Sachen können vermacht werden, sondern auch Taten. Durch Vermächtnis kann auch ein Tun angeordnet werden. S. Dionysius Gothofredus, Summarium zu Inst. 2, 20 § 21 g. E. (glossierte Ausg.). S. heute § 1939 BGB.

142. **Non sufficit judex sciat, sed ordine jurisdictionis scire oportet.** Es genügt nicht, daß der Richter weiß, sondern er muß nach der Prozeßordnung wissen. Was er verwertet, muß Gegenstand der Verhandlung gewesen sein. S. heute §§ 264 Abs. 1 StPO u. 309 ZPO. S. a. Nr. 137 u. Nr. 150.

143. **Non sunt facienda mala, ut eveniant bona.** Es darf nicht Böses getan werden, damit Gutes daraus hervorgeht. Damasus, Regulae canonicae 97. S. a. Nr. 116, ab. a. C 125.

144. **Non sunt fructus nisi deductis impensis.** Früchte sind nur, was nach Abzug der Kosten übrigbleibt. Einprägsamere Fassung von F 55. S. heute § 102 BGB.

145. **Non sunt judicandae leges.** Die Gesetze dürfen nicht gerichtet werden. Der Richter hat sich einer Bewertung der Gesetze zu enthalten. Vgl. Nr. 26 u. S 68.

146. **Non sunt neganda clara propter quaedam obscura.** Einzelner dunkler Punkte wegen darf Erwiesenes nicht vom Tisch gewischt werden.

147. **Non videbitur reddita res, quae deterior facta redditur.** Eine Sache, die in verschlechtertem Zustand zurückgegeben wird, gilt als nicht zurückgegeben. Bei Rückgabeverpflichtungen muß man die betreffende Sache nicht nur überhaupt, sondern auch in ordnungsgemäßem Zustand zurückgeben; andernfalls haftet man fort. Dig. 13, 6, 3 § 1 (Ulpian).

148. **Non videtur vim facere, qui suo jure utitur.** Gewalt übt ersichtlich nicht, wer sein Recht ausübt. Dig. 50, 17, 155 § 1 (Paulus). S. a. Nr. 25.

149. **Noscitur a sociis.** Von seinen Gesellschaftern nimmt man Kenntnis. Als Gesellschafter akzeptiert man nur jemand, dessen Eigenheiten man kennt und in Kauf nimmt. Untereinander haften Gesellschafter nur für eigenübliche Sorgfalt. S. heute § 708 BGB.

150. **Nostrum est judicare secundum allegata et probata.** Es ist unsere Aufgabe, nach dem Vorgebrachten und Bewiesenen zu urteilen. Der Richter kann und darf nur nach dem urteilen, was im Prozeß zu Tage getreten ist. S. Bartolus, Komm. a. A. zu Dig. 1, 18, 6 § 1. S. heute §§ 264 Abs. 1 StPO u. 309 ZPO. S. a. Nr. 137 u. 142.

151. **Notorium non eget probatione.** Allbekanntes bedarf keines Beweises. S. Glosse Quia manifestum fuit zu Dig. 19, 1, 11 § 12 (Accursius). S. heute §§ 244 Abs. 3 S. 2 StPO u. 291 ZPO. S. a. M 24. Vgl. L 39.

152. **Nova constitutio futuris formam imponere debet, non praeteritis.** Eine neue Bestimmung kann für Zukünftiges eine Form auferlegen, nicht aber für Vergangenes. Neue Formvorschriften dürfen bereits vorgenommene Rechtsgeschäfte nicht berühren. S. a. C 72.

153. **Novissima voluntas servatur.** Der letzte Wille wird beachtet. Von mehreren einander widersprechenden testamentarischen Bestimmungen ist die jüngste maßgebend. Dig. 34, 4, 6 § 2 a. E. (Paulus). S. heute §§ 2253 Abs. 1 u. 2258 Abs. 1, ab. a. 2271 BGB. S. a. S 86. Vgl. A 89, J 128 u. P 2.

154. **Novissimus totus dies completus esse debet.** Der ganze letzte Tag muß abgelaufen sein. Dann endet eine Frist. S. Dig. 44, 7, 6 (Paulus). S. heute § 188 BGB. S. a. D 35.

155. **Novum judicium non dat jus novum, sed declarat antiquum.** Ein neues Urteil schafft kein neues Recht, sondern verdeutlicht das alte. Daß eine Änderung der Rechtsprechung neues Recht setzt, wird vielfach ignoriert, so daß z. B. soeben Nr. 152 nicht bei richterrechtlicher Ausdehnung von Formvorschriften gewährleistet ist.

156. **Nulla est major probatio, quam evidentia rei.** Es gibt keinen besseren Beweis als den Augenschein.

157. **Nulla fortior probatio, quam confessio partis.** Es gibt keinen stärkeren Beweis als das Geständnis der Partei. S. a. C 57, H 1 u. P 117, ab. a. C 58.

158. **Nulla mora sine petitione.** Kein Verzug ohne Klagemöglichkeit. Verzug setzt eine vollwirksame Forderung voraus. S. Dig. 50, 17, 88 = 45, 1, 127 g. E. (Cervidius Skävola). S. heute § 286 Abs. 1 BGB.

159. **Nulla pactione effici potest, ne dolus praestetur.** Durch keine Vereinbarung kann bewirkt werden, daß man nicht für Vorsatz haftet. Dig. 2, 14, 27 § 3 (Paulus). S. heute § 276 Abs. 3 BGB. S. a. D 55. Vgl. D 57 u. 59.

160. **Nulla poena sine culpa.** Keine Strafe ohne Schuld. Kurzfassung von S 37.

161. **Nulla poena sine lege.** Keine Strafe ohne Gesetz. Paul Johann Anselm von Feuerbach, Lehrbuch des gemeinen in Deutschland gültigen peinlichen Rechts (1. Aufl. Gießen 1801) § 20. S. schon Dig. 50, 16, 131 § 1 S. 2 Hs. 2 (Ulpian); u. 50, 16, 244 g. E. (Paulus). Hans Ludwig Schreiber, Gesetz und Richter – Zur geschichtlichen Entwicklung des Satzes nullum crimen nulla ... (Frankfurt 1976) 17; Liebs, Alexander Severus und das Strafrecht, in: Bonner Historia-Augusta-Colloquium 1977/78 (Bonn 1980) 122 f.; Joachim Bohnert, P. J. A. Feuerbach und der Bestimmtheitsgrundsatz im Strafrecht (Heidelberg 1982); u. J. P. A. Coopmans, Nullum delictum, nulla poena sine praevia lege poenali, in: Brocardica (s. oben A 32) 21–26. S. heute Art. 103 Abs. 2 GG = § 1 StGB. S. a. L 27 u. sofort Nr. 168.

162. **Nulla societas in aeternum.** Keine Gesellschaft in alle Ewigkeit. Eine auf unbestimmte Zeit eingegangene Gesellschaft ist jederzeit kündbar. S. Dig. 17, 2, 70 (Paulus). S. heute § 723 Abs. 1 S. 1 u. Abs. 3 BGB.

163. **Nulla taxatio sine repraesentatione.** Keine Besteuerung ohne Vertretung. Ohne parlamentarische Vertretung der zu Besteuernden und Bewilligung der Steuern durch sie darf der Herrscher keine Steuern erheben. Satz des mittelalterlichen und frühneuzeitlichen Staatsrechts und Grundlage des Parlamentarismus.

164. **Nulli querelae subjectus est, qui rem quasi suam neglexit.** Wer eine Sache im Glauben, sie gehöre ihm, vernachlässigt hat, kann nicht belangt werden. S. Dig. 5, 3, 31 § 3 (Ulpian). S. heute § 989 i.V.m. § 993 Abs. 1 Hs. 2 BGB.

165. **Nulli res sua servit.** Niemandem dient seine eigene Sache. Zugunsten des Eigentümers einer Sache kann keine Dienstbarkeit an ihr bestehen. Dig. 8, 2, 26 (Paulus). S. heute § 1063 Abs. 1 BGB, ab. a. Abs. 2 u. § 889.

166. **Nullo actore nullus judex.** Wo kein Kläger, da kein Richter. Die Gerichte werden nur tätig, wenn jemand sie anruft, Klage oder Anklage erhebt. S. a. Nr. 57 u. J 151.

167. **Nullo modo usurae usurarum a debitoribus exigantur.** Auf keine Weise dürfen Zinseszinsen vom Schuldner gefordert werden. Cod. Just. 4, 32, 28 pr. a.A. (Justinian). S. heute §§ 248 u. 289 BGB.

168. **Nullum crimen nulla poena sine lege.** Kein Verbrechen, keine Strafe ohne Gesetz. Präzisierung von soeben Nr. 161.

169. **Nullum crimen patitur, qui non prohibet cum prohibere potest.** Keines Verbrechens macht sich schuldig, wer es nicht verhindert, obwohl er es verhindern kann. Allein dadurch macht man sich noch nicht mitschuldig. Dig. 50, 17, 109 (Paulus). S. ab. a. C 112 sowie O 3.

170. **Nullum crimen sine poena.** Kein Verbrechen ohne Strafe. Alle Verbrechen müssen gesühnt werden; die Gerichte dürfen niemand, der sich als Verbrecher erweist, straffrei ausgehen lassen. S. heute § 60 S. 2 i.V.m. § 12 Abs. 1 StGB, ab. etwa a. §§ 157 Abs. 1 u. 158 Abs. 1 StGB sowie 153d u. 153e StPO. Andere Bedeutung: Was nicht mit Strafe bedroht ist, darf nicht ‚Verbrechen' genannt werden. S. heute § 12 StGB.

171. **Nullum exemplum est idem omnibus.** Kein Präzedenzfall ist völlig gleich. Ein Präjudiz kann immer nur in einzelnen Hinsichten herangezogen werden.

172. **Nullum tempus occurrit regi.** Den König hindert keine Zeit. Nämlich Recht zu sprechen; ein Monarch in seiner Funktion als oberster Richter braucht sich an Gerichtszeiten nicht zu halten. Broom 32–35. S.a. Nr. 13.

173. **Nullus commodum capere potest ex sua injuria propria.** Niemand kann aus von ihm begangenem Unrecht einen Vorteil ziehen. Cheng S. 149–158. S. a. C 42 u. E 54.

174. **Nullus describatur reus, priusquam convincatur.** Niemand darf als schuldig bezeichnet werden, bevor er überführt wird. Burchard von Worms, Decretum 16, 6 Summarium.

175. **Nullus ex consilio (dummodo fraudulentum non fuerit) obligatur.** Niemand wird aus einem Rat (solange er nicht arglistig gewesen ist) verpflichtet. Liber sextus 5, 13, 62 (Bonifaz VIII.). S. schon Dig. 17, 1, 2 § 6 g. E. (Ulpian) u. C 70. S. a. E 44, soeben Nr. 47 u. Q 43.

176. **Nullus pluribus uti defensionibus prohibetur.** Niemand ist gehindert, sich mehrerer Verteidigungsmöglichkeiten zu bedienen. Liber sextus 5, 13, 20 (Bonifaz VIII.). S. schon soeben Nr. 70. S. heute § 146 ZPO.

177. **Nullus videtur dolo facere, qui suo jure utitur.** Niemand handelt arglistig, der von seinem Recht Gebrauch macht. Dig. 50, 17, 55 (Gajus). S. a. Nr. 25.

178. **Numerantur sententiae, non ponderantur.** Die Stimmen werden gezählt und nicht gewogen. Betrifft das Verfahren bei Abstimmungen. Plinius d. J., Epistulae 2, 12, 5 a. A. S. a. Q 136.

179. **Numquam crescit ex post facto praeteriti delicti aestimatio.** Ein beendetes Delikt wird niemals auf Grund späterer Ereignisse schwerer bewertet. Dig. 50, 17, 138 § 1 (Paulus). S. heute § 46 StGB.

180. **Numquam fictio sine lege.** Keine Fiktion ohne Gesetz. Im Recht kann nur ein Gesetz eine Fiktion aufstellen, nicht etwa Rechtsprechung noch Rechtslehre.

181. **Numquam nuda traditio transfert dominium.** Niemals überträgt die bloße Übergabe Eigentum. Hinzu kommen muß ein Vertrag über den Eigentumsübergang. Dig. 41, 1, 31 pr. (Paulus). S. heute § 929 S. 1 BGB.

182. **Numquam volenti dolus infertur.** Einem Einverstandenen wird niemals Arglist zugefügt. S. Cod. Just. 2, 4, 34 (Diokletian). S. a. S 5. Vgl. soeben Nr. 106 u. V 36.

O

1. **Obligatio semel extincta non reviviscit.** Eine einmal erloschene Verbindlichkeit lebt nicht wieder auf. S. Cod. Just. 8, 25 (26), 9 a. E. (Diokletian). S. schon Dig. 2, 14, 27 § 2 Mitte u. 46, 3, 98 § 8 g. A. (beides Paulus). S. a. A 27.

2. **Obtemperandum est consuetudini rationabili tamquam legi.** Vernünftiger Gewohnheit ist nachzukommen wie einem Gesetz. S. a. J 131.

3. **Occidit, qui non servat periturum, ubi potest.** Wer bei Lebensgefahr nicht hilft, obwohl er kann, tötet. S. Vinzenz von Beauvais, Speculum doctrinale 4, 67 g. E. S. heute § 13 StGB, ab. a. § 323 c StGB. S. ab. a. N 169.

4. **Occupantis est melior conditio.** Die Stellung des Zupackenden ist besser. Glosse Debebit zu Dig. 39, 5, 12. Betraf ursprünglich die Klagerhebung. S. Dig. 15, 1, 10; 15, 3, 4 (beides Gajus); 42, 1, 19 pr.; 3, 3, 32; 14, 4, 6 (alles Paulus); 9, 4, 14 pr.; 14, 5, 3 (beides Ulpian); u. Cod. Just. 6, 38, 4 pr. (Justinian). S. heute etwa § 804 Abs. 3 ZPO. Vgl. P 98 u. Q 72.

5. **Oculi et aures vulgi testes sunt mali.** Augen und Ohren des Volkes sind schlechte Zeugen. Cäcilius Balbus, Sentenzen 63.

6. **Odia restringi et favores convenit ampliari.** Es ist richtig, Nachteiliges eng begrenzt und Günstiges weit aufzufassen. Liber sextus 5, 13, 15 (Bonifaz VIII.). S. a. F 19 u. das Folgende.

7. **Odia sunt restringenda, favores ampliandi.** Nachteiliges ist eng zu begrenzen, Günstiges auszuweiten. Glosse Adiuvandae zu Dig. 28, 2, 19 (Johannes Bassianus?). S. a. F 19 u. das Vorige.

8. **Officii necessitas excusat.** Amtspflicht entschuldigt. Wer in Erfüllung seiner Pflichten aus einem öffentlichen Amt jemand, wie sich später herausstellt, zu Unrecht verfolgt hat, erleidet daraus keine Rechtsnachteile. Dig. 34, 9, 5 § 13 a. E. (Paulus).

9. **Officium suum nemini debet esse damnosum.** Pflichterfüllung darf niemandem zum Schaden gereichen. Wer seinen Amts- oder staatsbürgerlichen Pflichten nachkommt, z. B. als Dienstreisender, Zeuge, Vormund u. ä., bekommt Auslagen und Verluste, die er in Zusammenhang mit seiner Aufgabe gehabt hat, erstattet. Damasus, Regulae canonicae 76. S. schon Dig. 29, 3, 7 Mitte (Gajus).

10. **Olim possessor hodie possessor: semper possessor.** Einst Besitzer und jetzt Besitzer: ununterbrochen Besitzer. Betrifft den zur Ersitzung nötigen Beweis ununterbrochenen Besitzes: Wer beweisen kann, daß er zu einem früheren Zeitpunkt besaß, und gleichzeitig jetzt besitzt, von dem wird bis zum Beweis des Gegenteils angenommen, daß er auch in der Zwischenzeit besessen habe. S. heute § 938 BGB. S. a. Q 16.

11. **Omne crimen ebrietas et incendit et detegit.** Trunkenheit veranlaßt und verrät jedes Verbrechen.

12. **Omne promissum cadit in debitum.** Jedes Versprechen wird zur Schuld. Schuldversprechen zeitigen Schuldverpflichtungen.

‚Omne' qui dicit . . . s. Q 68.

13. **Omnes homines aequales sunt.** Alle Menschen sind gleich. Dig. 50, 17, 32 a. E. (Ulpian). S. heute Art. 3 Abs. 1 GG. S. a. J 78.

14. **Omne testamentum morte consummatum est.** Testamente werden immer erst mit dem Tod voll wirksam.

15. **Omnia delicta in aperto leviora sunt.** Alle offen begangenen Vergehen sind leichter. S. a. Q 29.

16. **Omnia praesumuntur contra spoliatorem.** Gegen den Eigenmächtigen kehren sich alle Vermutungen. Glattere Fassung von J 92.

17. **Omnia praesumuntur legitime facta, donec probetur contrarium.** Bis zum Beweis des Gegenteils wird angenommen, daß alles rechtmäßig geschehen sei. Vgl. A 52 u. Q 96.

18. **Omnia probant, quod non singula.** Alles zusammen beweist, was keins allein beweisen würde. S. a. Q 9.

19. **Omni obligationi fidejussor accedere potest.** Jeder Verbindlichkeit kann ein Bürge beitreten. S. Dig. 46, 1, 8 § 6 (Ulpian). S. heute § 765 BGB.

20. **Omnis definitio in jure civili periculosa est.** Jede Begriffsbestimmung im positiven Recht ist gewagt. Dig. 50, 17, 202 a. A. (Javolen) u. dazu Bernd Eckardt, Javoleni epistulae (Berlin 1978) 179 f.; u. B. H. Stolte, Omnis . . ., in: Brocardica (s. oben A 32) 103–106.

21. **Omnis privatio praesupponit habitum.** Jede Entziehung setzt Innehabung voraus. Ein Recht oder eine Position kann nur dem entzogen werden, der es bzw. sie innehat; wer es nicht (mehr) hat, dem kann es nicht entzogen werden. S. Dionysius Gothofredus, Außenglosse Privatio zu Glosse Non amitti zu Dig. 7, 4, 1 § 1 a. E.; zu Glosse Attentari potest zu Dig. 12, 6, 23 § 1 a. E.; zu Glosse Ad distrahendam zu Dig. 19, 1, 11 § 6; zu Glosse Separatio zu Dig. 42, 7, 1 § 6 g. E.; u. zu Glosse Cum quis zu Cod. Just. 1, 18, 10 a. A. S. schon Bartolus, Komm. 1 zu Dig. 45, 1, 116. Vgl. E 59, N 40, 52 u. 86.

22. **Omnis qui profitetur artem, culpam levissimam praestat.** Jeder, der ein Metier zu beherrschen kundtut, haftet für leichteste Fahrlässigkeit. Wer im Rahmen seines Berufs für andere tätig wird, hat dabei die berufsspezifischen Sorgfaltsregeln einzuhalten; läßt er es daran auch nur im geringsten fehlen, so hat er einen daraus entstehenden Schaden zu ersetzen. S. heute §§ 276 Abs. 2 BGB u. etwa 347 Abs. 1 HGB. S. a. S 61.

23. **Omnis res per quascumque causas nascitur, per easdem dissolvitur.** Jede Sache wird, wodurch immer sie ins Leben gerufen wird, eben dadurch wieder aufgelöst. Betrifft alle Arten von Rechtshandlungen. Dekret Gratians 2, 27, 2, 4 a. A. (Pseudo-Johannes Chrysostomus). S. schon E 24, P 127 u. Q 134 f.

24. **Omnium contributione sarciatur, quod pro omnibus datum est.** Durch aller Beitrag ist wiedereinzubringen, was für alle ausgegeben worden ist. Betrifft zur Rettung aus gemeinsamer Gefahr Geopfertes, insbes. Seewurf. Dig. 14, 2, 1 a. E. (Paulus). S. heute §§ 700–733 HGB.

25. **Optima legum interpres consuetudo.** Die beste Deuterin der Gesetze ist die Übung. Dig. 1, 3, 37 a. E. (Paulus). S. a. C 74, M 48 u. das Folgende. Vgl. A 98.

26. **Optimus** interpres **rerum usus.** Der beste Deuter der Dinge ist ihr Gebrauch. S. a. J 107 u. das Vorige.

27. **Optio unico actu consumitur.** Eine Option wird durch einmalige Ausübung verbraucht. Das Optionsrecht ist ein Gestaltungsrecht. S. Dig. 33, 5, 2 §§ 2 u. 3 (Ulpian).

P

1. **Pacta dant legem contractui.** Das Vereinbarte gibt dem Vertrag das Gesetz. Bei Verträgen ist maßgebend, worüber sich die Vertragschließenden verständigt haben. S. Dig. 2, 14, 7 § 5 g.E. (Ulpian). S.a. C 79, 91 u. 92. Vgl. V 8.

2. **Pacta novissima servari oportet.** Die neuesten Vereinbarungen müssen eingehalten werden. Bei mehreren zwischen denselben Parteien getroffenen Vereinbarungen ist, soweit sie einander widersprechen, die jüngste maßgebend. Cod. Just. 2, 3, 12 (Alexander Severus). Vgl. N 153.

3. **Pacta sunt servanda.** Verträge müssen eingehalten werden. Und zwar grundsätzlich alle. S. Dekretalen 1, 35, 1 Summarium (Gregor IX.). S. schon Dig. 2, 14, 7 § 7 (Ulpian unt. Berfg. a. das Edikt des römischen Prätors); 2, 14, 1 pr. a.E. (Ulpian); u. Cicero, De officiis 3, 92 Mitte. Liebs, Römisches Recht 216-223. Cheng S. 112–114. Robert Feenstra u. Margreet Ahsmann, Contract (Deventer 1980).

4. **Pactum de successione futura est illicitum.** Ein Vertrag über eine zukünftige Erbschaft ist unzulässig. Damasus, Regulae canonicae 70. S. schon Cod. Just. 8, 38, 4 (Diokletian). S. heute § 311 b Abs. 4 u. 5 BGB.

4a. **Par delinquentis et suasoris culpa est.** Die Schuld des Täters und des Anstifters ist gleich. Anstifter sind ebenso zu bestrafen wie Täter. Andreas Alciat, Emblematum liber (Augsburg 1531) Bl. 23 Rücks. S. heute § 26 StGB.

5. **Paria delicta mutua compensatione tolluntur.** Gleiche Vergehen werden durch gegenseitige Kompensation aufgehoben. Haben beide Seiten einander gleichschweres Unrecht zugefügt, so bleibt es unberücksichtigt. Glosse Deteriore zu Dig. 2, 7, 2. Betraf ursprünglich nur Eheverfehlungen, s. Dig. 24, 3, 39 a.E. (Papinian). S. heute §§ 199 u. 233 StGB. S. ab. a. J 83.

6. **Paribus delictis par imponenda est poena.** Gleiche Taten sind gleich zu bestrafen. Dionysius Gothofredus, Anm. zu Nov. 127 cap. 4 g. E. Vgl. sofort Nr. 55.

7. **Paribus sententiis reus absolvitur.** Bei Stimmengleichheit wird der Angeklagte freigesprochen bzw. die Klage abgewiesen. Für eine Verurteilung ist Stimmenmehrheit im Richterkollegium erforderlich. S. Dig. 42, 1, 38 pr. (Paulus). S. heute §§ 196 GVG u. 263 StPO.

8. **Par (judex) in parem non habet imperium.** Ein Gleicher (gleichrangiger Richter) hat über einen Gleichen keine Macht. Gleichrangige Herrschaftsträger können einander nicht befehlen. Später aufs Völkerrecht übertragen zur Bestimmung des Verhältnisses souveräner Mächte zueinander. Glosse Imperium zu Dig. 36, 1, 13 § 4. S. schon dort u. Dig. 4, 8, 3 § 4 (beides Ulpian); u. 4, 8, 4 (Paulus).

9. **Pars major pars sanior.** Der größere Teil ist der heilsamere Teil. Rechtfertigung des Mehrheitsprinzips. S. Dekretalen 3, 11, 1 (3. Laterankonzil). Ferdinand Elsener, Zur Geschichte des Majoritätsprinzips, in: SZ Kan. 42 (1956) 108–110.

10. **Partes concursu fiunt.** Erbteile entstehen durch Zusammentreffen (mehrerer Erben). Fallen dagegen Miterben weg, so entfällt deren Erbteil, wächst er dem (oder den) verbleibenden Erbteil(en) an. Dig. 32, 80 a. E. (Celsus). S. heute § 2094 Abs. 1 BGB.

11. **Partes renuntiantium accrescunt invitis.** Die Erbteile der Ausschlagenden wachsen den Verbleibenden ohne ihren Willen an. S. heute § 1953 Abs. 1 u. 2 BGB.

12. **Partis eadem ratio est quae totius rei.** Der Teil folgt denselben Regeln wie die ganze Sache. Was für ein Ganzes gilt, gilt entsprechend für seine Teile. S. heute etwa § 1922 Abs. 2 BGB. S. a. J 129 u. vgl. A 99.

13. **Partus sequitur ventrem.** Das Neugeborene folgt dem Mutterleib. Jungtiere und Sklavenkinder gehören dem Eigentümer des Muttertieres bzw. der Mutter; der Eigentümer des Vatertieres bzw. des Vaters hat keine Rechte daran. Glosse Sed meum zu Dig. 6, 1, 5 § 2. S. schon Cod. Just. 3, 32, 7 (Philipp). S. heute §§ 953 i. V. m. 99 Abs. 1 BGB.

14. **Pater est, quem nuptiae demonstrant.** Vater ist, wen die Ehe bezeichnet. Als Vater des Kindes einer verheirateten Frau gilt der Ehemann. S. Dig. 2, 4, 5 (Paulus). Max Kaser, Beweislast und Vermutung im römischen Formularprozeß, in: SZ 71 (1954) 239f.; Karl Hackl, Praeiudicium im klassischen römischen Recht (Salzburg 1976) 240; u. zu modernen Bestrebungen Hans Friedhelm Gaul, Die pater-est-Regel der §§ 1591, 1592 BGB in ihrer herkömmlichen Bedeutung und in der Reformdiskussion, in: Festschrift für Joachim Gernhuber (Tübingen 1993) 619–649, zur Herkunft 629–634. S. heute Art. 312 Abs. 1 französ. Code civil; § 138 österr. ABGB; § 1592 Nr. 1 BGB; u. Can. 1138 § 1 Codex juris canonici. S. a. M 26. Vgl. sofort Nr. 16 u. F 33.

15. **Paterna paternis materna maternis.** Das väterliche Vermögen den väterlichen Verwandten, das mütterliche den mütterlichen. Betrifft die gesetzliche Erbfolge bei Tod ohne Abkömmlinge und ohne vollbürtige Geschwister; in diesem Fall soll das Vermögen in die Familie zurückgehen, aus der es gekommen ist. Im Mittelalter aus spätantiken Wurzeln in Ehegüterverträgen entwickelt. S. bis 1972 Art. 747 französ. Code civil. Vgl. F 47.

16. **Pater semper incertus.** Der Vater ist immer ungewiß. Wer der wirkliche Vater eines Kindes ist, steht mit absoluter Sicherheit nie fest. Vermutlich Umkehrung des ersten Halbsatzes von M 26. Elisabeth Koch, Pater . . ., in: Rechtshistorisches Journal 9 (1990) 107–124. S. a. F 33 u. vgl. soeben Nr. 14.

17. **Patria potestas in pietate debet, non atrocitate consistere.** Die väterliche Gewalt muß in Pflichterfüllung und darf nicht in Schreckensherrschaft bestehen. Dig. 48, 9, 5 a. E. (Marcian).

18. **Patroni petulantiam litigator luit.** Ausfälligkeiten ihres Anwalts büßt die Partei. S. Quintilian, Institutio oratoria 12, 9, 9 g. E.

19. **Patronum faciunt dos aedificatio fundus.** Zum (Kirchen-)Patron machen Dotation, Bau und Grundstück. Widmung eines Grundstücks, Kirchenbau und Ausstattung mit Vermögen müssen zusammenkommen, um ein Kirchenpatronat des Stifters zu begründen. Glosse Piae mentis g. A. zu Dekret Gratians 2, 16, 7, 26 a. A. (Johannes Teutonicus zitiert einen versus). Vgl. II 11

§ 569 preuß. ALR. Gilt heute nicht mehr, s. Can. 1450 § 1 Codex juris canonici 1917.

20. **Peccata contra naturam sunt gravissima.** Die widernatürlichen Verbrechen sind die schwersten. S. bis 1941 § 215 StGB.

21. **Peccati venia non datur nisi correcto.** Sündenvergebung wird nur dem Geläuterten gewährt. Satz der Moraltheologie. Liber sextus 5, 13, 5 (Bonifaz VIII.). S. heute Can. 1358 § 1 i. V. m. 1347 § 2 Codex juris canonici.

22. **Peccatum non dimittitur, nisi restituatur ablatum.** Eine Sünde wird nur erlassen, wenn das Entwendete zurückerstattet wird. Satz der Moraltheologie. Liber sextus 5, 13, 4 (Bonifaz VIII.). Udo Wolter, Das Prinzip der Naturalrestitution in § 249 BGB. Herkunft, historische Entwicklung und Bedeutung (Berlin 1985) 13 u. 36–43. S. heute die im Vorigen zitierten Can.

23. **Peccatum peccato addit, qui culpae, quam facit, patrocinium defensionis adjungit.** Seinem Vergehen fügt ein weiteres hinzu, wer dem Unrecht, das er tut, den Mantel einer Rechtfertigung umhängt. Wer sein Unrecht für Recht ausgibt, macht es noch schlimmer.

24. **Pectus facit jurisconsultum.** Das Herz macht den Juristen. S. Quintilian, Institutiones oratoriae 10, 7, 15 a. E.: **P. disertos facit.**

25. **Pecunia soluta praesumitur solventis, nisi contrarium probetur.** Bei Zahlungen wird vermutet, daß das Geld dem Zahlenden gehörte, wenn nicht das Gegenteil bewiesen wird. S. heute weitergehend § 935 Abs. 2 BGB i. V. m. Abs. 1 u. § 932.

26. **Pendente lite nihil innovetur.** Während eines schwebenden Rechtsstreits darf nichts verändert werden. S. L 67.

27. **Perfecta donatio conditiones postea non capit.** Eine vollendete Schenkung läßt nachträglich keine Auflagen zu. Zwar kann ein Schenker seine Zuwendung an Auflagen knüpfen, doch muß er das bei Abschluß des Geschäfts tun. Cod. Just. 8, 54, 4 S. 1 (Diokletian). S. heute § 525 Abs. 1 BGB.

28. **Periculum est emtoris.** Die Gefahr trägt der Käufer. Das Risiko, daß eine gekaufte Sache ohne Verschulden einer der beiden Parteien zwischen Abschluß und Vollzug des Geschäfts untergeht

oder schlechter wird, trägt der Käufer. Satz des römischen Rechts. S. Dig. 18, 6, 8 pr. (Paulus); u. Inst. 3, 23 § 3. Wolfgang Ernst, P. . ., in: SZ 99 (1982) 216–248; Zimmermann 281–292; u. Harald Siems, Zur Diskussion des Grundsatzes periculum . . . in der frühen Neuzeit, in: Grundlagen (s. J 117) 715–738. S. heute Art. 1647 Abs. 2 französ. Code civil u. § 56 S. 1 ZVG, ab. a. §§ 446 f. BGB u. 1064 i. V. m. 1048, 1051 österr. ABGB.

29. **Periculum est locatoris.** Die Gefahr trägt der Vermieter, Verpächter, Dienstverpflichtete bzw. Werkbesteller. Satz des gemeinen Rechts. Galt im römischen Recht nicht allgemein, s. Kaser, RP I 566 f., 570 u. 571; Zimmermann 369–371, 385 f. u. 401 f.; zum Dienstvertrag a. Liebs, JZ 1978, 703 Fn. 100. S. heute §§ 536, ab. a. 616 f. u. 644 BGB.

30. **Permutatio vicina est emtioni.** Der Tausch ist dem Kauf benachbart. Dig. 19, 4, 2 g. A. (Paulus unt. Berfg. a. Aristo). S. heute § 480 BGB.

31. **Per os filii pater loqui videtur.** Durch den Mund des Sohnes, meint man, spricht der Vater. Söhne sind die nächstliegenden Stellvertreter.

32. **Per se, non per alium debet quisque ecclesiae suae deservire.** Kirchendienst muß man persönlich, darf ihn nicht durch einen andern verrichten. Damasus, Regulae canonicae 67. Dasselbe gilt vom Staatsdienst. S. heute § 2 BRRG. S. a. Nr. 75.

33. **Persequi videtur et, qui satis accipit.** Auch wer Sicherheit annimmt, macht geltend. Sicherheitsleistung unterbricht die Verjährung eines Anspruchs ebenso wie wenn er gerichtlich geltend gemacht wird. Dig. 50, 16, 57 § 1 (Paulus). S. heute § 212 Abs. 1 Nr. 1 Alt. 3 BGB.

34. **Persona conjuncta aequiperatur interesse proprio.** Ein Angehöriger steht den eigenen Interessen gleich. Z. B. ist eine Willenserklärung auch dann wegen Drohung anfechtbar, wenn diese sich nicht gegen den Erklärenden selbst, sondern gegen einen Angehörigen richtete. S. heute etwa BGHZ 25, 217 ff.

35. **Persuadere plus est quam compellere parere.** Überzeugen ist mehr als zum Gehorsam zwingen. S. Dig. 11, 3, 1 § 3 a. A. (Ulpian).

36. **Petitori incumbit probatio.** Dem Kläger obliegt der Beweis. S. a. A 29 u. sofort Nr. 108. Vgl. A 61 u. E 12.

37. **Petitorium (sc. judicium) absorbet possessorium.** Ein Urteil im Herausgabestreit verschluckt ein Besitzschutzurteil. Die Besitzschutzverfahren regeln nur vorläufig; ihre Wirkung endet mit der endgültigen Klärung der Rechtsverhältnisse. S. heute § 864 Abs. 2 BGB.

38. **Pignoris causa est indivisa.** Die Pfandhaftung ist ungeteilt. Bei einer Verpfändung haftet die ganze Sache bzw. haften alle für eine Forderung verpfändeten Sachen, bis die Forderung vollständig getilgt ist; nicht etwa werden durch Teilzahlung Teile der verpfändeten Sache bzw., bei einem Pfandrecht an mehreren Sachen, einzelne von ihnen frei. S. Dig. 21, 2, 65 Mitte (Papinian). Andreas Wacke, Ungeteilte Pfandhaftung, in: Index 3 = 1972 (1973) 454–502; ders., Zur Pfandadjudikation im Erbteilungsprozeß, in: Festschr. Max Kaser 70. Geburtstag (München 1976) 502–506; u. J. A. Ankum, Pignoris . . ., in: Brocardica (s. oben A 32) 1–8. S. heute Art. 2083 französ. Code civil u. §§ 1222 u. 1132 BGB.

39. **Pignus pignori dari potest.** Ein Pfand kann verpfändet werden. Auch ein Pfandrecht, bzw. die von ihm gesicherte Forderung zusammen mit ihm, kann wiederum Gegenstand eines Pfandrechts sein. S. Dig. 13, 7, 40 § 2g. E. (Papinian). S. heute § 1273 Abs. 1 BGB.

40. **Plantae, quae terra coalescunt, solo cedunt.** Pflanzen, die mit der Erde verwurzelt sind, weichen dem Boden. Sie werden wesentlicher Bestandteil des Bodens und damit sonderrechtsunfähig. Inst. 2, 1 § 32 g.A. = Dig. 41, 1, 9 pr. g.A. (Gajus). S. heute etwas anders § 946 i.V.m. § 94 Abs. 1 S. 2 BGB. S. a. Q 38. Vgl. S 82.

41. **Pluralis locutio duorum numero est contenta.** Wer von Mehrzahl spricht, ist mit zweien zufrieden. Nicht etwa sind im Recht unter ‚Mehrzahl', ‚Mehrheit', ‚mehrere' mindestens drei zu verstehen. Liber sextus 5, 13, 40 (Bonifaz VIII.). S. schon Dig. 22, 5, 12 a. E. (Ulpian).

42. **Plures eandem rem in solidum possidere non possunt.** Mehrere können ein- und dieselbe Sache nicht vollständig besitzen. Sie

müssen den Besitz aufteilen oder sich verabreden, besitzen nur entweder einen realen Bruchteil oder ideell neben dem andern oder gestuft. Dig. 41, 2, 3 § 5 (Paulus). S.a. Dig. 13, 6, 5 § 15 (Ulpian unt. Berfg. a. Celsus). S. heute §§ 865, 866 u. 868 BGB. Vgl. D 76.

43. **Plus actum quam scriptum valet.** Das Verhandelte gilt mehr als das Niedergeschriebene. Bei einem formlos gültigen Rechtsgeschäft kommt es nicht darauf an, was beurkundet, sondern was verabredet ist. Cod. Just. 4, 22, 4 a.E. (Diokletian). S.a. J 8 u. 44f.

44. **Plus cautionis in re est quam in persona.** Eine Sache bietet mehr Sicherheit als eine Person. Kreditsicherung durch Pfand oder Hypothek ist besser als durch Bürgschaft. Dig. 50, 17, 25 (Pomponius). S. heute § 232 BGB. S.a. M 42 u. vgl. M 54.

45. **Plus est oculatus testis unus quam auriti decem.** Ein Augenzeuge ist mehr wert als zehn Zeugen vom Hörensagen. Plautus, Truculentus 489.

46. **Plus peccat autor quam actor.** Der Urheber (eines Verbrechens) begeht schwereres Unrecht als der Ausführende.

47. **Plus semper in se continet quod est minus.** Ein Mehr schließt immer ein Weniger ein. Liber sextus 5, 13, 35 (Bonifaz VIII.). S. schon J 64. S.a. C 103f.

48. **Plus valet favor in judicio quam lex in codice.** Wohlwollen bei der Verhandlung ist wichtiger als eine Bestimmung im Gesetzbuch.

49. **Plus valet pecunia mercatoris quam non mercatoris.** Das Geld des Kaufmanns ist mehr wert als das des Nichtkaufmanns. Ein Kaufmann kann höhere Zinsen berechnen als ein Nichtkaufmann. S. heute § 352 HGB i. Vgl. z. § 246 BGB.

50. **Plus valet quod actum quam quod simulatum.** Was wirklich verabredet worden ist, hat stärkere Kraft, als was vorgespiegelt worden ist. Jenes setzt sich diesem gegenüber durch. Cod. Just. 4, 22 Rubrik (Justinian, wahrscheinlich nach Gregorius). S. heute § 117 BGB. S.a. A 40 u. Q 14.

51. **Plus valet unus testis affirmans quam mille negantes.** Ein bestätigender Zeuge ist mehr wert als tausend leugnende. Ein einziger Zeuge, der bekundet, etwas wahrgenommen zu haben, wird durch noch so viele, die nichts gemerkt zu haben angeben, nicht aufgewogen.

52. **Poena ad paucos** (od.: **unius) est metus multorum.** Bestrafung für wenige (eines) bedeutet Abschreckung vieler. Glossen Metu poenarum zu Dig. 1, 1, 1 § 1; u. Metu poenae zu 2, 7, 1 pr. S. schon Cod. Just. 9, 27, 1 a. A. (Theodosius I.). S. a. E 51, sofort Nr. 132 u. U 40.

53. **Poena constituitur in emendationem hominum.** Strafe wird auferlegt zur Besserung der Menschen. Dig. 48, 19, 20 g. E. (Paulus).

54. **Poena corporalis** (od.: **Minima poena corporalis) gravior est quavis pecuniaria.** Eine Leibesstrafe (Die kleinste Leibesstrafe) ist schwerer als jede Geldstrafe. Dionysius Gothofredus, Außenglosse Poena zu Dig. 48, 19, 10 § 2. S. schon dort a. E. (Macer).

55. **Poena debet commensurari delicto.** Die Strafe muß nach der Tat bemessen werden. Nicolaus Everardi, Loci argumentorum legales 21, 6 unt. Berfg. a. das Dekret Gratians 2, 24, 1, 21 (Hieronymus). S. heute § 46 StGB. Vgl. soeben Nr. 6 u. G 13.

56. **Poenae exactio postponitur.** Die Einziehung einer Geldstrafe wird hintangesetzt. Im Konkurs rangieren Geldstrafen hinter den sonstigen Forderungen der Gläubiger. Cod. Just. 10, 7, 1 (Alexander Severus). S. heute § 39 Abs. 1 Nr. 3 InsO.

57. **Poenae potius molliendae sunt quam asperandae.** Strafen sind eher zu mildern als zu verschärfen. S. Dig. 48, 19, 42 (Hermogenian). Vgl. J 59, 97 u. sofort Nr. 61.

58. **Poena est noxae vindicta.** Strafe ist Sühne einer Missetat. Dig. 50, 16, 131 pr. (Ulpian). S. a. Nr. 133.

59. **Poena ex delicto defuncti heres teneri non debet.** Der Erbe darf nicht wegen einer Strafe, die aus einem Vergehen des Verstorbenen verfallen ist, in Anspruch genommen werden. Strafen sind unvererblich. S. Dig. 44, 7, 33 (Paulus); u. 47, 1, 1 pr. (Ulpian).

S. heute §§ 459c Abs. 3 StPO u. 101 OWiG. S. a. H 13, J 96 u. 104.

60. **Poena illius hujus praemium esse non debet.** Die Strafe des einen darf nicht des andern Belohnung sein. Dig. 29, 5, 15 pr. a. E. (Marcian).

61. **Poenalia non sunt extendenda.** Strafsachen dürfen nicht ausgedehnt werden. Im Strafrecht ist Analogie zuungunsten des Angeklagten unzulässig. Vgl. soeben Nr. 57.

62. **Poena major absorbet minorem.** Die schwerere Strafe verschluckt die leichtere. Hat jemand mehrere Strafen verwirkt, die nicht alle an ihm vollstreckt werden können, z. B. Todesstrafe und Zwangsarbeit, so wird nur die schwerere Strafe vollstreckt. Vgl. bis 1969 § 74 Abs. 2 u. heute § 52 Abs. 2 StGB.

63. **Poena sine fraude esse non potest.** Strafe ohne Untat gibt es nicht. Wohl aber Untaten, die nicht strafbar sind. Dig. 50, 16, 131 pr. Mitte (Ulpian). S. heute § 15 StGB. S. a. S 37, N 160 u. U 15.

64. **Politia legibus, non leges politiae adaptandae.** Die Politik muß sich den Gesetzen, nicht die Gesetze der Politik anbequemen. Die Tagespolitik darf die Gesetzgebung nicht beherrschen; vielmehr sollte sich die Politik vom Recht leiten lassen.

65. **Portio accrescit cum suo onere.** Ein Anteil wächst mit seinen Lasten an. Wächst bei einer Gesamthandsgemeinschaft der Anteil eines weggefallenen Gemeinschafters den übrigen Gemeinschaftern an (s. das Folgende), so gehen, wenn der Weggefallene besondere Pflichten hatte, diese auf die Gewinner mit über. S. Dig. 31, 61 § 1 a. E. (Ulpian unt. Berfg. a. Septimius Severus). S. heute § 2095 BGB; entsprechend anwendbar im Falle von § 738 BGB.

66. **Portio portioni accrescit.** Der Anteil wächst dem Anteil an. Scheidet jemand aus einer Gesamthandsgemeinschaft aus, so wächst sein Anteil den verbleibenden Gemeinschaftern von selbst, d. h. ohne Übertragungsakt, an. S. Dig. 7, 1, 33 § 1 a. E. (Papinian); u. 38, 16, 9 (Marcian). S. heute §§ 1935, 2094, 1490 S. 3 u. 738 BGB.

67. **Possessio defenditur ad instar juris.** Der Besitz wird verteidigt wie ein Recht. Obwohl Besitz nur tatsächliche Sachherrschaft voraussetzt, gleichgültig, ob der Inhaber ein Recht dazu hat, ist seine Beeinträchtigung doch widerrechtlich und berechtigt zu Notwehr und Selbsthilfe. S. heute §§ 859 i. Vgl. z. 227 u. 229f. BGB.

68. **Possessio non est juris, sed facti.** Besitz ist keine Frage des Rechts, sondern der Tatsachen. S. Dig. 47, 4, 1 § 15 (Ulpian). S. heute §§ 854–856 BGB.

69. **Possessio retinetur solo animo.** Besitz behält man mit bloßem Willen. Zur Fortdauer des Besitzes genügt gewöhnlich der bloße Wille. S. Gajus, Institutionen 4 § 153 (plerique putant); u. etwa Dig. 41, 2, 30 § 5 (Paulus); u. 46 a. E. (Papinian). S. heute § 856 BGB.

70. **Possessor ergo dominus.** Besitzer also Eigentümer. Für den Besitzer spricht die Vermutung, daß er auch der Eigentümer sei. Kurzfassung von D 62. S. heute § 1006 BGB.

71. **Possessor malae fidei ullo tempore non praescribit.** Ein bösgläubiger Besitzer kann durch keinerlei Zeitablauf ersitzen. Liber sextus 5, 13, 2 (Bonifaz VIII.). S. heute § 937 Abs. 2 BGB. Vgl. M 7.

72. **Possidentes exceptionem, non possidentes actionem habent.** Die Besitzenden können einwenden, die Nichtbesitzenden klagen. Als Besitzer klagt man nicht, sondern kann warten, bis man verklagt wird, und dann seine Rechte geltend machen; der Nichtbesitzende dagegen muß klagen. S. a. sofort Nr. 79, 108 u. M 35.

73. **Possidet cujus nomine possidetur.** Besitzer ist, in wessen Namen besessen wird. Übt jemand die tatsächliche Gewalt über eine Sache für einen andern aus, so ist nur der andere Besitzer. Dig. 41, 2, 18 pr. (Celsus). S. heute § 855 BGB.

74. **Posteriores leges ad priores pertinent (nisi contrariae).** Spätere Gesetze fallen unter die früheren Gesetze (wenn sie ihnen nicht entgegenstehen). Neues Recht gilt im Rahmen des bestehenden (soweit es dieses nicht aufhebt). Dig. 1, 3, 28 (Paulus). S. ab. a. Nr. 97.

75. **Potestas delegata non delegatur.** Übertragene Gewalt wird nicht übertragen. Ein Beamter, dem Hoheitsgewalt übertragen ist, kann diese nicht delegieren. S. Dig. 1, 21, 5 pr. (Paulus). S. heute § 2 BRRG. Vgl. Nr. 32.

76. **Potestas suprema seipsam dissolvere potest, ligare non potest.** Die höchste Gewalt kann sich selbst auflösen, aber nicht binden. Wer die höchste Gewalt im Staate innehat, sei es ein einzelner Herrscher, sei es eine Körperschaft wie z.B. ein Parlament, kann zwar abdanken, zurücktreten oder sich auflösen, sich aber nicht den Weisungen eines andern unterstellen.

77. **Potest quis per alium, quod potest facere per se ipsum.** Durch einen anderen kann man tun, was man selbst tun kann. Grundsatz der Stellvertretung: Der Vertreter hat nicht mehr Befugnisse als der Vertretene. Liber sextus 5, 13, 68 (Bonifaz VIII.). S. heute §§ 164 Abs. 1 S. 1 u. 165, ab. a. §§ 267 Abs. 1 S. 1 BGB u. 25 StGB. Vgl. Q 44 f.

78. **Potior est conditio defendentis.** Die Lage des Verteidigenden ist besser. Verteidigen ist leichter als klagen bzw. anklagen. S.a. M 34 u. sofort Nr. 80.

79. **Potior est conditio possessoris.** Die Lage des Besitzers ist besser. Im Prozeß hat es der Besitzer leichter als der Nichtbesitzer. Glosse Deteriore zu Dig. 2, 7, 2 pr. S.a. B 1, J 61, 93, M 35 u. soeben Nr. 72.

80. **Potior est qui certat de damno evitando quam qui de lucro captando.** Im Rechtsstreit hat es einfacher, wer einen Nachteil vermeiden, als wer einen Vorteil erzielen will. A. Wacke, Potior . . ., JA 1989, 401 f.; u. ders. (s. B 2), 359–362. S.a. soeben Nr. 78 u. M 34.

81. **Potius valeat actus quam pereat.** Ein Rechtsgeschäft soll eher gelten als zunichte werden. Im Zweifel sind Rechtsgeschäfte so auszulegen, daß sie aufrechterhalten werden können. S. Dig. 34, 5, 12 (Julian). Baldus (s. A 88) I 130–135. S. heute §§ 140 u. 2084 BGB. S.a. Q 108. Vgl. J 53.

82. **Praeceptoris nimia saevitia culpae adsignatur.** Übermäßige Heftigkeit eines Lehrers gilt als schuldhaft. Zu den Pflichten eines Lehrers gehört gelassenes Auftreten. Läßt er es daran fehlen,

dann handelt er schuldhaft. Dig. 9, 2, 6 (Paulus). S. heute § 276 Abs. 2 BGB.

83. **Praedium medium non impedit servitutem.** Ein dazwischenliegendes Grundstück hindert die Grunddienstbarkeit nicht. S. Bartolus, Komm. a. A. zu Dig. 8, 4, 7 § 1. S. schon dort a. A. (Paulus).

84. **Praedium servit praedio.** Ein Grundstück dient einem andern. Grundstruktur der Grunddienstbarkeit. S. heute § 1018 BGB.

85. **Praescriptio patrona generis humani.** Die Verjährung ist die Beschützerin des Menschengeschlechts.

86. **Praesentia corporis tollit errorem nominis.** Körperliche Anwesenheit macht irrige Benennung unschädlich. Wer auf eine gegenwärtige Person oder Sache zeigt, darf sie gefahrlos falsch benennen. S. a. F 14.

87. **Praesentia pro consensu habetur.** Anwesenheit gilt als Zustimmung. Schließt z. B. ein Minderjähriger in Gegenwart seines gesetzlichen Vertreters oder jemand im Namen und in Anwesenheit eines anderen einen Vertrag, so gilt dessen Schweigen als Einwilligung. Schädigt ein Gehilfe jemanden in Anwesenheit des Geschäftsherrn oder betrügt jemand zugunsten eines Dritten in dessen Anwesenheit, so ist (auch) dieser bzw. der Geschäftsherr verantwortlich. Glosse Si furnum a. E. zu Dig. 9, 2, 27 § 10 (Accursius). S. a. Inst. 1, 12 § 8.

88. **Praesumitur ignorantia, ubi scientia non probatur.** Unkenntnis wird vermutet, wo Kenntnis nicht bewiesen wird. Kommt es in einem Rechtsstreit auf die Kenntnis bestimmter Umstände an, so muß derjenige sie nachweisen, dem sie günstig sind; nicht etwa muß der andere Teil Unkenntnis nachweisen. Liber sextus 5, 13, 47 (Bonifaz VIII.).

89. **Praesumptio cedit veritati.** Die Vermutung weicht der Wahrheit. Eine Vermutung gilt nur so lange, als nicht feststeht, wie es sich wirklich verhält. S. a. Nr. 110.

90. **Praetor jus dicere potest, facere non potest.** Das Gericht kann Recht sprechen, aber nicht schaffen. S. a. J 162 u. S 32. Vgl. J 148.

91. **Praetor parvulis subvenit.** Das Gericht steht den Kleinen bei. Wer sich nicht selbst behaupten kann, erhält vom Gericht den erforderlichen Beistand: Vormund, Pfleger usw. Dig. 40, 5, 55 § 1 g. A. (Marcian). S. heute §§ 1773 f. u. 1909 BGB.

92. **Pretium non ex re, sed propter negotiationem percipitur.** Der Preis wird nicht aus der Sache, sondern durch Handeln erzielt. Kaufpreise haften den Gegenständen nicht an, sondern werden erzielt, weil man mit ihnen Handel treibt; der Markt bestimmt die Höhe des Preises. Ob überhaupt zu bezahlen ist, hängt nicht von der Fortexistenz der Sache ab. Dig. 18, 4, 21 Mitte (Paulus).

93. **Pretium (in universalibus) succedit loco rei.** Der Preis tritt (bei Sachgesamtheiten) an die Stelle der Sache. Surrogationsprinzip: Wer ein Recht an einer oder auf eine Sache hat, dessen Recht setzt sich, wenn sie veräußert wird, an dem dafür erzielten Preis oder sonstigen Surrogat fort. Betrifft zumal Sondervermögen, aus denen einzelne Sachen veräußert wurden. Glossen Quia potest zu Dig. 5, 3, 22; u. Defuisse zu Cod. Just. 7, 11, 5. S. heute §§ 718 Abs. 2, 1219 Abs. 2, 1247 S. 2, 1418 Abs. 2 Nr. 3, 1473, 1638 Abs. 2, 1646, 2019 Abs. 1, 2041 S. 1, 2111 Abs. 1 S. 1 u. 2374 BGB. Dieter Strauch, Mehrheitlicher Rechtsersatz – Ein Beitrag zur dinglichen Surrogation im Privatrecht (Bielefeld 1972) 18 f.; Jens Peter Meincke, Das Recht der Nachlaßbewertung im BGB (Frankfurt a. M. 1973) 96 ff.; u. A. Welle, In universalibus pretium succedit in locum rei, res in locum pretii, Berlin 1987. S. a. R 53 u. S 87. Vgl. R 33–35.

94. **Princeps legibus solutus.** Der Fürst ist den Gesetzen nicht unterworfen. Betraf ursprünglich nur einzelne Gesetze wie die augusteïschen Ehegesetze gegen Ehe- und Kinderlosigkeit, wovon sich die Kaiser seit Augustus eigens befreien ließen. Dig. 1, 3, 31 (Ulpian). S. schon Lex de imperio Vespasiani Z. 22–28. S. ferner Inst. 2, 17 § 8 (Septimius Severus); Cassius Dio, Historia Romana 53, 18, 1; Cod. Just. 6, 23, 3 (Alexander Severus); Nov. 105, 2, 4 (Justinian); u. Thomas Hobbes, Leviathan (2., lat. Fassung London 1668) Kap. 26 ungefähr Mitte (6. Abs.). Dieter Wyduckel, Princeps ... – Eine Untersuchung zur frühmodernen Rechts- und Staatslehre (Berlin 1979); u. Dieter Simon, Prin-

ceps . . . Die Stellung des byzantinischen Kaisers zum Gesetz, in: Gedächtnisschrift für Wolfgang Kunkel (Frankfurt am Main 1984) 449–492. S. a. R 59, ab. a. E 1 u. L 31.

95. **Principale trahit accessionem.** Die Hauptsache zieht Angefügtes an sich. Werden zwei Sachen, von denen die eine als die Hauptsache angesehen wird, miteinander verbunden, so erstrecken sich die Rechtsverhältnisse an der Hauptsache auf die angefügte Sache; diese wird Bestandteil der Hauptsache, und etwaige besondere Rechte an der angefügten Sache erlöschen. S. heute § 947 Abs. 2 BGB. S. a. A 13, M 5, R 31 u. S 72.

96. **Principiorum non est ratio.** Grundsätze lassen sich nicht begründen. Rechtliche Grundentscheidungen lassen sich nicht auf einen Sinn zurückführen. Eigentlich Satz der Logik.

97. **Priores leges ad posteriores trahuntur.** Frühere Gesetze werden auf spätere bezogen. Alte Gesetze sind im Lichte der neueren Gesetzgebung auszulegen. S. Dig. 1, 3, 26 (Paulus); u. 27 a. A. (Tertullian: usitatum est). S. a. R 5, ab. a. soeben Nr. 74.

98. **Prior tempore potior jure.** Der zeitlich Frühere ist rechtlich besser dran. Kürzere Fassung von Q 72. Andreas Wacke, Wer zuerst kommt, mahlt zuerst – Prior . . ., in: JA 1981, 94–98; ders., Prior . . ., in: Estudios (s. C 2), 123–138.

99. **Privatorum conventio juri publico non derogat.** Eine Vereinbarung zwischen Privatpersonen hebt öffentliches Recht nicht auf. Dig. 50, 17, 45 § 1 (Ulpian). S. a. J 188. Vgl. N 58.

100. **Privatum commodum publico cedit.** Ein persönlicher Vorteil steht einem allgemeinen nach. S. a. J 169, L 13, S 1 u. U 38. Vgl. das Folgende.

101. **Privatum incommodum publico bono pensatur.** Ein persönlicher Nachteil wird durch das Gemeinwohl aufgewogen. Für das gemeine Beste muß man private Nachteile auf sich nehmen. S. Tacitus, Annalen 14, 44, 4 a. E. (Cassius). Vgl. das Vorige.

102. **Privilegia non ex tempore aestimantur, sed ex causa.** Vorzugsrechte werden nicht nach der Zeit beurteilt, sondern nach ihrem Grund. Konkurrieren mehrere Vorzugsrechte miteinander, so kommt es nicht auf den Zeitpunkt ihrer Entstehung an, son-

dern auf ihren Grund. Soeben Nr. 98 gilt hier nicht. Dig. 42, 5, 32 (Pseudo-Paulus). S. heute etwa §§ 209 f. InsO.

103. **Privilegiatus contra aeque privilegiatum jure suo non utitur.** Ein Bevorrechtigter übt sein Vorzugsrecht gegenüber einem in gleicher Weise Bevorrechtigten nicht aus. Vielmehr müssen mehrere teilen bzw. Konkurrenz hinnehmen. Dietmar Willoweit, Gewerbeprivileg und „natürliche“ Gewerbefreiheit, in: Vom Gewerbe zum Unternehmen, hrsgg. v. Karl Otto Scherner u. Dietmar Willoweit (Darmstadt 1982) 106 f.

104. **Privilegium meretur amittere, qui permissa sibi abutitur potestate.** Ein Vorzugsrecht verdient zu verlieren, wer die ihm eingeräumte Befugnis mißbraucht. Dekret Gratians 1, 74, 6 g. E. (Simplicius). S. a. B 3.

105. **Privilegium personale personam sequitur et extinguitur cum persona.** Ein persönliches Vorzugsrecht haftet an der Person und erlischt mit ihrem Tod. Höchstpersönliche Rechte sind unvererblich. Liber sextus 5, 13, 7 (Bonifanz VIII.). S. schon Dig. 24, 3, 13 (Paulus); 50, 15, 4 § 3 (Ulpian); u. 50, 17, 196 (Modestin). S. heute Can. 78 § 2 Codex juris canonici. S. a. Q 90.

106. **Probatio incumbit ei, qui dicit.** Der Beweis obliegt dem, der behauptet. Nicolaus Everardi, Loci argumentorum legales 6, 1. S. schon E 12.

107. **Probationes non sunt angustandae.** Beweise dürfen nicht eingeengt werden. Kürzere Fassung von F 12.

108. **Probatio onus petitoris, commodum possessoris.** Der Beweis ist des Klägers Last und des Besitzers Vorteil. Im Prozeß um eine Sache obliegt der Beweis dem Kläger, während der die Sache verteidigende Besitzer abwarten kann. S. a. soeben Nr. 36 u. A 29. Vgl. A 28, 61, B 1, E 12, J 61, M 35 u. soeben Nr. 79.

109. **Probatio specialis praevalet generali.** Der besondere Beweis übertrifft den allgemeinen. Spezielle Beweise sind immer vorzuziehen; Beweismittel haben so sachnah wie möglich zu sein.

110. **Probatio vincit praesumtionem.** Der Beweis siegt über die Vermutung. Kann ein Umstand festgestellt werden, so findet eine einschlägige Vermutung keine Anwendung mehr; sie gilt nur im Zweifel. S. a. soeben Nr. 89, S 64 u. 78.

111. **Procliviores ad liberandum quam ad obligandum esse debemus.** Wir müssen eher geneigt sein zu befreien als zu verpflichten. Bei der Auslegung der Gesetze und Rechtsgeschäfte ist eine Verbindlichkeit eher zu verneinen als zu bejahen. S. Dig. 12, 4, 16 (Celsus); 24, 1, 32 § 4; u. 32, 11 § 15 (beides Ulpian). S. a. J 60.

112. **Prodigi nulla voluntas est.** Ein Verschwender hat keinen Willen. Ein Verschwender ist geschäftsunfähig. S. Dig. 50, 17, 40 (Pomponius). S. bis 1991 § 114 i.V.m. §§ 6 Abs. 1 Nr. 2 u. 106 BGB a. F.

113. **Professio a matre irata facta non facit fidem.** Die Aussage einer entrüsteten Mutter ist kein hinreichender Beweis. Wenn es um Grundanliegen ihrer Kinder geht, übertreiben Mütter oft.

114. **Pro judice jura praesumunt.** Das Recht streitet für den Richter. Zugunsten der Richter ist bis zum Beweis des Gegenteils davon auszugehen, daß ihre Urteile mit dem Recht übereinstimmen. Geht ein Richterspruch neue Wege, so ist nicht ohne weiteres anzunehmen, daß der Richter Unrecht gesprochen, das Recht gebeugt habe.

115. **Propositum in mente retentum nihil operatur.** Ein im Busen verschlossener Vorsatz bewirkt nichts. Bei Willenserklärungen ist ein geheimgehaltener Wille wirkungslos. S. heute § 116 S. 1 BGB. S. a. J 112 u. V 38.

116. **Pro possessore habetur, qui dolo desiit possidere.** Wer arglistig den Besitz aufgegeben hat, wird als Besitzer behandelt. Im Prozeß um Herausgabe einer Sache wird der Beklagte, der sie nur deshalb nicht mehr hat, weil er sich ihrer arglistig entledigt hat, als Besitzer der Sache behandelt, also gegebenenfalls verurteilt, sie herauszugeben bzw. ihren Wert zu erstatten. Liber sextus 5, 13, 36 (Bonifaz VIII.). S. schon Dig. 50, 17, 131 (Paulus). S. heute §§ 989 u. 990 Abs. 1 BGB. S. a. D 58.

117. **Propria confessio est optima convictio.** Das eigene Geständnis ist die beste Überzeugung. Ein Geständnis des Täters ist die beste Grundlage für die richterliche Überzeugung. S. a. C 57, H 1 u. N 157, ab. a. C 58.

118. **Proprietatis dominus plenam in re potestatem habet.** Der Eigentümer hat die volle Gewalt über die Sache. S. Inst. 2, 4 § 4 a. E. S. heute § 903 BGB.

119. **Propter immanitatem criminis legem transgredi licet.** Wegen der Maßlosigkeit des Verbrechens ist es erlaubt, das Gesetz zu überschreiten. Zur Bekämpfung von alles bisher Dagewesene übersteigenden Verbrechen genügen die vorhandenen gesetzlichen Möglichkeiten manchmal nicht.

120. **Propter necessitatem illicitum efficitur licitum.** In Not wird Unerlaubtes erlaubt. In Notfällen kann gerechtfertigt sein, was sonst unzulässig ist. Dekretalen 5, 41, 4 Summarium (Gregor IX.). S. heute §§ 34f. StGB, 16 OWiG, 228 u. 904 BGB u. Artt. 12a Abs. 6, 80a, 81, 87a Abs. 4, 91 u. 115a–115l GG. S.a. Q 105. Vgl. N 10 u. Q 37.

121. **Propter officium beneficium ecclesiasticum datur.** Einer Aufgabe wegen wird eine kirchliche Pfründe vergeben. S. Liber sextus 1, 3, 15 (Bonifaz VIII.). S. bis 1983 Can. 1409 Codex juris canonici 1917.

122. **Propter scandalum evitandum veritas non est omittenda.** Um Anstoß zu vermeiden, darf man die Wahrheit nicht verschweigen. Dekretalen 5, 41, 3 Summarium (Gregor IX.).

123. **Protectio non involvit subjectionem.** Schutz schließt keine Unterwerfung ein. Satz des Völkerrechts. Beim eigentlichen Protektorat regiert sich der abhängige Staat selbst und ist infolgedessen Völkerrechtssubjekt.

124. **Protectio trahit subjectionem et subjectio protectionem.** Die Schutzherrschaft zieht Unterwerfung nach sich und die Unterwerfung Schutzherrschaft. Beim kolonialen Protektorat, der eigentlichen Schutzherrschaft, hat der Protektor so weitgehende Rechte, daß die Selbstregierung des protegierten Staates aufgehoben ist; er ist nicht Völkerrechtssubjekt.

125. **Protestatio facto contraria non valet.** Die im Widerspruch zum Handeln stehende Verwahrung gilt nicht. Mit einer bloßen Verwahrung kann man sich gegen die mit einem Handeln verbundenen Rechtsfolgen nicht schützen. Mit bloßen Worten kann man (Un-)Taten nicht ungeschehen machen. Wer jemanden einen Esel nennt und hinzufügt, er habe nichts gesagt, ist trotzdem wegen Beleidigung strafbar; und wer vor einem unzuständigen Gericht verhandelt, macht es trotz Verwahrung zuständig.

S. Glosse Protestetur zu Liber sextus 1, 6, 25. S. aus neuerer Zeit I 14 § 469 u. II 20 § 546 preuß. ALR. Zu Unrecht auf sog. faktische Verträge bezogen von Wieacker, JZ 1957, 61f. S. § 133 BGB u. Arndt Teichmann, Protestatio facto contraria, in: Festschr. Karl Michaelis (Göttingen 1972) 294–315; Helmut Köhler, Kritik der Regel „pr ...“, in: JZ 1981, 461–469. Vgl. A 80, ab. a. E 69, Q 73 u. das Folgende.

126. **Protestatio servat jus protestantis.** Die Verwahrung wahrt das Recht des Verwahrenden. Eine Verwahrung gegen eine ungewollte Auslegung der eigenen Erklärung ist stets zu beachten. S. Dig. 11, 7, 14 § 8 u. 25, 3, 1 § 11 (beides Ulpian). S. heute §§ 133, 640 Abs. 2 BGB u. 39 ZPO, ab. a. Artt. 9 Abs. 2 Hs. 2, 12 Abs. 1 S. 2 WG u. 4 S. 2, 7, 12 S. 2 u. 15 Abs. 1 S. 2 ScheckG. S. a. Q 73, ab. a. das Vorige.

127. **Prout quidque contractum est, ita et solvi debet.** Auf dieselbe Weise, wie etwas abgeschlossen worden ist, muß es auch aufgehoben werden. Ein Rechtsgeschäft muß in derselben Form aufgehoben werden, in der es geschlossen wurde. Dig. 46, 3, 80 a. A. (Quintus Mucius Skävola). Liebs, Contrarius actus, in: Sympotica Franz Wieacker sexagenario (Göttingen 1970) 111–153, bes. 149ff. S. heute etwa §§ 180, 171 Abs. 2, 172 Abs. 2 u. 1253 Abs. 1 BGB. S. a. Q 134f.

128. **Pro veritate instrumenti semper praesumitur.** Für die Wahrheit einer Urkunde spricht immer eine Vermutung. Gibt es eine Urkunde über eine Erklärung, so ist bis auf weiteres davon auszugehen, daß diese Erklärung auch wirklich abgegeben wurde. S. heute §§ 415f. ZPO. S. a. J 108.

129. **Provisio hominis facit cessare provisionem legis.** Die Vorkehrung des einzelnen macht die Vorkehrung des Gesetzes überflüssig. Rechtsgeschäftliche Bestimmungen gehen gesetzlichen Bestimmungen vor, soweit es sich dabei um nachgiebiges Recht handelt. Gilt außer im Vertragsrecht zumal im Erbrecht. Nicolaus Everardi, Loci argumentorum legales 27, 21.

130. **Prudenter facit, qui praecepto legis obtemperat.** Klug handelt, wer der Vorschrift des Gesetzes nachkommt. Wer das Gesetz nicht achtet, hat dadurch mehr Nach- als Vorteile.

131. **Publicum jus est, quod ad statum rei Romanae spectat; privatum, quod ad singulorum utilitatem.** Öffentliches Recht ist, was den Bestand des römischen Staates; Privatrecht, was den Nutzen einzelner betrifft. Dig. 1, 1, 1 § 2 g. A. (Ulpian).

132. **Punitur ne peccetur.** Bestraft wird, damit kein Unrecht geschieht. Sinn der Strafe ist Abschreckung. S. Seneca d. J., De ira 1, 16, 21 = 1, 19, 7 unt. Berfg. a. Platon, Nomoi 11, 12 g. E. = S. 934 A d. Ausg. v. H. Stephanus (Paris 1578). S. a. E 51, M 17 u. soeben Nr. 52.

133. **Punitur quia peccatum est.** Bestraft wird, weil Unrecht begangen worden ist. Sinn der Strafe ist Sühne. S. Seneca soeben Nr. 132. S. a. soeben Nr. 58.

134. **Pupillo solvi sine tutoris autoritate non potest.** Einem Mündel kann ohne Zustimmung des Vormunds nicht erfüllt werden. Von einer Schuld gegenüber einem unter Vormundschaft stehenden Kind wird man auch durch Leistung nur frei, wenn man den Vormund hinzuzieht. Dig. 46, 3, 15 (Paulus). S. heute § 1793 i. V. m. § 107 BGB.

135. **Pupillus est avarus aetatis brevis.** Ein Mündel ist ein Geizhals auf Zeit. Ein Mündel kann nicht wirksam schenken. Cäcilius Balbus, Sentenzen 153. S. heute § 1804 BGB.

136. **Pupillus omnia tutore autore agere potest.** Mit Zustimmung des Vormunds kann ein Mündel jede Rechtshandlung vornehmen. Dig. 50, 17, 5 a. E. (Paulus). S. heute dagegen §§ 1821 f. BGB.

137. **Pupillus pati non potest.** Ein Mündel kann nicht dulden. Duldet ein Mündel einen Zustand oder eine Handlung, so schmälert es damit seine Rechte nicht, mag bei einem Vollgeschäftsfähigen die Duldung auch als Verzicht zu deuten sein. S. Dig. 50, 17, 110 § 2 (Paulus). S. heute § 107 BGB.

Q

1. **Quae ad unum finem locuta sunt, non debent ad alium detorqueri.** Was mit einem bestimmten Sinn gesagt worden ist, darf nicht in einen anderen verdreht werden. Danach sollte man z. B. heute die Vertragsfreiheit, die in Deutschland in keinem formellen Gesetz festgelegt ist, nicht in § 311 Abs. 1 BGB hineinlesen.

2. **Quae a jure communi exorbitant, nequaquam ad consequentiam sunt trahenda.** Was vom allgemein geltenden Recht abweicht, darf niemals bis zur letzten Konsequenz geführt werden. Sonderbestimmungen dürfen niemals verallgemeinert werden. Liber sextus 5, 13, 28 (Bonifaz VIII.). S. schon Nr. 89. S. a. das Folgende. Vgl. J 56 u. S 40.

3. **Quae communi legi derogant, stricte interpretantur.** Was das allgemein geltende Gesetz außer Kraft setzt, wird eng ausgelegt. S. schon das Vorige. S. a. sofort Nr. 89. Vgl. J 56 u. S 40.

4. **Quae contra jus fiunt, debent utique pro infectis haberi.** Was wider das Recht geschieht, muß auf alle Fälle für ungeschehen erachtet werden. Betrifft verbotene Rechtsgeschäfte. Liber sextus 5, 13, 64 (Bonifaz VIII.). S. schon Cod. Just. 1, 2, 14 § 4 a. E. (Leo): **Quae contra leges fiunt, pro infectis habenda sunt.** S. heute § 134 BGB i. V. m. Art. 2 EGBGB. S. a. das Folgende u. Nr. 88, ab. a. Nr. 97.

5. **Quae contra legis prohibitionem fiunt, pro infectis habentur.** Was gegen das Verbot des Gesetzes geschieht, wird für ungeschehen gehalten. Meint Rechtsgeschäfte. Cod. Just. 1, 14, 5 § 1 (Theodosius II.). Jeroen M. J. Chorus, Handelen in strijd met de wet (Leiden 1976) 178–192 u. pass.; u. Max Kaser, Über Verbotsgesetze und verbotswidrige Geschäfte im röm. Recht (Wien 1977) 67 f. S. heute § 134 BGB. S. a. das Vorige u. Nr. 88, ab. a. Nr. 97.

6. **Quae difficilia sunt, non statim sunt deteriora.** Was schwierig ist, ist nicht gleich schlechter.

7. **Quae domi geruntur, non facile possunt probari.** Was zu Hause geschieht, kann nicht leicht bewiesen werden. Deshalb sind sonst unzulässige Beweismittel hier zulässig. S. Cod. Just. 5, 17, 8 § 6 a.E. (Justinian). Heute ist dies im Rahmen von §§ 286 ZPO u. 261 StPO zu veranschlagen.

8. **Quaelibet concessio contra donatorem interpretanda.** Jede Erlaubnis ist gegen den Erteilenden auszulegen. Zweifel über ihren Umfang gehen zu Lasten dessen, der sie erteilt hat. S.a. J 60.

9. **Quae non prosunt singula, multa juvant.** Was einzeln nicht nützt, hilft in der Mehrzahl. Erfahrungssatz mit normativer Bedeutung bei der Beweiswürdigung; auch sein Recht durchzusetzen, ist im Verein mit Gleichgestellten oft leichter. Glossen Legitimis zu Dig. 27, 1, 2 § 1; Aliis quoque zu Cod. Just. 4, 19, 5; u. Adiutorium zu Cod. Just. 4, 48 (47), 22 (21) pr. S.a. O 18, ab. a. A 102.

10. **Quae non sunt simulo, quae sunt ea dissimulantur** (Hexameter). Was nicht ist, geb' ich vor; dagegen, was gilt, unterdrück' ich. So liegt es beim Scheingeschäft. S. heute § 117 Abs. 1 u. 2 BGB.

11. **Quae propter necessitatem recepta sunt, non debent in argumentum trahi.** Was in der Not hingenommen wurde, darf nicht als Vorbild dienen. Dig. 50, 17, 162 (Paulus). S.a. J 33.

12. **Quae publice fiunt, nulli licet ignorare.** Was öffentlich geschieht, muß jeder wissen. Insbesondere muß, wer amtlich Bekanntgemachtes nicht weiß, ihm daraus erwachsende Nachteile selbst tragen.

13. **Quae rerum natura prohibentur, nulla lege confirmata sunt.** Was der Natur der Sache zuwiderläuft, wird von keinem Gesetz bestätigt. Bezog sich ursprünglich auf testamentarische Verfügungen. Dig. 50, 17, 188 § 1 (Celsus). S.a. L 53.

14. **Quae simulate geruntur, pro infectis habentur.** Was zum Schein getan wird, wird als ungeschehen behandelt. S. heute § 117 Abs. 1 BGB. S.a. A 40 u. P 50.

15. **Quae sine culpa accidunt, a nullo praestantur.** Was ohne Schuld passiert, dafür steht niemand ein. S. Dig. 50, 17, 23 a. E. (Ulpian). S. heute nur mehr § 276 Abs. 1 S. 1 BGB. S. a. C 4.

16. **Qualia extrema, talia media.** Wie die Enden, so die Mitte. Aus Anfang und Ende einer Sache kann man auf das Zwischenstück schließen. Prägnante Fassung von O 10.

17. **Quando abest provisio partis, adest provisio legis.** Hat die Partei keine Vorkehrung getroffen, so ist eine gesetzliche Vorkehrung zur Stelle. Das nachgiebige Vertragsrecht hält für alle von den Parteien nicht geregelten Fragen Regeln bereit.

18. **Quando aliquid prohibetur, prohibetur ex directo et per obliquum.** Wenn etwas verboten ist, ist der gerade Weg ebenso verboten wie jeder Umweg dorthin. Umgehungen eines Verbots stehen unmittelbaren Verstößen gleich. S. heute §§ 306 a, 475 Abs. 1 S. 2, 506 u. 655 e Abs. 1 S. 2 BGB. S. a. C 120 u. sofort Nr. 92.

19. **Quando lex est specialis, ratio autem generalis, generalis est intelligenda.** Kommt in einer Sonderbestimmung ein allgemeiner Gedanke zum Ausdruck, so ist sie allgemein zu verstehen.

20. **Quando res non valet ut ago, valeat quantum valere potest.** Wenn die Sache nicht gilt, wie ich es bestimme, soll soviel gelten, wieviel gelten kann. Verbesserte Fassung von Nr. 108.

21. **Qui actum habet, habet et iter.** Wer ein Triftrecht hat, hat auch ein Wegerecht. Wer das Recht hat, über ein fremdes Grundstück Vieh zu treiben, darf über dieses Grundstück auch ohne Vieh gehen. Dig. 8, 3, 1 pr. (Ulpian) = Inst. 2, 3 pr. Vgl. Nr. 48.

22. **Qui actiones habet ad rem recuperandam, ipsam rem habere videtur.** Wer Ansprüche hat, um seine Sache wiederzuerlangen, wird angesehen, als habe er die Sache selbst. Manchmal vertritt ein Herausgabeanspruch auf eine Sache die Sache selbst. Dig. 50, 17, 15 (Paulus). David Daube, Zur Palingenesie einiger Klassikerfragmente, in: SZ 76 (1959) 210. S. heute §§ 931, 934 u. 940 Abs. 2 BGB. S. ab. a. M 54.

23. **Qui ad agendum admittitur, est ad excipiendum multo magis admittendum.** Wer zum Klagen zugelassen wird, ist um so mehr

zum Einwenden zuzulassen. Wer ein Recht klageweise geltend machen kann, kann es erst recht einredeweise geltend machen. Liber sextus 5, 13, 71 (Bonifaz VIII.). S. schon Dig. 50, 17, 156 § 1 = 43, 18, 1 § 4 a. E. (Ulpian).

24. **Qui alieno jure utitur, eodem jure uti debet.** Wer ein fremdes Recht ausübt, muß dasselbe Recht ausüben. Er darf nichts anderes in Anspruch nehmen, als derjenige könnte, dessen Recht er ausübt.

25. **Qui alteri possidet, non praescribit.** Wer für einen andern besitzt, läßt nicht verjähren und ersitzt nicht. Der Eigentumsherausgabeanspruch verjährt nicht gegenüber einem Besitzdiener und einem Fremdbesitzer und diese ersitzen nicht. S. heute §§ 212 Abs. 1 S. 1 Alt. 4 u. 937 Abs. 1 BGB.

26. **Qui appellat prior, agit.** Wer zuerst Berufung einlegt, klagt. Er ist Berufungskläger. Dig. 5, 1, 29 (Paulus).

27. **Qui cadit a syllaba, cadit a toto.** Wer von einer Silbe abgeht, geht vom ganzen Text ab. Vgl. M 46.

28. **Qui certus est, certiorari ulterius non oportet.** Wer unterrichtet ist, braucht nicht noch einmal benachrichtigt zu werden. Liber sextus 5, 13, 31 (Bonifaz VIII.). S. schon C 19. S. a. E 35.

29. **Qui clam delinquunt, plus delinquunt quam qui palam.** Wer heimlich Unrecht tut, tut schwereres Unrecht als wer offen handelt. S. Glosse Palam fecerit g. E. zu Dig. 23, 2, 68. S. heute ‚heimtückisch' in § 211 Abs. 2 StGB. S. a. O 15.

30. **Qui confirmat, nihil dat.** Wer bestätigt, gibt nichts. Er räumt keine Rechte ein, die nicht schon bestünden. S. a. C 61.

31. **Qui confitetur, proxime innocentiam est.** Wer gesteht, ist der Redlichkeit sehr nahe. Pseudo-Seneca, De moribus 94.

32. **Qui contra jura mercatur, bonam fidem praesumitur non habere.** Wer unter Verstoß gegen Gesetz und Recht etwas einhandelt, ist im Zweifel nicht gutgläubig. Liber sextus 5, 13, 82 (Bonifaz VIII.). S. schon Cod. Just. 11, 48, 7 § 3 a. E. (Valentinian I.).

33. **Qui dat finem, dat media ad finem necessaria.** Wer ein Ergebnis gibt, gibt auch die dazu nötigen Mittel. Ein Recht schließt stets

die zur Ausübung des Rechts nötigen Befugnisse ein. S. a. J 178. Vgl. C 100 u. sofort Nr. 83.

34. **Qui delegat, solvit.** Wer anweist, zahlt. S. Glosse Ad delegationem zu Dig. 50, 16, 187 (Azo). S. schon Dig. 16, 1, 8 § 3 a. E. (Ulpian). S. heute dagegen § 788 BGB.

35. **Qui dicit de uno, negat de altero.** Wer von einem spricht, schließt das andere aus. Wer, obwohl zwei Sachen anstehen, nur eine nennt, will die andere ausschließen. S. a. E 68 u. J 41.

36. **Quidquid est in territorio, est de territorio.** Alles, was im Hoheitsgebiet ist, stammt vom Hoheitsgebiet. Ausdruck des Territorialitätsprinzips im Staatsangehörigkeitsrecht und im internationalen Sachenrecht. Gilt heute in Deutschland nicht.

37. **Quidquid necessitas cogit, defendit.** Wozu immer Not zwingt, das verteidigt. Notstand schützt vor Verurteilung. S. heute §§ 34 f. StGB, 16 OWiG, 228 u. 904 BGB, Artt. 12 a Abs. 6, 80 a, 81, 87 a Abs. 4, 91 u. 115 a–115 l GG. S. a. sofort Nr. 105, P 120 u. N 10.

38. **Quidquid plantatur solo, solo cedit.** Was in den Boden eingepflanzt wird, weicht ihm. Glättende Verallgemeinerung von P 40. S. heute § 946 i. V. m. § 94 Abs. 1 S. 2 BGB.

39. **Quidquid solvitur, solvitur secundum modum solventis; quidquid recipitur, recipitur secundum modum recipientis.** Was geleistet wird, wird nach Maßgabe des Leistenden geleistet; was zurückgegeben wird, wird nach Maßgabe des Empfängers zurückgegeben. Bei der Erfüllung von Pflichten, die eine Rechtsübertragung zum Gegenstand haben, konkretisiert der Schuldner rechtlich noch offene Einzelheiten; bei Rückgabeverpflichtungen der Gläubiger. Vgl. heute §§ 243 Abs. 1, 262, 366 Abs. 1 einer- u. 260 BGB andererseits; ab. a. § 316.

40. **Qui excessit fines mandati, aliud facere videtur.** Wer die Grenzen seines Auftrags überschritten hat, wird angesehen, als tue er etwas anderes. Solche Handlungen sind im Rahmen des Auftrags unbeachtlich. S. Dig. 17, 1, 5 pr. Mitte (Paulus). S. heute § 665 BGB. S. a. D 45.

41. **Qui excipit, non fatetur.** Wer einwendet, gesteht nicht. Wer, vor Gericht gerufen, das gegen ihn Vorgebrachte nicht widerlegt,

sondern Gegenrechte ins Spiel bringt, gesteht dadurch nicht zu, daß das Vorbringen des Gegners grundsätzlich richtig sei. S. Dig. 44, 1, 9 (Marcellus). S. a. E 41.

42. **Qui excipit, probare debet, quod excipitur.** Wer Einwendungen macht, muß, was er einwendet, beweisen. Dig. 22, 3, 9 Mitte (Celsus: verum est).

43. **Qui exhortatur, mandatoris opera non fungitur.** Wer ermuntert, betätigt sich nicht als Auftraggeber. S. Dig. 3, 2, 20 a.E. (Papinian). S. heute § 675 Abs. 2 BGB. S. a. C 70, E 44, N 47 u. 175.

44. **Qui facit per alium, est perinde, ac si faciat per se ipsum.** Wer durch einen anderen handelt, steht so, wie wenn er selbst handelte. Man kann sich im Rechtsverkehr der Hilfe anderer bedienen, kann sich dadurch aber nicht der Verantwortung entziehen; strenger, als wenn man selbst handeln würde, haftet man aber auch nicht. Liber sextus 5, 13, 72 (Bonifaz VIII.). S. schon Dig. 26, 7, 5 § 3 Mitte (Ulpian). S. heute §§ 164 Abs. 1 S. 1, 278 BGB u. 25 StGB, ab. a. 831 BGB. S. a. das Folgende u. P 77.

45. **Qui facit per alium, facit per se.** Wer durch einen andern handelt, handelt selbst. Kürzere Fassung des Vorigen.

46. **Qui habet commoda, ferre debet onera.** Wer die Vorteile hat, muß die Lasten tragen. S. Dig. 50, 17, 10 (Paulus). G. C. J. J. van den Bergh, Qui … – Contributions à l'histoire d'une maxime juridique, in: Flores legum H. J. Scheltema oblati (Groningen 1971) 21–44. S. a. sofort Nr. 78, U 8 u. C 110. Vgl. A 46 u. R 7.

47. **Qui habet haustum, iter quoque habere videtur ad hauriendum.** Wer ein Schöpfrecht hat, von dem wird angenommen, daß er auch das zum Schöpfen erforderliche Wegerecht hat. Dig. 8, 3, 3 § 3 (Ulpian).

48. **Qui habet iter, actum non habet.** Wer ein Wegerecht hat, hat kein Triftrecht. Das Wegerecht schließt das Triftrecht nicht ein, anders als umgekehrt. Dig. 8, 3, 1 pr. (Ulpian). Vgl. Nr. 21.

49. **Qui haeret in littera, haeret in cortice.** Wer am Buchstaben haftet, haftet an der Hülle. Bei der Auslegung von Texten darf

nicht nur der Wortlaut, sondern muß auch der Sinn berücksichtigt werden. S. heute § 133 BGB.

50. **Qui intestatus moritur, creditur proximis heredibus suis sponte sua relinquere legitimam hereditatem.** Wer ohne Testament stirbt, von dem wird angenommen, daß er seinen nächsten Abkömmlingen bewußt den gesetzlichen Erbteil hinterläßt. S. Dig. 29, 7, 8 § 1 a. E. (Paulus).

51. **Qui jocatur, non mentitur.** Wer scherzt, lügt nicht. Ein Scherz ist nicht als Täuschung zu werten. S. heute § 118 i. Vgl. z. 123 Abs. 1 BGB: Der Scherzende braucht sich an seiner Erklärung nicht festhalten zu lassen, der Täuschende dagegen wohl. S. a. Nr. 114.

52. **Quilibet de universitate admittitur in testimonium pro ea.** Jedes Mitglied einer Körperschaft wird zum Zeugnis für sie zugelassen. Im Prozeß einer Körperschaft sind die einzelnen Mitglieder dieser Körperschaft zeugnisfähig und nicht etwa als Partei zeugnisunfähig. Damasus, Regulae canonicae 44. S. heute RG Warn. 1908 Nr. 679.

53. **Quilibet praesumitur bonus, nisi probetur malus.** Jeder gilt als gut, wenn er nicht als böse erwiesen wird. Glosse Qui non offenderint a. E. zu Dig. 31, 24 (Accursius). S. a. B 12.

54. **Quilibet rei suae legem dicere potest.** Jeder kann über seine Sache bestimmen. Wie mit einer Sache zu verfahren ist, kann ihr Eigentümer frei bestimmen. S. heute § 903 BGB. S. a. R 30 u. S 70. Vgl. S 63.

55. **Quilibet verborum suorum optimus interpres.** Jeder ist seiner Worte bester Deuter. Bei Zweifeln über den Sinn von Worten ist in erster Linie ihr Urheber zu befragen. Prägnante Formulierung von J 30 in Anlehnung an O 25. Übersehen von Foth 177–179. S. aus neuerer Zeit Einl. §§ 47 f. preuß. ALR. S. ab. a. A 88, C 81 u. J 123.

56. **Qui mandat solvi, ipse videtur solvere.** Wer zu leisten beauftragt, wird angesehen, als leiste er selbst. Das im Auftrag eines andern Geleistete ist dessen Leistung. Dig. 46, 3, 56 (Paulus). S. heute BGHZ 36, 30 ff. u. dazu Flume, JZ 1962, 281 f.

57. **Qui mavult, vult.** Wer eher will, will. Wer sich unter mehreren Möglichkeiten für eine entscheidet, ist mit ihr einverstanden; er kann nicht einwenden, diese habe er nicht frei gewählt.

58. **Qui melius probat, melius habet.** Wer besser beweist, hat besser. Im Prozeß obsiegt, wer die besseren Beweise hat.

59. **Qui nimis probat, nil probat.** Wer zu viel beweist, beweist nichts. Eine über das Ziel hinausschießende Beweisführung macht die ganze Beweisführung unglaubwürdig.

60. **Qui non appellat, approbare videtur sententiam.** Wer kein Rechtsmittel einlegt, ist mit dem Urteil offenbar einverstanden.

61. **Qui non habet potestatem alienandi, habet necessitatem retinendi.** Wem die Veräußerungsbefugnis fehlt, der muß (die Sache) festhalten. Der Rechtsinhaber, dem, wie bei Insolvenz oder Beschlagnahme in der Zwangsvollstreckung, die Verfügungsbefugnis entzogen ist, darf das Recht bzw. die Sache auch nicht sonstwie aufgeben oder beiseiteschaffen. S. heute § 288 StGB.

62. **Qui non habet in aere, luat in corpore.** Wer kein Geld hat, muß mit dem Leib büßen. Werden Geldstrafen nicht entrichtet, so treten an ihre Stelle Leibes- und Freiheitsstrafen. Dionysius Gothofredus, Außenglosse Qui zu Cod. Just. 6, 1, 4 § 2. S. schon Dig. 48, 19, 1 § 3 a.E. (Ulpian). Foth 175–177. S. heute §§ 43 StGB u. 11 WStG. S.a. L 73.

63. **Qui non improbat, probat.** Wer nicht mißbilligt, billigt. Protestiert in bestimmten Fällen der Vertragspartner nicht, so ist er mit der Regelung durch den andern Teil einverstanden. Glossen Contra denunciaverit zu Dig. 25, 3, 1 § 4; u. Elegit zu 47, 5, 1 § 6 (Accursius). S. heute etwa die Rspr. zum kaufmännischen Bestätigungsschreiben, §§ 377 HGB u. 455 S. 2 BGB.

64. **Qui non laborat, nec manducet.** Wer nicht arbeitet, soll auch nicht essen. Gemeint nur, wer nicht arbeiten will. S. Paulus, Zweiter Brief an die Thessalonicher 3, 10. S. schon 1. Moses 3, 19. Walther Nr. 24404.

65. **Qui non potest donare, non potest confiteri.** Wer nicht schenken kann, kann nicht anerkennen. Wer, wie insbesondere Verwalter fremder Vermögen, zu unentgeltlichen Verfügungen nicht

berechtigt ist, ist auch nicht berechtigt, vor Gericht einen gegen dieses Vermögen geltend gemachten Anspruch anzuerkennen. Gilt in Deutschland nicht mehr.

66. **Qui non prohibet quod prohibere potest, assentire videtur.** Wer nicht hindert, was er hindern kann, stimmt offenbar zu. Betrifft ursprünglich nur die unmittelbare Haftung des Herrn für Taten seiner Gewaltunterworfenen. S. Dig. 9, 4, 3 (Ulpian) u. 9, 4, 4 pr. g. E. (Paulus). Die strafrechtliche Verantwortlichkeit für Unterlassungen regelt heute § 13 Abs. 1 StGB.

67. **Qui occasionem dat damni, damnum dedisse videtur.** Wer einen Schaden ermöglicht hat, hat ersichtlich den Schaden angerichtet. Damasus, Regulae canonicae 41. S. schon Dig. 9, 2, 30 § 3 g. E. (Paulus).

68. **Qui ‚omne'** (od.: **‚Omne' qui**) **dicit, nihil excludit.** Wer ‚alles' sagt, schließt nichts aus. Dionysius Gothofredus, Außenglosse Omne zu Dig. 32, 68 pr.

69. **Qui partem debiti sine protestatione solvit, totum debitum agnoscere videtur.** Wer einen Teil einer Schuld ohne Verwahrung erfüllt, erkennt damit ersichtlich die ganze Schuld an. S. heute § 208 BGB.

70. **Qui peccat ebrius, luat sobrius.** Wer trunken fehlt (Unrecht tut), muß nüchtern büßen. Wer im Rausch Übles tut, muß trotzdem büßen und ist spätestens dann wieder nüchtern. S. Dekret Gratians 1, 38, 10 a. E. (Gregor I., nämlich zu Hiob 21, 21). Vgl. Leges Henrici 88, 6 a = 80, 11 a (Heinrich I.). S. heute §§ 323 a StGB u. 276 BGB.

71. **Qui praescribi patitur, alienare videtur.** Wer verjähren läßt, wird angesehen, als veräußere er. Wer einen Anspruch verjähren läßt, entäußert sich praktisch des dem Anspruch zugrundeliegenden Rechts.

72. **Qui prior est tempore, potior est jure.** Wer zeitlich früher dran ist, ist rechtlich besser dran. In vielen Fällen richtet sich die Rechtsstellung nach der zeitlichen Reihenfolge, insbesondere beim Erwerb dinglicher Rechte durch Verfügung oder durch Vollstreckungszugriff. Liber sextus 5, 13, 54 (Bonifaz VIII.).

S. schon Cod. Just. 8, 17, 3 a. E. (Caracalla). S. heute etwa §§ 879 Abs. 1 u. 1209 BGB u. 804 Abs. 3 ZPO. S. a. P 98. Vgl. O 4.

73. **Qui protestat, nil agit.** Wer sich verwahrt, schließt nichts ab. Der sich Verwahrende tätigt gerade kein Rechtsgeschäft. S. a. P 126, ab. a. 125.

74. **Qui provocat, nondum damnatus videtur.** Wer Rechtsmittel einlegt, wird als noch nicht verurteilt angesehen. Rechtskräftig ist eine Verurteilung erst, wenn man kein Rechtsmittel mehr einlegen kann.

75. **Qui rationem in omnibus quaerunt, rationem subvertunt.** Wer immer nach dem Sinn fragt, kehrt den Sinn um. Diskutiert man frei den Sinn einer Regelung, so wird ihre Handhabung leicht unfest, wodurch ihr Zweck, Rechtssicherheit zu schaffen, verfehlt wird. Der Sinn vieler rechtlicher Regelungen besteht wesentlich darin, Klarheit zu schaffen. Prägnante Fassung von R 6. S. a. N 126, ab. a. R 4.

76. **Qui sciens solvit indebitum, donandi consilio id videtur fecisse.** Wer wissentlich eine Nichtschuld erfüllt hat, wird angesehen, als hätte er schenken wollen. S. Dig. 50, 17, 53 a. E. (Paulus). S. heute § 814 Alt. 1 BGB.

77. **Qui se judicis incompetentis jurisdictioni semel subjecit, illius jurisdictionem agnoscere videtur.** Wer sich der Gerichtsbarkeit eines unzuständigen Richters einmal unterworfen hat, wird angesehen als erkenne er dessen Gerichtsbarkeit an. S. Dig. 5, 1, 1 (Ulpian). S. heute § 39 ZPO. S. a. U 1 u. 4.

78. **Qui sentit onus, sentire debet commodum, et contra.** Wer die Last hat, muß auch den Vorteil haben, und umgekehrt. Liber sextus 5, 13, 55 (Bonifaz VIII.). S. schon Dig. 50, 17, 10 (Paulus) u. A 46. Vgl. soeben Nr. 46, R 7 u. U 8.

79. **Quisque potest renuntiare juri suo.** Jeder kann auf sein Recht verzichten. Damasus, Regulae canonicae 128. S. schon C 106.

80. **Qui tacet, consentire videtur (ubi loqui potuit et debuit).** Wer schweigt, scheint zuzustimmen (wo er hätte sprechen können und müssen). Liber sextus 5, 13, 43 (Bonifaz VIII.). S. schon

Dig. 19, 2, 13 § 11 g.E. (Ulpian). Andreas Wacke, Keine Antwort ist auch eine Antwort, JA 1982, 184f.; u. Christoph Krampe, Qui . . ., in: Festschr. P. Mikat (Berlin 1989) 367–380. S. heute etwa §§ 416 Abs. 1 S. 2, 455 S. 2, 516 Abs. 2 S. 2, 545, 625, 663, 1943 Hs. 2 BGB, 362 Abs. 1 S. 1 Hs. 2 u. 377 Abs. 2 u. 3 HGB; ab. a. 108 Abs. 2 S. 2 Hs. 2, 177 Abs. 2 S. 2 Hs. 2, 415 Abs. 2 S. 2 Hs. 2 u. 451 Abs. 1 S. 2 i.V.m. 177 Abs. 2 S. 2 Hs. 2 BGB. S.a. S 34 u. J 146.

81. **Qui vim facit, dolo malo facit.** Wer Gewalt übt, handelt arglistig. Dig. 47, 8, 2 § 8 (Ulpian).

82. **Qui vult decipi, decipiatur.** Wer betrogen sein will, soll betrogen werden. Allzu großer Leichtsinn verdient keinen Rechtsschutz. S.a. S 69.

83. **Qui vult finem, velle etiam creditur media, sine quibus finis obtineri nequit.** Wer ein Ergebnis will, von dem wird angenommen, daß er auch die Mittel will, ohne die das Ergebnis nicht erreicht werden kann. Maxime für die Beweiswürdigung. Vgl. soeben Nr. 33.

84. **Quod ab initio vitiosum est, non potest tractu temporis convalescere** oder **Quod ab initio non valet, tractu temporis non convalescit.** Was von Anfang an fehlerhaft ist, kann nicht durch Zeitablauf heilen bzw. was von Anfang an ungültig ist, wird nicht durch Zeitablauf geheilt. Richtet sich gegen den Verjährungsgedanken bzw. seine Ausweitung. Dig. 50, 17, 29 (Paulus); s.a. 50, 17, 210 (Licinius Rufin). Schanbacher (s. oben A 81) 190f. u. 214. S. heute dagegen außer §§ 121, 124, 1954, 2082, 2083 BGB u. 35 EheG zumal § 194 BGB. S.a. N 119 u. A 4.

85. **Quod alicui gratiose conceditur, trahi non debet ab aliis in exemplum.** Was jemandem aus Gefälligkeit eingeräumt wird, darf nicht von anderen als Beispiel herangezogen werden. Liber sextus 5, 13, 74 (Bonifaz VIII.).

86. **Quod alicui suo non licet nomine, nec alieno licebit.** Was jemandem nicht im eigenen Namen gestattet ist, wird ihm auch nicht im Namen eines andern gestattet sein. Liber sextus 5, 13, 67 (Bonifaz VIII.). S. heute dagegen etwa § 165 BGB.

87. **Quod approbo, non reprobo.** Was ich billige, lehne ich nicht ab. Wer etwas gebilligt hat, kann es nicht mehr ablehnen; Zustimmungen sind endgültig. Dig. 3, 5, 8 Mitte (Cervidius Skävola).

88. **Quod contra legem fit, pro infecto habetur.** Was gegen das Gesetz geschieht, wird als ungeschehen behandelt. Gesetzwidrige Rechtsgeschäfte sind nichtig. S. Dig. 38, 11, 1 § 1 a.E. (Ulpian). S. heute § 134 BGB. S.a. Nr. 4 u. 5, ab. a. Nr. 97.

89. **Quod contra rationem juris receptum est, non est ducendum ad consequentias.** Was entgegen der Grundrichtung der Rechtsordnung angenommen worden ist, darf nicht bis zur letzten Konsequenz geführt werden. Dig. 1, 3, 14 = 50, 17, 141 pr. (Paulus); s.a. Dig. 1, 3, 15 (Julian). S.a. Nr. 12 u. 3. Vgl. J 56 u. S 40.

90. **Quod datur personis, cum personis amittitur.** Was Personen gegeben wird, geht mit den Personen verloren. Höchstpersönliche Rechte erlöschen mit dem Tode ihres Inhabers, statt auf seine Erben überzugehen. Dig. 43, 20, 1 § 43 g.A. (Ulpian). S.a. P 105.

91. **Quod Deus conjunxit, homo non separet.** Was Gott verbunden hat, soll der Mensch nicht trennen. Betrifft Eheleute. Matthäusevangelium 19, 6 u. Markusevangelium 10, 9 (beides Jesus). S. heute Can. 1141 Codex juris canonici, ab. a. §§ 1564–1568 BGB. S. L 58.

92. **Quod directo fieri prohibetur, etiam est prohibitum per indirectum.** Was verboten ist, darf auch nicht auf Umwegen gemacht werden. S. heute §§ 306a, 475 Abs. 1 S. 2, 506 u. 655e Abs. 1 S. 2 BGB. S.a. C 120 u. soeben Nr. 18.

93. **Quod emtionem venditionemque recipit, etiam pignerationem recipere potest.** Was Gegenstand eines Kaufs sein kann, kann auch Gegenstand einer Verpfändung sein. Dig. 20, 1, 9 § 1 (Gajus). S. heute § 1273 Abs. 1 i. Vgl. z. § 453 BGB.

94. **Quod evincitur, in bonis non est.** Was entwehrt wird, gehört nicht zum Vermögen. Sachen, die ein Dritter herausverlangt, weil sie ihm gehören, gehören weder zum haftenden Vermögen ihres gegenwärtigen Besitzers, noch sind sie bei einer Vermögensaufstellung, etwa zu erbrechtlichen Zwecken, zu veran-

schlagen. Dig. 50, 17, 190 (Celsus). S. heute §§ 771 ZPO u. 47f. InsO.

95. **Quod ex re nostra fit, nostrum est.** Was aus unserer Sache gemacht wird, gehört uns. Rohstoffprinzip bei der Verarbeitung, vertreten von der Römischen Juristenschule der Sabinianer. S. Dig. 41, 1, 7 § 7 (Gajus); u. 10, 4, 12 § 3 a.E. (Paulus). S. heute § 414 österr. ABGB u. Art. 570 französ. Code civil, ab. a. § 950 BGB.

96. **Quod fieri debet, facile praesumitur.** Was geschehen muß, wird ohne weiteres unterstellt. Bis zum Beweis des Gegenteils wird davon ausgegangen, daß die Rechtsgenossen ihren Pflichten nachkommen. Vgl. A 52 u. O 17.

97. **Quod fieri non debet, factum tamen tenet.** Was nicht geschehen soll, hält doch, wenn es geschehen ist. Glossen Sententia valebit g.E. zu Dig. 2, 12, 1 § 1; u. Datus zu 46, 1, 8 § 4. S.a. M 77, ab. a. soeben Nr. 4, 5 u. 88.

Quod in favorem alicujus . . . s. sofort Nr. 112.

98. **Quod judex non adjudicat, abjudicat.** Was der Richter nicht zuspricht, spricht er ab. Soweit der Richter einer Klage nicht stattgibt, weist er sie ab, auch wenn die Worte „im übrigen wird die Klage abgewiesen“ im Urteil fehlen sollten. Insoweit s. heute dagegen § 321 ZPO.

99. **Quod jussu alterius solvitur, pro eo est, quasi ipsi solutum esset.** Was auf Anweisung eines andern geleistet wird, ist so anzusehen, als ob es diesem selbst geleistet worden wäre. Eine Leistung auf Anweisung eines anderen ist zugleich Leistung des Angewiesenen an den Anweisenden. Dig. 50, 17, 180 (Paulus). S. heute § 787 Abs. 1 BGB.

100. **Quod legibus omissum est, non omittetur religione judicantis.** Was in den Gesetzen übergangen ist, wird der gewissenhafte Richter nicht übergehen. Lücken im Gesetz schließt der Richter. Dig. 22, 5, 13 g.E. (Papinian).

101. **Quod legitime factum est, non meretur poenam.** Was rechtens getan worden ist, verdient keine Strafe. Glosse Actionem g.E. zu Dig. 39, 3, 4 pr. (Accursius). S. schon Cod. Just. 9, 9, 4 pr. (Alexander Severus).

102. **Quod major pars capituli facit, totum capitulum facere videtur.** Was die Mehrheit eines Kapitels beschließt, beschließt das ganze Kapitel. S. Dekretalen 1, 6, 48 (Honorius III.) u. 50 (Gregor IX.). S. schon R 14. Ferdinand Elsener, Zur Geschichte des Majoritätsprinzips, in: SZ Kan. 42 (1956) 86.

103. **Quod non est, confirmari non potest.** Was nicht ist, kann nicht bestätigt werden. Eine Bestätigung bewirkt nur dann etwas, wenn ein Rechtsgeschäft vorangegangen ist, mag es auch fehlerhaft oder noch nicht wirksam gewesen sein. S. heute § 141 BGB. S. a. N 86.

104. **Quod non est in actis, non est in mundo.** Was nicht in den Akten ist, ist nicht auf der Welt. Ausdruck des Schriftlichkeitsgrundsatzes im Verfahrensrecht. Walther Nr. 25928 a. S. a. Nr. 106.

105. **Quod non est licitum lege, necessitas facit licitum.** Was gesetzlich nicht erlaubt ist, erlaubt die Not. Notstand rechtfertigt, was gewöhnlich verboten ist. Dekretalen 5, 41, 4 (Beda). S. heute §§ 34 f. StGB, 16 OWiG, 228 u. 904 BGB u. Artt. 12 a Abs. 6, 80 a, 81, 87 a Abs. 4, 91 u. 115 a–115 l GG. S. a. P 120. Vgl. N 10 u. soeben Nr. 37.

106. **Quod non legitur, non creditur.** Was nicht gelesen wird, wird nicht geglaubt. Im Prozeß wird nur berücksichtigt, was schriftlich niedergelegt ist. Vor der Französischen Revolution war Schriftlichkeit in Deutschland Verfahrensgrundsatz. Gilt seit Einführung der Öffentlichkeit nicht mehr, s. heute §§ 261–264 Abs. 1 StPO u. 128 ZPO sowie 169 GVG. S. a. Nr. 104.

107. **Quod non rite factum est, pro infecto habetur.** Was nicht formgerecht geschehen ist, wird als ungeschehen behandelt. Unbeachtete Formvorschriften machen ein Rechtsgeschäft unwirksam. S. heute § 125 S. 1 BGB. S. a. A 39, F 44 u. N 138.

108. **Quod non valet ut ago, valet ut valere potest.** Was nicht gilt, wie ich es bestimme, gilt, wie es gelten kann. Früher gebrauchte, auch in Rechtsgeschäfte hineingelesene Klausel zur Rechtfertigung einer Umdeutung. Damasus, Regulae canonicae 78; u. Glosse Non via zu Dig. 8, 3, 23 pr. Christoph Krampe, Die Konversion des Rechtsgeschäfts (Frankfurt a. M. 1980) 75 ff. S. heute §§ 140 u. 2084 BGB. S. a. Nr. 20 u. P 81. Vgl. J 53.

109. **Quod nostrum est, sine facto nostro ad alium transferri non potest.** Was uns gehört, kann ohne unser Zutun auf keinen andern übertragen werden. Ohne eigenes Zutun verliert man keine Rechte an einen andern Privatmann. Dig. 50, 17, 11 (Pomponius).

110. **Quod nullum est, nullum producit effectum.** Was nichtig ist, bringt keine Wirkung hervor. Nichtige Rechtsgeschäfte sind schlechthin wirkungslos. S. heute dagegen Hans-Martin Pawlowski, Rechtsgeschäftliche Folgen nichtiger Willenserklärungen (Göttingen 1966). Vgl. das Folgende.

111. **Quod nullum est, rescindi non potest.** Was nichtig ist, kann nicht vernichtet werden. Nichtige Rechtsgeschäfte können weder angefochten noch gerichtlich aufgehoben werden. Glosse Ad distrahendum a.E. zu Dig. 19, 1, 11 § 6. Vgl. das Vorige.

112. **Quod ob gratiam alicujus conceditur, non est in ejus dispendium retorquendum.** Was zu jemandes Gunsten eingeräumt wird, darf nicht zu seinem Nachteil gewendet werden. Liber sextus 5, 13, 61 (Bonifaz VIII.). S. schon Dig. 1, 3, 25 (Modestin); u. Cod. Just. 1, 14, 6 (Theodosius II.).

113. **Quod omnes tangit, debet ab omnibus approbari.** Was alle berührt, muß von allen gebilligt werden. Liber sextus 5, 13, 29 (Bonifaz VIII.). S. schon Cod. Just. 5, 59, 5 § 2 a.E. (Justinian), betrifft also ursprünglich Geschäftsführung bei Mehrheit von Vormündern. Gaines Post, A Romano-Canonical Maxim ‚Quod ...' in Bracton, in: Traditio 4 (1946) 197–251; ders., Studies in Medieval Legal Thought (1964) 163–238; u. A. Marongiu, Momenti ed aspetti del Quod ..., in: Studi in onore di A. Biscardi IV (Mailand 1983) 675–690. S. heute Can. 119 Nr. 3 Codex juris canonici. S. ab. a. R 14.

114. **Quod per jocum fit, non est sinistre interpretandum.** Was zum Scherz geschieht, darf nicht finster ausgelegt werden. Nicht ernstlich gemeinte Handlungen sind keine Delikte. S. Dig. 47, 10, 3 § 3 (Ulpian). S.a. Nr. 51.

115. **Quod per me non possum, nec per alium.** Was ich nicht selbst kann, kann ich ebensowenig durch einen anderen. Nur insoweit

kann man sich vertreten lassen, als man selbst handeln könnte. Betrifft die rechtsgeschäftliche Vertretung. S. Glosse Quia nec ipsa zu Dig. 3, 5, 30 (31) § 6. S. ab. a. P 77.

116. **Quod principi placuit, legis habet vigorem.** Was der Fürst beschlossen hat, hat Gesetzeskraft. Grundsatz der absoluten Monarchie. Dig. 1, 4, 1 pr. (Ulpian). T. J. Veen, Quod . . ., in: Brocardica (s. oben A 32) 107–110. S. demgegenüber schon Einl. §§ 5 u. 10 preuß. ALR. S. a. R 57.

117. **Quod produco, non reprobo.** Was ich beibringe, mißbillige ich nicht. Wer sich auf ein Beweismittel beruft, kann es nicht für unglaubwürdig erklären. S. heute dagegen § 285 Abs. 1 ZPO. S. a. T 15.

118. **Quod proprium est alicujus, amplius ejus fieri nequit.** Was jemandem gehört, kann nicht überdies sein werden. S. Dig. 44, 2, 14 § 2 a. E. u. 50, 17, 159 (beides Paulus). S. a. Nr. 125. Vgl. N 72 u. S 71.

119. **Quod quis ex culpa sua damnum sentit, non intelligitur damnum sentire.** Wenn jemand aus eigenem Verschulden einen Schaden leidet, so gilt das nicht als Schaden. Wer an einem erlittenen Schaden auch selbst schuld ist, kann keinen Ersatz verlangen. Dig. 50, 17, 203 (Pomponius). Christian Wollschläger, Eigenes Verschulden des Verletzten, in: SZ 93 (1976) 115–137. S. heute §§ 254 u. etwa 122 Abs. 2 BGB.

120. **Quod quis mandato facit judicis, dolo facere non videtur (cum habeat parere necesse).** Wenn jemand auf Anordnung einer Behörde handelt, gilt sein Handeln nie als arglistig (da er gehorchen muß). Handeln auf staatlichen Befehl ist nie verwerflich. Liber sextus 5, 13, 24 (Bonifaz VIII.). S. schon Dig. 50, 17, 167 § 1 (Paulus). Vgl. heute § 5 WStG. Vgl. E 16.

121. **Quod quisque juris in alterum statuerit, ipse eodem jure utatur.** Dem Recht, das jemand gegenüber anderen gesetzt hat, ist auch er selbst unterworfen. Dig. 2, 2 Rubrik (Edikt des römischen Prätors § 8). Kaser, RZ 182 u. Fn. 23; u. Francesco de Martino, Storia della costituzione romana III, 2. Aufl. (Neapel 1973) 150. S. a. L 7, 31 u. sofort Nr. 129.

122. **Quod quisque ob tutelam corporis sui fecerit, jure fecisse existimetur.** Was jemand zum Schutz seines Körpers getan hat, ist als rechtmäßig anzusehen. Handlungen zum Schutz von Leib und Leben sind nicht rechtswidrig. Dig. 1, 1, 3 Mitte (Florentin). S. heute §§ 32–35 StGB. S. a. A 103 u. V 26.

123. **Quod quis si velit habere non potest, id repudiare non potest.** Was jemand nicht haben kann, wenn er es wollte, kann er nicht ausschlagen. Dig. 50, 17, 174 § 1 (Paulus). S. a. J 144.

124. **Quod raro fit, non observant legislatores.** Was selten geschieht, berücksichtigen Gesetzgeber nicht. Nov. 94, 2 Mitte (Justinian unt. Berfg. a. eine alte Weisheit). S. schon Dig. 1, 3, 3–6 (Pomponius, Celsus und Paulus). A. Wacke, Quod . . ., JA 1987, 75 f. S. a. D 26.

125. **Quod semel meum est, amplius meum esse non potest.** Was einmal mir gehört, kann mir nicht noch einmal gehören. Wer ein Recht hat, kann es nicht noch einmal erwerben. Einprägsamere Fassung von Nr. 118.

126. **Quod semel placuit, amplius displicere non potest.** Was einmal bejaht worden ist, kann nicht mehr abgelehnt werden. Ist ein Rechtsgeschäft oder eine Rechtssetzung einmal getan, so kann sie nicht mehr zurückgenommen werden. Liber sextus 5, 13, 21 (Bonifaz VIII.). S. schon R 27 u. Cod. Just. 4, 10, 5 (Diokletian).

127. **Quod semel sumpsit, fiscus numquam reddit.** Was er einmal genommen hat, gibt der Staat niemals zurück. Neue Steuern pflegen auch nach Wegfall ihres Grundes beibehalten zu werden.

128. **Quod subintellegitur, non deest.** Was hinzugedacht wird, fehlt nicht. Sind in einem Rechtsgeschäft oder Rechtssatz einzelne Punkte nicht ausdrücklich geregelt, so schadet das nicht, wenn kein Verständiger zweifelt, was gemeint ist. Betrifft auch beurkundungsbedürftige Geschäfte und Rechtssetzungen.

129. **Quod tibi fieri non vis, alteri ne feceris.** Was du nicht willst, daß man dir tu, das füg auch keinem andern zu. Die Goldene Regel. Scriptores Historiae Augustae, vita Alexandri Severi

51, 8 a. A. (angeblich Alexander Severus). S. schon Das Buch Tobias 4, 16 (Tobias d. Ä.). Johannes Straub, Heidnische Geschichtsapologetik (Bonn 1963) 106 ff.; ders., Regeneratio imperii (Darmstadt 1972) 377 Fn. 38; u. J. Hruschka, Die Konkurrenz von Goldener Regel und Prinzip der Verallgemeinerung in der juristischen Diskussion des 17./18. Jahrhunderts als geschichtliche Wurzel von Kants kategorischem Imperativ, JZ 1987, 941–952. S. a. soeben Nr. 121.

130. **Quod tibi non nocet et alteri prodest, facile concedendum est.** Was dir nicht schadet und einem anderen nützt, ist bereitwillig zu gewähren. Man soll auf Rechte verzichten, wenn man daraus keinen Nachteil hat, andere aber einen Vorteil haben. S. heute dagegen § 226 BGB.

131. **Quod universitati debetur, singulis non debetur.** Was einer Körperschaft geschuldet wird, wird nicht den einzelnen Mitgliedern geschuldet. Rechte einer Körperschaft stehen ihr als solcher zu, nicht auch den einzelnen Mitgliedern, etwa nach realen Bruchteilen. S. Dig. 3, 4, 7 § 1 a. A. (Ulpian). S. a. U 24. Vgl. das Folgende.

132. **Quod universitatis est, non est singulorum.** Was einer Körperschaft gehört, gehört nicht den einzelnen Mitgliedern. Eigentümer ist die Körperschaft als solche, nicht (auch) sind es die einzelnen Mitglieder, etwa in schlichter Rechtsgemeinschaft. S. Inst. 2, 1 § 6 = Dig. 1, 8, 6 § 1 a. A. (Marcian). S. a. U 24. Vgl. das Vorige.

133. **Quod vanum et inutile est, lex non requirit.** Was sinn- und nutzlos ist, verlangt das Gesetz nicht. S. a. L 38.

134. **Quo ligatur, eo dissolvitur.** Wie gebunden, so gelöst. Kurzfassung des Folgenden.

135. **Quomodo quid colligatur, eodem modo dissolvitur.** Auf welche Weise etwas geknüpft wird, auf diese Weise wird es gelöst. Durch Konträrakt können bindende Rechtshandlungen wieder aufgelöst werden. S. Dig. 50, 17, 35 (Ulpian). Liebs, Contrarius actus, in: Sympotica Franz Wieacker sexagenario (Göttingen 1970) 111–153, bes. 151 f. u. Fn. 167. S. a. P 127, E 24, O 23 u. das Vorige.

136. **Quot homines, tot sententiae.** Wie viele Menschen, so viele Stimmen. Terenz, Phormio 454. S. a. N 178.

137. **Quotiens indistincte quid solvitur, in graviorem causam videtur solutum.** Sooft etwas ohne Bestimmung geleistet wird, wird es als auf den drückenderen Schuldgrund geleistet angesehen. Dig. 46, 3, 5 pr. g. A. (Ulpian). S. heute § 366 Abs. 2 Alt. 2 BGB.

R

1. **Radiis virorum coruscant mulieres.** Mit den Strahlen der Männer leuchten die Frauen. Ein Ehrenrecht eines Mannes erstreckt sich auf seine Ehefrau. Betrifft insbesondere Standesvorrechte wie Zugehörigkeit zum Adel. S. Cod. Just. 12, 1, 13 (Theodosius I.). S. schon Paulus, Erster Brief an die Korinther 11, 7.

2. **Ratihabitio mandato comparatur.** Die Genehmigung wird dem Auftrag gleichgestellt. Wer ein Rechtsgeschäft oder Delikt genehmigt, ist ebenso zu behandeln, wie wenn er dazu beauftragt hätte. Dig. 46, 3, 12 § 4 a.E. S.a. 43, 16, 1 § 14 = 50, 17, 152 § 2 (alles Ulpian, zuletzt unt. Berfg. a. Sabinus u. Cassius; unzutr. H. H. Seiler, Der Tatbestand der negotiorum gestio (Köln 1968) 114: nachklassisch). S. heute §§ 177 Abs. 1 i.V.m. 184, 185 Abs. 2 u. 684 S. 2, ab. a. 830 BGB u. 25–27 sowie 257 StGB. S.a. das Folgende u. A 73, ab. a. A 77.

3. **Ratihabitionem retrotrahi et mandato non est dubium comparari.** Eine Genehmigung wird ohne Zweifel zurückbezogen und einem Auftrag gleichgestellt. Liber sextus 5, 13, 10 (Bonifaz VIII.). S. schon Damasus, Regulae canonicae 106; u. bereits Cod. Just. 4, 28, 7 pr. g.E. (Justinian); sowie das Vorige.

4. **Ratio legis est anima legis.** Der Sinn des Gesetzes ist die Seele des Gesetzes. Nicolaus Everardi, Loci argumentorum legales 78, 2. S.a. J 57. Vgl. L 50. S. ab. a. sofort Nr. 6 u. Q 75.

5. **Ratio legislatoris posterioris derogat rationem legislatoris prioris.** Die Wertung des späteren Gesetzgebers hebt die abweichende Wertung des früheren Gesetzgebers auf. Burkhard Schmiedel, Deliktsobligationen nach deutschem Kartellrecht I (Tübingen 1974) 237: Fortentwicklung von L 43. S. schon P 97.

6. **Rationes eorum, quae constituuntur, inquiri non oportet, alioquin multa ex his, quae certa sunt, subvertuntur.** Den Sinn dessen, was als gültig festgelegt wird, soll man nicht erforschen,

sonst wird viel von dem, was feststeht, umgestoßen. Dig. 1, 3, 21 (Neraz). S. a. N 126 u. Q 75; ab. a. soeben Nr. 4.

7. **Rationi** congruit, **ut succedat in onere, qui substituitur in honore.** Es ist vernünftig, daß die Last übernimmt, wer in die Ehrenstelle nachrückt. Mit einer Ehren- oder Amtsstellung verbundene Lasten gehen sinnvollerweise auf den Nachfolger über. Liber sextus 5, 13, 77 (Bonifaz VIII.). Vgl. Q 46 u. F 37.

8. **Ratum quis habere non potest, quod ipsius nomine non est gestum.** Niemand kann genehmigen, was nicht in seinem Namen getätigt worden ist. Durch nachträgliche Zustimmung kann ich nur diejenigen von einem andern getätigten Geschäfte zu meinen eigenen machen, welche von vornherein in meinem Namen abgeschlossen worden sind. Liber sextus 5, 13, 9 (Bonifaz VIII.). S. heute § 177 Abs. 1 BGB.

9. **Rebus sic stantibus omnis promissio intellegitur.** Bei jedem Versprechen wird davon ausgegangen, daß die Dinge so bleiben. S. Thomas von Aquin, Summa theologica 2, 2, 110, 3 rat. 5 unt. Berfg. a. Seneca d. J., De beneficiis 4, 34, 3–4, 35. Margarethe Beck-Mannagetta, Die clausula rebus sic stantibus und die Geschäftsgrundlage in der Dogmengeschichte, in: La formazione storica del diritto moderno in Europa III (Florenz 1977) 1263–1276; u. Michael Rummel, Die clausula rebus sic stantibus (Baden-Baden 1991). S. heute §§ 313 f. BGB u. 60 VwVfG.

10. **Recognitio nil dat novi.** Anerkennen (oder: Beglaubigen) bringt nichts Neues. Wer eine Erklärung als von ihm rührend oder eine Aufstellung als richtig anerkennt, gibt damit keine neue rechtsgeschäftliche Erklärung ab. Ebensowenig, wer die Echtheit einer Urkunde beglaubigt. Vgl. C 61.

11. **Re extincta pignus perit.** Wird die Sache zerstört, so erlischt das Pfandrecht. Das Pfandrecht ist vom Bestand der Pfandsache abhängig. Dig. 20, 6, 8 pr. (Marcian). Gilt für alle dinglichen Rechte, auch heute.

12. **Referens finem et effectum accipit a relato.** Die Verweisung erhält Ziel und Wirkung vom Verwiesenen. Durch Verweisung auf eine andere Regelung oder Erklärung wird nichts bewirkt, wenn dort, wohin verwiesen wird, nichts geregelt ist.

13. **Referens sine relato non probat.** Eine Verweisung beweist nicht ohne das Verwiesene. Verweist ein Text auf einen anderen, so muß auch der andere vorgelegt werden. S. Nov. 119, 3 (Justinian). S. ab. a. V 12.

14. **Refertur ad universos, quod publice fit per majorem partem.** Auf sämtliche wird bezogen, was in öffentlichen Angelegenheiten durch den größeren Teil geschieht. Im öffentlichen Recht binden Mehrheitsbeschlüsse auch die unterlegene Minderheit. Dig. 50, 17, 160 § 1 (Ulpian). S.a. Dig. 50, 1, 19 (Cervidius Skävola). S.a. Q 102, ab. a. 113.

15. **Reformatio in pejus judici appellato non licet.** Die Rechtsmittelinstanz darf das angefochtene Urteil nicht zu Lasten des Anfechtenden abändern. S. Dig. 49, 1, 1 pr. g.E. (Ulpian), wo freilich an sich nur bedauernd festgestellt wird, daß die auf ein Rechtsmittel ergehenden Urteile nicht immer besser, sondern zuweilen auch schlechter werden. S. heute §§ 331, 358 Abs. 2 StPO, 536, 559 Abs. 1 ZPO u. 129 VwGO.

16. **Rei suae pignus non consistit.** An eigener Sache gibt es kein Pfandrecht. Gelangen Pfandrecht und Eigentum an einer Sache an einen und denselben, so erlischt das Pfandrecht. S. Dig. 50, 17, 45 pr. (Ulpian). Zimmermann (s. N 72), 19–36. S. heute § 1256 BGB, ab. a. § 889 u. zu beiden Vorschriften Zimmermann ebenda 148–160. Vgl. S 71.

17. **Remanet propter pignus naturalis obligatio.** Wegen eines Pfandes bleibt eine Naturalobligation bestehen. Eine verjährte oder sonstwie nicht mehr geltend zu machende Forderung bleibt, wenn sie durch ein Pfandrecht gesichert ist, insoweit bestehen, als dies zum Fortbestand des Pfandrechts erforderlich ist. Dig. 36, 1, 61 pr. Mitte (Paulus). S. heute § 216 BGB. S.a. V 27.

18. **Remedium extraordinarium locum non habet, nisi deficit ordinarium.** Außerordentliche Mittel greifen nur Platz, wenn ordentliche fehlen. Manche Klag- oder Antragsrechte stehen nur subsidiär, nur aushilfsweise zur Verfügung für den Fall, daß die üblichen im konkreten Fall versagen. S. Dig. 4, 4, 16 pr. Mitte (Ulpian). S. heute etwa §§ 582 ZPO u. 90 Abs. 2 BVerfGG.

19. **Remissa injuria recoli non potest.** Eine verziehene Injurie kann nicht wiederaufgewärmt werden. Aus einer Injurie entspringende private Rechte erlöschen mit Verzeihung endgültig. S. Dig. 47, 10, 11 § 1 Mitte (Ulpian). S. heute §§ 532 S. 1, 2337 u. 2343 BGB. Vgl. A 27 u. O 1, ab. a. das Folgende.

20. **Remoto impedimento emergit actio.** Ist das Hindernis beseitigt, taucht der Anspruch wieder auf. Ausgeschlossene Ansprüche leben wieder auf, wenn der Grund des Ausschlusses wegfällt. S. heute etwa §§ 1004 Abs. 2 i.V.m. 912 Abs. 1 u. 914 Abs. 1 S. 2; 1976 f. u. 2143 BGB. S. ab. a. A 27, O 1 u. das Vorige.

21. **Renuntiatio est strictissimae interpretationis.** Ein Verzicht ist sehr eng auszulegen.

22. **Renuntiatio non praesumitur.** Verzicht wird nicht vermutet. Im Zweifel ist nicht anzunehmen, daß jemand auf eine Rechtsposition verzichten wollte. S. Cod. Just. 4, 29, 21 (Anastasius). S. a. A 67. Vgl. N 59 u. D 70.

23. **Reos ibi puniendum est, ubi deliquerunt.** Schuldige muß man dort bestrafen, wo sie die Tat begangen haben. Örtlich zuständig ist das Gericht des Tatorts. S. Dig. 48, 2, 7 § 4 g. A. (Ulpian). S. heute § 7 StPO, ab. a. § 42 JGG. S. a. D 7 u. J 1.

24. **Repellitur a sacramento infamis.** Der Ehrlose wird vom Heiligen Sakrament zurückgewiesen. S. Dekret Gratians 3, 2, 95 a. E. (Cyprian). S. bis 1983 Can. 855 § 1 Codex juris canonici 1917.

25. **Repetitio nulla est ab eo, qui suum recepit.** Es gibt keine Rückforderung von jemandem, der das ihm Gebührende erhalten hat. Wer ein Recht auf eine Leistung hatte und diese von wem auch immer auf seine Forderung erhalten hat, braucht die Leistung nicht wieder herauszugeben, auch wenn etwa der Leistende dem Schuldner gegenüber gar nicht zur Leistung verpflichtet war und dies erst später merkt. Satz aus dem Recht der Leistungskondiktion. Dig. 12, 4, 44 a. A. (Paulus).

26. **Reproba pecunia non liberat solventem.** Schlechtes Geld befreit den Zahlenden nicht. Betrifft ursprünglich nur Münzen aus Edelmetall, die nicht nur gefälscht, sondern auch mannigfach verfälscht sein konnten. Dig. 13, 7, 24 § 1 g. E. (Ulpian). S. heute § 14 Abs. 1 S. 3 BBankG.

27. **Reprobare non possum semel probatum.** Was ich einmal gebilligt habe, kann ich nicht mehr ablehnen. Eine einmal erteilte Einwilligung ist endgültig. Dig. 3, 5, 8 Mitte (Cervidius Skävola). S. heute § 183 S. 1 BGB. S.a. Q 126.

28. **Rerum ordo confunditur, si unicuique jurisdictio non servetur.** Die Ordnung der Dinge gerät durcheinander, wenn nicht jedem Rechtsschutz gewährt wird.

29. **Rerum, quae nondum sunt, nulla fieri potest traditio.** Sachen, die es noch nicht gibt, können nicht übergeben werden. Heute kann aber bei der Übereignung beweglicher Sachen ein die Übergabe ersetzendes Besitzmittlungsverhältnis vorweggenommen werden.

30. **Rerum suarum quilibet moderator et arbiter.** Seine Sachen lenkt und richtet jeder selbst. Wer dagegen fremde Angelegenheiten wahrnimmt, muß sich verantworten. Andere Fassung von S 70.

31. **Res accessoria sequitur rem principalem.** Die angefügte Sache folgt der Hauptsache. Sie teilt ihr rechtliches Schicksal. S. heute § 947 Abs. 2 BGB. S.a. A 13f., P 95 u. S 72.

32. **Res crescit vel perit domino.** Zuwachs oder Untergang einer Sache treffen den Eigentümer. S.a. Nr. 49.

33. **Res emta ex pecunia communi non est communis.** Eine aus der gemeinsamen Kasse erworbene Sache ist nicht gemeinschaftlich. Mit gemeinschaftlichem Geld Erworbenes wird nicht schon dadurch gemeinschaftlich; dingliche Surrogation tritt nur ein, wenn sich außerdem das Erwerbsgeschäft auf die Gemeinschaft bezog. S. heute die engen Grenzen der §§ 718 Abs. 2, 1473 Abs. 1 u. 2041 S. 1 BGB. S.a. das Folgende. Vgl. P 93, sofort Nr. 35 u. 53.

34. **Res emta ex pecunia mea non est mea, nisi meo nomine emta sit.** Was mit meinem Geld gekauft worden ist, gehört mir nicht, sofern nicht in meinem Namen gekauft worden ist. Vgl. das Vorige u. das Folgende.

35. **Res ex pecunia pupilli emta est ipsius pupilli.** Eine mit Mitteln des Mündels gekaufte Sache gehört ihm (auch wenn der Kauf

nicht in seinem Namen geschah). Einer der wenigen Fälle dinglicher Surrogation ipso jure. S. Nicolaus Everardi, Loci argumentorum legales 68, 8 unt. Berfg. a. Cod. Just. 5, 51, 3 (Caracalla). S. heute § 1646 BGB. Vgl. das Vorige.

36. **Res fisci usucapi non potest.** Eigentum des Staates kann nicht ersessen werden. S. Inst. 2, 6 § 9 a. A. (klassisches römisches Recht). Heute bezüglich der öffentlichen Sachen z. T. str., s. Hans Julius Wolff u. Otto Bachof, Verwaltungsrecht I (München 1974) 496 = § 57 II b 2.

37. **Res inter alios acta alteri non nocet.** Abmachungen unter den einen schaden keinem andern. Vereinbarungen gehen nicht zu Lasten Dritter. S. Cod. Just. 7, 60, 1 a.A.; u. 7, 56, 4 (beides Diokletian); u. Damasus, Regulae canonicae 24 f. R. Verstegen, Res inter alios acta, aliis nec nocet nec prodest, in: Brocardica (s. oben A 32) 117–122. S. a. A 83. Vgl. das Folgende.

38. **Res inter alios judicata alii non praejudicat.** Was zwischen zweien entschieden ist, betrifft keinen Dritten. Gerichtsurteile wirken nur zwischen den am Prozeß Beteiligten. S. Dig. 48, 2, 7 § 2 g. E. (Ulpian); u. 42, 1, 63 a. A. (Macer: saepe constitutum est). Liebs, Die Klagenkonkurrenz (1972) 219 f. S. heute § 325 Abs. 1 a.A. ZPO. S. a. sofort Nr. 41 f.

39. **Res inter coheredes non sunt amare tractandae.** Erbauseinandersetzungen dürfen nicht verletzend durchgeführt werden. Auf die Gefühle der Beteiligten ist Rücksicht zu nehmen. S. heute etwa §§ 2047 Abs. 2 u. 2049 BGB.

40. **Res ipsa loquitur.** Die Sache spricht für sich. Manche Dinge brauchen im Prozeß nicht dargetan zu werden, da insoweit allgemeine Erfahrungssätze eingreifen. S. Cicero, Rede für Milo §§ 53 g. E. u. 66 g. E. S. schon Terenz, Eunuch 705: res ipsa indicat. S. heute die Regeln des Anscheinsbeweises.

41. **Res judicata alii non nocet.** Urteile schaden Dritten nicht. Sie wirken nur für und gegen die Beteiligten. S. Cod. Just. 7, 56 Rubrik. S. a. Nr. 38 u. das Folgende.

42. **Res judicata jus facit inter partes.** Ein Urteil schafft Recht unter den Parteien. Das rechtskräftige Urteil ist für die am Prozeß Beteiligten maßgebend, wie immer die Rechtslage an sich sein

mag. Präzisierung des Folgenden für das Zivilurteil. Giovanni Pugliese, L'héritage romain dans les règles et les notions modernes concernant la chose jugée, in: Le droit romain et sa réception en Europe - Les actes du colloque organisé par la Faculté de Droit et d'Administration de l'Université de Varsovie en collaboration avec l'Accademia Nazionale dei Lincei du 8–10 octobre 1973 (Warschau 1978) 161 ff., bes. 170–180. S. heute § 325 Abs. 1 ZPO u. Can. 1642 § 2 Codex juris canonici. S. a. S 16. Vgl. soeben Nr. 38 u. 41.

43. **Res judicata pro veritate accipitur.** Ein Urteil gilt als Wahrheit. Ist eine Sache rechtskräftig entschieden, so ist das Urteil schlechthin maßgebend. Dig. 1, 5, 25 a.E. = 50, 17, 207 (Ulpian). S. a. das Vorige.

44. **Res judicatas restaurari exemplo grave est.** Rechtskräftig entschiedene Sachen wiederaufzunehmen ist des Beispiels wegen (das damit gegeben würde) untunlich. Nur in seltenen, nicht ausweitbaren Fällen darf Wiederaufnahme zugelassen werden. Cod. Just. 7, 52, 4 a.E. (Gordian III.). S. heute §§ 359, 362–364 StPO u. 578–582 ZPO.

45. **Res mobilis res vilis.** Eine bewegliche Sache ist wenig wert. Der Schutz des Besitzes an beweglichen Sachen ist schwächer und der Rechtsverkehr mit beweglichen Sachen einfacher als bei unbeweglichen Sachen. S. heute §§ 311 b Abs. 1, 873 u. 925 i. Vgl. z. 929 BGB. S. a. M 61.

46. **Res nullius primo occupanti.** Eine herrenlose Sache geht an den ersten, der sie ergreift. S. Inst. 2, 1 § 12 g. A. = Dig. 41, 1, 3 pr. (Gajus). S. heute § 958 Abs. 1 BGB.

47. **Resoluto jure dantis resolvitur jus concessum.** Erlischt das Recht des Gebers, so erlischt das (davon) abgeleitete Recht (eines Dritten). Manche Rechte, wie das Recht des Pfandgläubigers an einem Recht oder des Untermieters, sind abhängig vom Fortbestand des Mutterrechts. S. Bartolus, Komm. zu Dig. 20, 1, 31.

48. **Res perit creditori.** Die Sache geht dem Gläubiger unter. Geht eine bestimmte einem andern geschuldete Sache unter, ohne daß der Schuldner das zu vertreten hat, so wird dieser frei. S. heute

§§ 275 Abs. 1 u. 280 Abs. 1 i.V.m. 276 Abs. 1 BGB. S.a. D 11 u. S 56.

49. **Res perit domino.** Die Sache geht dem Eigentümer unter. Der Untergang einer Sache trifft, jedenfalls zunächst einmal, ihren Eigentümer. S. Cod. Just. 4, 24, 9 a.A. (Diokletian). A. Wacke (s. oben C 2) 689–691. S.a. C 2 u. soeben Nr. 32.

50. **Respondeat superior.** Der Vorgesetzte trägt die Verantwortung. Fügt eine untergeordnete Person einem anderen Schaden zu, so haftet ihr Vorgesetzter. Hartmut Wicke, Respondeat ... Haftung für Verrichtungsgehilfen im römischen, römisch-holländischen, englischen und südafrikanischen Recht (Berlin 2000). Vgl. heute § 831 BGB; s.a. § 278. Vgl. J 142.

51. **Res sacra non recipit aestimationem.** Eine dem Gottesdienst gewidmete Sache läßt sich nicht in Geld schätzen. Ihre Beschädigung oder Zerstörung würde mit einer allein am Sachwert orientierten Sanktion nicht gebührend geahndet. Dig. 1, 8, 9 § 5 (Ulpian). Vgl. heute §§ 243 Abs. 1 Nr. 4, 304 u. 306 Nr. 1 StGB.

52. **Res succedit in locum nominis.** Die Sache tritt an die Stelle der Forderung. Wird eine Forderung eingezogen, so steht die eingegangene Sache dem zu, welchem die Forderung zustand. Betrifft vor allem ver- und gepfändete Forderungen. S. heute §§ 1287, 1075 Abs. 1 BGB u. 848 Abs. 2 S. 2 ZPO.

53. **Res succedit in locum pretii et pretium in locum rei.** Die Sache tritt an die Stelle des Preises und der Preis an die Stelle der Sache. Vervollständigtes Surrogationsprinzip, s. P 93. Betrifft zumal Sondervermögen. Vgl. S 87 u. soeben Nr. 34 u. 35.

53a. **Res tantum valet, quantum vendi potest.** Eine Sache ist so viel wert, um wieviel sie verkauft werden kann. Maßgeblich ist der gegenwärtige Verkehrswert, nicht etwa der (einst) dafür gezahlte Preis. Nicht gemeint ist der heute bedeutsam gewordene Unterschied zwischen Verkaufs- und Wiederbeschaffungspreis. Glossen Redempturus fuit zu Dig. 9, 2, 33; u. Invenerit zu 13, 1, 14 (Accursius unt. Berfg. a. ein vulgare). S. schon Dig. 35, 2, 45 § 1 (Paulus unt. Berfg. a. Proculus); u. 36, 1, 1 § 16 g.E. (Ulpian unt. Berfg. a. Julian).

54. **Restitutio restitutionis non datur.** Eine Wiedereinsetzung gegen eine Wiedereinsetzung gibt es nicht. Wiedereinsetzungen sind unanfechtbar. S. heute § 238 Abs. 3 ZPO.

55. **Res transit cum onere suo.** Die Sache geht mit ihren Lasten über. Mit dem Eigentum an einer Sache gehen auch die Belastungen auf den Rechtsnachfolger über. Damasus, Regulae canonicae 93. S. heute ab. a. §§ 936 u. 892 BGB. S. a. T 33.

56. **Reus excipiendo fit actor.** Wenn der Beklagte Einwendungen vorbringt, wird er Kläger. Beim Vorbringen von Einwendungen steht ein Beklagter wie ein Kläger. S. Dig. 44, 1, 1 a. E. u. 22, 3, 19 pr. a. A. (beides Ulpian). G. Dolezalek, Reus in exceptione actor est, et probare debet quod excipitur, in: Brocardica (s. oben A 32) 27–29.

56a. **Reus liberatur praestando aestimationem.** Ein Schuldner, der den Geldbetrag leistet, wird frei. Auch Herausgabe-, Herstellungs- und Sachleistungsschulden sind durch Leistung des entsprechenden Geldbetrags tilgbar. Gilt seit dem 18. Jh. in Deutschland nicht mehr, s. etwa §§ 249 S. 1 BGB u. 883–898 ZPO.

57. **Rex facit legem.** Der König macht das Gesetz. Gesetzgeber ist der Monarch. Grundsatz der absoluten Monarchie. S. a. Q 116. Vgl. L 19.

58. **Rex numquam moritur.** Der König stirbt nie. Stirbt der Inhaber der Krone, so steht sein Nachfolger bereits fest, so daß es keinen Augenblick ohne König gibt. In der Erbmonarchie ist ein Interregnum ausgeschlossen. Ernst H. Kantorowicz, The King's Two Bodies (Princeton 1957) 314–450.

59. **Rex non potest peccare.** Der König kann kein Unrecht tun. Was der Herrscher tut, ist Recht. S. a. P 94, ab. a. E 1 u. L 31.

60. **Rex regnat, sed non gubernat.** Der König herrscht, aber regiert nicht. Das Regieren im einzelnen überläßt der Monarch seinen Ministern. Devise des polnischen Königtums und 1830 bis 1848 des französischen Bürgerkönigtums.

61. **Riparum usus publicus est.** See- und Flußufer stehen im Gemeingebrauch. Inst. 2, 1 § 4 a. A. = Dig. 1, 8, 5 pr. a. A. (Gajus).

S. heute etwa Art. 141 Abs. 3 S. 2 der Verfassung des Freistaates Bayern.

62. **Roma locuta causa finita.** Rom hat gesprochen, die Sache ist beendet. Satz des katholischen Kirchenrechts, nach dem der Papst oberste Instanz ist. S. Augustin, Sermones 131, 10 g. E. (417 n. Chr., gegen Pelagius; im Osten nicht anerkannt). Karl Adam, Causa finita est, in: Beiträge zur Geschichte des christlichen Altertums und der Byzantinischen Literatur – Festgabe Albert Ehrhard zum 60. Geburtstag (Bonn 1922) 1–23; Myron Wojtowytsch, Papsttum und Konzile von den Anfängen bis zu Leo I. (Stuttgart 1981) 235–245; u. Liebs, JZ 1981, 164. S. heute Can. 331 u. 333 Codex juris canonici.

63. **Rustico porcum auferens aufert oculum.** Wer einem Armen das Schwein wegnimmt, nimmt ihm das Auge weg. Für den Mindestunterhalt notwendige Sachen dürfen nicht beschlagnahmt werden. S. Glosse Lumine Mitte zu Dig. 1, 18, 6 § 5 (Accursius). S. heute §§ 811 Nr. 3 ZPO u. 3 Abs. 6 S. 2 BLG.

S

1. **Salus publica suprema lex.** Das öffentliche Wohl ist oberstes Gesetz. S. Cicero, De legibus 3 § 8 a.E., wo es jedoch heißt: Ollis (sc. imperantibus) salus populi suprema lex esto – Den Herrschenden soll das Wohl des Volkes oberstes Gesetz sein. C. J. H. Jansen, Salus ..., in: Brocardica (s. oben A 32) 43–47. S.a. L 13, P 100f. u. U 38.

2. **Satisfactio est pro solutione.** Sicherheitsleistung steht für Erfüllung. Oft kann man mit Sicherheitsleistung dasselbe erreichen, wie wenn man erfüllt hätte. S. Dig. 46, 3, 52 (Ulpian). S. heute etwa §§ 257 S. 2, 258 S. 2 Hs. 2, 273 Abs. 3, 321 a.E., 562c, 775 Abs. 2 BGB, 711 S. 1 u. 712 S. 1 ZPO. Vgl. C 16.

3. **Sciens non fraudatur.** Wer weiß, wird nicht betrogen. S. Dig. 50, 17, 145 (Ulpian). S.a. N 106. Vgl. sofort Nr. 5.

4. **Scientia nobilitat.** Wissenschaft adelt. Der Gelehrte rückt kraft seiner Promotion in den Adelsstand. Glosse ‚Nobilissimus' zu Cod. Just. 2, 6, 7 pr. Cinus von Pistoja, Komm. 1 zu Cod. Just. 2, 6, 7, zitiert dazu Cato, der gesagt haben soll: Scientia nobilitat animum, was ich aber nicht verifizieren konnte, vielleicht nicht zufällig, s. Sebastiano Ciampi, Memorie della vita di Messer Cino da Pistoja (Pisa 1808) 55. Hermann Lange, Vom Adel des doctor, in: Das Profil des Juristen in der europäischen Tradition (Ebelsbach 1980) 286; zur römischen Kaiserzeit auch Liebs, ebenda 178.

5. **Scienti et consentienti non fit injuria neque dolus.** Dem Bescheidwissenden und Einverstandenen geschieht weder Unrecht noch Arglist. Liber sextus 5, 13, 27 (Bonifaz VIII.). S. schon Dig. 50, 17, 145 = 42, 8, 6 § 9 a.E. (Ulpian). S.a. N 182 u. V 36. Vgl. soeben Nr. 3.

6. **Scire leges non est verba earum tenere, sed vim ac potestatem.** Die Gesetze kennen heißt nicht, ihre Worte behalten, sondern ihre Macht und ihr Vermögen. Dig. 1, 3, 17 (Celsus). Herbert

Hausmaninger, Publius Iuventius Celsus, in: ANRW Tl. II Bd. 15 (Berlin 1976) 404 f.; u. Zimmermann 704 f.

7. **Scit bonus judex non tam quid, quam qua damnet, cernere.** Ein guter Richter legt weniger Wert darauf, was, als wie er verurteilen soll. Schwieriger als die Unterscheidung zwischen gut und böse ist, zu wissen, in welchem Umfang jemand zu verurteilen ist. Pseudo-Seneca, De moribus 97.

8. **Scriptura privata pro scribente nihil probat.** Eine Privaturkunde beweist nichts für den Aussteller. Der Aussteller einer Privaturkunde kann diese nicht als Beweismittel verwenden. S. Glosse Omnino zu Inst. 3, 19 (20) § 12 (Accursius). S. schon Cod. Just. 4, 19, 5 u. 6 (beides Philipp). S. heute § 416 ZPO. Vgl. T 28.

9. **Scripta publica probant se ipsa.** Öffentliche Urkunden beweisen sich selbst. Sie begründen Beweis für den in ihnen beurkundeten Vorgang. S. heute §§ 415, 417 u. 418 ZPO. S. a. A 18.

10. **Sede vacante nihil innovetur.** Solange der Stuhl nicht besetzt ist, darf keine Neuerung eingeführt werden. Während der Vakanz eines Bischofsstuhls dürfen die geschäftsführenden Vertreter keine weittragenden Entscheidungen treffen. Can. 428 § 1 Codex juris canonici. S. schon Dekretalen 3, 9, 1 g. E. (Innozenz III.).

11. **Semel absolutus semper absolutus.** Einmal freigesprochen immer freigesprochen. Ein klagabweisendes oder freisprechendes Urteil hat zur Folge, daß der Angeklagte bzw. Beklagte wegen dieser Sache kein neues Verfahren mehr zu gewärtigen braucht. Sperrwirkung der Rechtskraft. S. a. N 41 u. vgl. N 6 u. B 7.

12. **Semel commissa poena non evanescit.** Eine einmal verwirkte Strafe entfällt nicht mehr. Ist eine Vertragsstrafe erst einmal verwirkt, d. h. ist der Fall, für den sie versprochen wurde, eingetreten, so kann der Schuldner dies nun nicht mehr bereinigen. Dig. 4, 8, 23 pr. Mitte (Ulpian unt. Berfg. a. Celsus). Rolf Knütel, Verfallsbereinigung, . . ., in: AcP 175 (1975) 44–66; u. Zimmermann 110–113.

13. **Semel Deo dedicatum non est ad usus humanos ulterius transferendum.** Was Gott einmal geweiht ist, darf zu keinem profanen

Zweck mehr gebraucht werden. Liber sextus 5, 13, 51 (Bonifaz VIII.). S. Cod. Just. 1, 2, 14 (Leo). José Luis Murga, La venta de las ‚res divini iuris' en el Derecho romano tardio (Santiago de Compostela 1971). S. heute Can. 1171 Codex juris canonici.

14. **Semel furiosus semper praesumitur furiosus.** Wer einmal geisteskrank ist, von dem wird vermutet, daß er geisteskrank bleibt. Vgl. bis 1991 § 6 Abs. 1 Nr. 1 u. Abs. 2 BGB a. F.

15. **Semel heres semper heres.** Einmal Erbe immer Erbe. Man kann niemanden zum Erben auf Zeit einsetzen; Nacherbfolge ist ausgeschlossen. Dionysius Gothofredus, Außenglosse Semel zu Glosse Sed utiles zu Dig. 4, 4, 7 § 10. S. schon diese Glosse u. bereits Dig. dort (Ulpian); u. 28, 5, 89 a. E. (Gajus). Kaser, RP I 688 u. Fn. 29 u. II 492 f. S. heute Art. 896 französ. Code civil, ab. a. §§ 604–617 österr. ABGB u. 2100–2146 BGB.

15 a. **Semel major semper major.** Einmal volljährig immer volljährig. Wer seine Staatsangehörigkeit wechselt, bleibt volljährig, auch wenn er es nach dem Recht des neuen Staates noch nicht wäre. S. heute Art. 7 Abs. 2 EGBGB.

16. **Semel malus semper praesumitur esse malus.** Wer einmal übelgetan hat, von dem wird vermutet, daß er immer übeltun wird. Wer sich einmal als Missetäter erwiesen hat, muß, bevor ihm erneut zu vertrauen ist, beweisen, daß er nicht schon wieder Unrecht zu tun im Begriff ist. Liber sextus 5, 13, 8 (Bonifaz VIII.). S. schon Glosse Admittendum a. A. zu Dig. 48, 2, 7 § 3; u. Produci g. M. zu Dig. 22, 5, 23 (Accursius). Hans Kiefner, Semel . . ., in: SZ 78 (1961) 308–354. Gilt heute als Rechtsvermutung auch im kanonischen Recht nicht mehr. Vgl. T 20.

17. **Semper oportet ostendi originalem.** Immer muß das Original vorgelegt werden. Zum Beweis in einem Rechtsstreit genügt die Vorlage einer Kopie nicht. S. heute §§ 420 u. 434 f. ZPO.

18. **Senectus ipsa morbus est.** Hohes Alter allein ist eine Krankheit. Sonderregeln für Krankheitsfälle gelten auch bei hohem Alter unabhängig von konkreten Gebrechen; hohes Alter steht Krankheit rechtlich gleich. Scholien zu Persius 2, 41 (dictum). S. schon Terenz, Phormio 575, u. Donat z. d. St. unt. Berfg. a. Apollodor von Karystos. S. a. Zwölf Tafeln 1, 3; u. etwa Dig. 13, 6, 5 § 4 a. A. (Ulpian). S. heute § 1786 Abs. 1 Nr. 2 u. 4

BGB, ab. a. §§ 221 Abs. 1, 223b Abs. 1 StGB u. 223 Abs. 1 StPO.

19. **Sensum, non verba spectamus.** Auf den Sinn, nicht auf die Wörter kommt es an. Der Jurist haftet nicht an den Wörtern, sondern sucht nach dem Sinn. Nicht nur Auslegungsmaxime, sondern auch Ablehnung jeder Begriffsjurisprudenz. Nicolaus Everardi, Loci argumentorum legales 4, 6. S. schon Dig. 34, 4, 3 § 9 g.E.; u. Cod. Just. 6, 28, 3 a.E. (wohl beides Justinian, vgl. mit Dig. 34, 4, 3 § 9 a.E. noch Dig. 13, 7, 6 pr. a.E. u. 35, 2, 45 a.E., gleichfalls Just.). S. heute § 133 BGB. S.a. A 105 u. sofort Nr. 31.

20. **Sententia debet esse conformis libello.** Das Urteil muß der Klag- bzw. Anklageschrift entsprechen. Baldus, s. Summarium 2 vor Glosse zu Cod. Just. 7, 4, 17. S. heute §§ 308 Abs. 1 ZPO u. 88 VwGO, ab. a. §§ 331 Abs. 2 Hs. 2 ZPO u. 265 StPO. S.a. J 154, N 15 u. 84 sowie T 5.

21. **Sententia facit jus.** Das Urteil schafft Recht. Ist ein Gerichtsurteil ergangen (und rechtskräftig geworden), so wird nicht mehr danach gefragt, ob es rechtens ist; es gilt als rechtens. S. Dig. 5, 2, 17 § 1 g.E. (Paulus). Giovanni Pugliese (s. oben R 42) 172–176. S.a. R 42.

22. **Sententia incerta non valet.** Ein unbestimmtes Urteil ist unwirksam. Ein wirksames Urteil muß so bestimmt sein, daß es ohne weiteres vollstreckt werden kann. Bartolus, Komm. zu Dig. 42, 1, 59 § 2; u. schon Komm. 8 g.E. zu Dig. 42, 1, 5 § 1.

23. **Sententia interlocutoria revocari potest, definitiva non potest.** Eine Zwischenentscheidung kann widerrufen werden, ein Urteil nicht. S. Bartolus, Komm. a.A. zu Dig. 42, 1, 14. S. heute § 318 ZPO einer-, § 329 Abs. 2 andererseits. S.a. A 5.

24. **Sententia non fertur de non liquidis.** Solange eine Sache unklar ist, ergeht kein Urteil. Ein Rechtsstreit muß, damit er entschieden werden kann, so weit als möglich geklärt sein. S. heute § 300 Abs. 1 ZPO.

25. **Servitia personalia sequuntur personam.** Persönliche Dienste folgen der Person. Sie sind weder übertragbar noch durch einen Gehilfen erfüllbar. S. heute § 613 BGB.

26. **Servitus in faciendo consistere nequit.** Eine Dienstbarkeit kann nicht in einem Tun bestehen. Dienstbarkeiten sind Grundstücksbelastungen, die das Recht des Grundeigentümers beschneiden, aber keine Pflicht zu positivem Tun zum Hauptinhalt haben können. S. Dig. 8, 1, 15 § 1 (Pomponius). S. ab. a. 8, 5, 6 § 2 Mitte (Ulpian). S. heute §§ 482 österr. ABGB, 1018 u. 1090, ab. a. 1021 f. BGB.

27. **Servitus per partes adquiri non potest.** Eine Dienstbarkeit kann nicht teilweise erworben werden. S. Dig. 8, 3, 32 Mitte (Afrikan: dictum); 8, 1, 8 § 1 a. E. u. 35, 2, 49 § 1 a. E. (beides Paulus); 8, 4, 6 § 1 g. A. (Ulpian); u. 8, 1, 11 a. A. (Modestin: vulgo traditum). Gilt heute unausgesprochen, s. Protokolle der Kommission für die 2. Lesung des Entwurfs des BGB III (Berlin 1899) 310 = Mugdan, Die gesammelten Materialien z. BGB III 733.

28. **Servitus praedio utilis esse debet.** Eine (Grund-)Dienstbarkeit muß dem (herrschenden) Grundstück nützlich sein. S. Bartolus, Komm. a. A. zu Dig. 8, 1, 8 pr. u. zu 8, 3, 5. S. heute § 1019 BGB.

29. **Servitutibus civiliter utendum est.** Dienstbarkeiten müssen schonend ausgeübt werden. S. Dig. 8, 1, 9 g.A. (Celsus). S. heute §§ 484, 489, 491 österr. ABGB u. 1020 BGB.

30. **Servitutum numerus non est clausus.** Die Zahl der Dienstbarkeiten ist unbegrenzt. Der Inhalt einer Dienstbarkeit ist nicht vorgegeben.

31. **Signum retinet signatum.** Das Zeichen hält das Bezeichnete fest. Erklärungszeichen, insbesondere das geschriebene Wort, sind rechtlich kein Selbstzweck. Vgl. heute § 133 BGB. Vgl. Nr. 19.

32. **Si judicas, cognosce; si regnas, jube.** Wenn du richtest, erkenne; wenn du regierst, befiehl. Der Richter hat keine gestaltende, sondern nur eine erkennende Aufgabe. S. a. J 162 u. P 90.

33. **Silentium in senatu est vitium.** Schweigen im Parlament ist ein Fehler.

34. **Silentium non est consensus, nisi lex loqui jubet.** Schweigen ist keine Einwilligung, wenn das Gesetz nicht zu reden gebietet. Im Rechtsverkehr ist Schweigen nur dann als Willenserklärung zu

werten, wenn der Schweigende sich hätte äußern müssen. S.a. J 146 u. Q 80.

35. **Silent leges inter arma.** Wenn die Waffen sprechen, schweigen die Gesetze. Im Krieg ist das Recht kraftlos. Cicero, Rede für Milo § 11 a.A. S.a. C 88, J 114 u. V 32.

36. **Simplicitas legibus amica.** Einfachheit ist die Freundin der Gesetze. Rechtliche Regelungen sollen einfach sein. Inst. 3, 2 § 3a a.A. (Justinian). S.a. J 86. Vgl. L 3 u. 5.

37. **Sine culpa, nisi subsit causa, non est aliquis puniendus.** Ohne Schuld darf man nur bestraft werden, wenn ein besonderer Grund vorliegt. Liber sextus 5, 13, 23 (Bonifaz VIII.). S. schon P 63. Heute gilt der Schuldgrundsatz ohne Ausnahme, s. § 15 StGB. S.a. N 160 u. U 15.

38. **Sine possessione praescriptio non procedit.** Ohne Besitz schreitet die Ersitzung nicht voran. Liber sextus 5, 13, 3 (Bonifaz VIII.). S. schon Dig. 41, 3, 25 (Licinius Rufin). S. heute § 937 Abs. 1 BGB. S.a. T 7.

39. **Sine pretio nulla venditio.** Ohne Preis kein Kauf. Wird keine Gegenleistung in Geld vereinbart, so handelt es sich nicht um einen Kauf, sondern allenfalls um einen Tausch oder eine Schenkung. Dig. 18, 1, 2 § 1 a.A. (Ulpian).

40. **Singularia non sunt extendenda.** Sonderbestimmungen dürfen nicht ausgedehnt werden. S. etwa Dig. 40, 5, 23 § 3 a.E. u. 41, 2, 44 § 1 (beides Papinian). Karlheinz Muscheler, Singularia ..., in: Festschr. Heinrich Wilhelm Kruse (Köln 2001) 135–160. Vgl. J 56, Q 2f. u. 89.

41. **Singuli solidum debent, unum debent omnes.** Die einzelnen schulden jeder das Ganze, alle zusammen schulden nur einmal. Prägnant: Alle für einen, einer für alle. Umschreibung der Solidarität bzw. Gesamtschuld. S. heute § 421 BGB.

42. **Si post moram res interierit, aestimatio ejus praestatur.** Wenn die Sache nach Verzug untergegangen ist, wird ihr Wert geleistet. Unmöglichkeit nach Verzug befreit nicht, sondern führt zu Schadensersatz. Dig. 30, 39 § 1 g.E. (Ulpian). S. heute § 287 BGB.

43. **Societas cum contrahitur, tam lucri quam damni communio initur.** Wenn man eine Gesellschaft vereinbart, werden sowohl der Gewinn als auch der Verlust gemeinschaftlich. Dig. 17, 2, 67 pr. a. E. (Paulus).

44. **Societas quodammodo jus fraternitatis in se habet.** Die Gesellschaft hat etwas vom Recht der Bruderschaft. Was unter Brüdern in Erbengemeinschaft gilt, kann vielfach auf das Verhältnis zwischen Gesellschaftern übertragen werden. S. Dig. 17, 2, 63 pr. a. E. (Ulpian). S. heute etwa §§ 708 i. Vgl. z. 1359, 1664 u. 2131 BGB.

45. **Socii mei socius non est socius meus.** Der Gesellschafter meines Gesellschafters ist nicht mein Gesellschafter. Man kann Gesellschafter mehrerer Gesellschaften sein. S. Dig. 50, 17, 47 § 1 = 17, 2, 20 (Ulpian).

46. **Socius fit culpae, qui nocentem sublevat.** Teilnehmer der Schuld wird, wer dem Übeltäter Hilfe leistet. Publilius Syrus, Sentenzen S 35. S. heute § 257 Abs. 1 StGB.

47. **Sola cogitatio furti faciendi non facit furem.** Allein die Absicht, einen Diebstahl zu begehen, macht keinen Dieb. Dig. 47, 2, 1 § 1 (Paulus). S. heute §§ 22 u. 23 Abs. 1 i. V. m. 242 Abs. 2 StGB. S. a. C 38, D 19 u. M 11.

48. **Sola patientia inducit mandatum.** Bloßes Dulden bringt einen Auftrag zustande. Man wird schon dann als Auftraggeber berechtigt und verpflichtet, wenn man widerspruchslos hinnimmt, daß ein anderer für einen etwas tut. S. Dig. 17, 1, 6 § 2 u. 18 (beides Ulpian); u. Cod. Just. 4, 35, 6 (Gordian III.). S. heute die Lehre von der Duldungsvollmacht und der Willenserklärung durch schlüssiges Verhalten.

49. **Solus consensus obligat.** Das bloße Einverständnis macht verbindlich. Rechtsgeschäftliche Verbindlichkeiten kann man sich schon dadurch zuziehen, daß man mit einem fremden Vorschlag einverstanden ist, mögen sonst keinerlei Förmlichkeiten erfüllt sein. S. heute § 311 Abs. 1 BGB.

50. **Solutionem adseveranti probationis onus incumbit.** Wer Erfüllung behauptet, dem obliegt die Beweislast. Cod. Just. 8, 42, 25 a. A. (Diokletian).

51. **Solutio pretii emtionis loco habetur.** Preiszahlung wird auf Kauf gedeutet. Wer für eine Sache einen Preis bezahlt hat, von dem wird nicht angenommen, daß er sie gestohlen, unterschlagen, geliehen oder geschenkt bekommen habe. Einen Anscheinsbeweis begründender Erfahrungssatz. Vgl. N 67.

52. **Solutio tributi arguit subjectionem.** Abgabenzahlung spricht für Untertänigkeit. Dekretalen 3, 39, 2 Summarium.

53. **Solvens praesumitur solvere suo nomine.** Wer leistet, von dem wird vermutet, daß er im eigenen Namen leiste.

54. **Specialia generalibus derogant, non generalia specialibus.** Spezialvorschriften heben generelle Bestimmungen auf, nicht aber generelle Bestimmungen Spezialvorschriften. S. Dig. 48, 19, 41 g. E. u. 50, 17, 80 (beides Papinian). S. a. L 52, G 6, G 2f. u. L 44.

55. **Specialia generalibus insunt.** Besondere Befugnisse sind in allgemeinen enthalten. Wer eine allgemeine Befugnis hat, hat damit alle darin enthaltenen Einzelbefugnisse. Dig. 50, 17, 147 (Gajus); S. a. 15, 1, 46 (Paulus).

56. **Species perit ei cui debetur; genus perire non censetur.** Eine bestimmte Sache geht dem unter, dem sie geschuldet wird; von einer Gattung wird nicht angenommen, daß sie untergeht. Betrifft den von keiner Partei des Schuldverhältnisses zu vertretenden Untergang einer geschuldeten Sache. S. heute §§ 275 Abs. 1 u. 280 Abs. 1 i. V. m. 276 Abs. 1 BGB. S. a. D 11, G 5, 7 u. R 48.

57. **Spirituale cum temporali permutari non potest.** Geistliches kann mit Weltlichem nicht vermengt werden. Geistliche und weltliche Angelegenheiten miteinander zu koppeln ist unzulässig. Dekretalen 3, 19, 9 Summarium.

58. **Spoliatus ante omnia restituendus.** Vor allem andern ist, wem der Besitz entzogen wurde, wiedereinzusetzen. Im Besitzstreit spielen Rechte an der oder auf die Sache keine Rolle. Formulierung des kanonischen Rechts, s. Dekret Gratians 2, 3, 1, 1–4; Damasus, Regulae canonicae 38; Dekretalen 2, 13, 7 Summarium; u. Liber sextus 2, 5. S. schon Cod. Just. 9, 12, 7 § 1 (Konstantin). S. heute § 861 i. V. m. § 863 BGB.

59. **Spolium sine possessione non committitur.** Eigenmacht wird ohne Besitz nicht begangen. Verbotene Eigenmacht kommt nur im Besitzrecht vor. S. heute § 858 Abs. 1 BGB. Vgl. O 21.

60. **Spondere noxae praesto est.** Wer bürgt, ist dem Schaden nahe. Bürgschaften sind gefährlich. S. heute die Einordnung der Bürgschaftsregeln im BGB hinter ‚Spiel und Wette'.

61. **Spondet peritiam artis.** Er garantiert Beherrschung seines Fachs. Wer sich erbietet, in einem bestimmten Handwerk oder Fach Arbeiten zu übernehmen, sichert damit zu, für die Sorgfalt eines ordentlichen Fachmanns dieser Sparte einzustehen. Zimmermann 429f. S. heute §§ 276 Abs. 2 BGB u. 347 Abs. 1 HGB. S.a. O 22.

62. **Statim debetur, quod sine die debetur.** Sofort wird geschuldet, was ohne Termin geschuldet wird. Wenn nichts anderes bestimmt ist, so ist eine Schuld sofort fällig. S. Dig. 50, 17, 14 (Pomponius); u. 45, 1, 41 § 1 a.A. (Ulpian). S. heute § 271 Abs. 1 BGB.

63. **Stat pro ratione voluntas.** Der Wille steht für eine Begründung. Ausdruck der Autonomie des Privatmanns dort, wo er rechtlich frei gestalten kann. S. Juvenal, Satiren 6, 223: Eine Frau heißt ihren Mann, einen Sklaven grundlos hinzurichten, mit den Worten „Hoc volo, sic jubeo, sit pro ratione voluntas – Ich will das, so befehle ich; als Begründung diene mein Wille". S. heute § 903 BGB. S.a. Q 54, R 30 u. sofort Nr. 70.

64. **Statur praesumptioni, donec contra probetur.** Bei einer Vermutung bleibt man, bis das Gegenteil bewiesen wird. Vermutungen gelten bis zum Beweis des Gegenteils. Glosse Praesumptioni a.A. zu Dig. 4, 2, 23 pr. g.E. S.a. P 110 u. sofort Nr. 78.

65. **Statuta sunt stricte interpretanda.** Statuten sind eng auszulegen. Rechtssetzungen der engeren Rechtsgemeinschaften innerhalb eines größeren politischen Verbandes, im Mittelalter der Stadtgemeinden im Heiligen Römischen Reich, sind in ihrer Geltung zu begrenzen zugunsten möglichst breiter Geltung des Gemeinen Rechts. Winfried Trusen, Römisches und partikuläres Recht in der Rezeptionszeit, in: Festschr. Heinrich Lange (München 1970) 97–120, bes. 108ff. Heute überflüssig wegen Art. 31 GG.

66. **Statutum** non **ligat nisi subditos.** Ein lokales Gesetz bindet nur die (dem lokalen Gesetzgeber) Unterworfenen. Nicht Unterworfene sind, auch wenn sie vor einem Gericht des fraglichen Gebiets stehen, grundsätzlich nicht nach diesen Gesetzen zu richten. Ursatz des Kollisionsrechts. Egon Lorenz, Das Dotalstatut der italienischen Zivilrechtslehre des 13. bis 16. Jhs. (Köln 1965) 9–11.

67. **Statutum ubi res est sita servari debet.** Das Recht des Ortes, wo die Sache gelegen ist, muß angewandt werden. Kollisionsregel des Sachenrechts. Bartolus, Komm. 27 Summarium zu Cod. Just. 1, 1, 1. S. heute etwa Artt. 11 Abs. 4 u. 43 EGBGB. S. ab. a. M 60.

68. **Stulta sapientia, quae vult lege sapientior esse.** Törichte Klugheit, die klüger sein will als das Gesetz. S. a. N 26. Vgl. N 145.

69. **Stultis non succurritur.** Törichten kommt man nicht zu Hilfe. Rechtsunkenntnis verdient keinen rechtlichen Schutz. Glosse Nec stultis zu Dig. 22, 6, 9 § 5 a. E. (Accursius). S. schon Dig. dort (Paulus unt. Berfg. a. Septimius Severus). S. seit 1976 ab. a. § 138 Abs. 2 BGB. S. a. Q 82.

70. **Suae quisque rei moderator et arbiter.** Seine Sache lenkt und richtet jeder selbst. Cod. Just. 4, 35, 21 Mitte (Konstantin). S. heute § 903 BGB. S. a. Q 54, R 30 u. soeben Nr. 63.

71. **Suae rei emtio non valet.** Der Kauf einer eigenen Sache ist unwirksam. Wer einen Kaufvertrag über seine eigene Sache schließt, irrt entweder oder wird genötigt, zur Wiedererlangung seiner Sache einen Preis zu bezahlen, d. h. wird erpreßt. Dig. 18, 1, 16 pr. a. A. (Pomponius). S. a. Cod. Just. 4, 38, 4 Mitte (Diokletian). Zimmermann (s. N 72) 109–137. Gilt heute entsprechend, sofern das Geschäft nicht etwa in einen entgeltlichen Verzicht auf ein Recht an der Sache oder einen Vergleich umzudeuten ist, s. Zimmermann, ebenda 193–200. Vgl. N 72, 76 u. R 16 sowie Q 118 u. 125.

72. **Sublato principali tolluntur accessoria.** Mit Wegfall des Hauptrechts entfallen die Nebenrechte. Betrifft insbesondere Forderungsrechte sichernde Neben- und Vorzugsrechte. S. Bartolus, Komm. g. A. zu Dig. 46, 4, 8 § 4. S. a. P 95. Vgl. A 14 u. R 31.

73. **Subscribens consentire subscriptis censetur.** Wer unterschreibt, von dem nimmt man an, daß er mit dem Unterschriebenen einverstanden ist. S. Glosse Tenetur quod jussu zu Dig. 15, 4, 1 § 4. S. schon Dig. 20, 1, 26 § 1 a.E. (Modestin). S. heute § 416 ZPO.

74. **Subsequens matrimonium tollit peccatum praecedens.** Nachfolgende Ehe hebt die vorige Untat auf. Heiratet der Entführer und Schänder sein Opfer, so entfällt die an sich verwirkte Strafe.

75. **Substitutus capit a gravante, non a gravato.** Der Nacherbe erbt vom Beschwerenden, nicht vom Beschwerten. Der Nacherbe ist Erbe des ersten Erblassers, nicht des Vorerben. So auch heute im Gegensatz zum römischen Recht, s. vor allem §§ 2100 u. 2139 BGB.

76. **Substitutus substituto est substitutus instituto.** Wer als Ersatzerbe für einen Ersatzerben eingesetzt ist, ist auch als Ersatzerbe für den zunächstberufenen Erben eingesetzt. Der zweite Ersatzerbe kommt auch zum Zuge, wenn der erste Ersatzerbe schon vor dem zunächst Berufenen weggefallen war. S. Dig. 28, 6, 27 (Julian).

77. **Succurritur minori.** Dem Minderjährigen wird geholfen. Für Minderjährige gelten besondere Schutzbestimmungen. S. Dig. 27, 6, 4 (Paulus). S. heute §§ 106–113, 828f., 2229 Abs. 1 u. 2, 2233 Abs. 1, 2247 Abs.4 BGB, 174, 176, 180, 180a Abs. 2 Nr. 1, 182 u. 235f. StGB. S.a. M 53.

78. **Sumit pro vero ‚prae', antequam aliunde probetur.** Sie mutet ‚vorweg' (‚ver') für wahr, solange nicht sonstwie bewiesen wird. Wortspielende Erklärung der Vermutung, lat. praesumtio. S.a. soeben Nr. 64 u. P 110.

79. **Summum jus summa injuria.** Größtes Recht größtes Unrecht. Auf die Spitze getriebenes Recht kann schwerstes Unrecht bedeuten. Cicero, De officiis 1 § 33 g.A. (proverbium iam tritum sermone). Manfred Fuhrmann, Philologische Bemerkungen zur Sentenz ‚Summum . . .', in: Studi in onore di Edoardo Volterra (Mailand 1971) 1153–81. S.a. Summum ius summa iniuria – Tübinger rechtswissenschaftliche Abhandlungen Bd. 9 (Tübin-

gen 1963) mit Beiträgen von Eißer, Esser, Bachof, Steindorff, Dürig, Baur, Baumann, Raiser, Elsener, Gernhuber, Schüle u. Heckel; Gerhard Schmidt, Die Richterregeln des Olavus Petri (Göttingen 1966) 128; Guido Kisch, Erasmus u. d. Jurisprudenz seiner Zeit (Basel 1960) 1–14 u. 55–68; u. Foth 173. Vgl. A 95.

80. **Suo jure uti nemo prohibetur.** Von seinem Recht Gebrauch zu machen wird niemand gehindert. Positive Wendung von N 25.

81. **Suo potius quam alieno nomine quilibet gessisse censetur.** Es ist immer davon auszugehen, daß jemand eher im eigenen als im fremden Namen gehandelt hat. Fragt sich, ob jemand ein Rechtsgeschäft für sich selbst oder für einen anderen getätigt hat, so wird im Zweifel angenommen, daß er für sich selbst handelte. S. heute § 164 Abs. 2 BGB.

82. **Superficies solo cedit.** Der Überbau weicht dem Boden. Was mit dem Boden fest verbunden ist, gehört dem Eigentümer des Bodens, gleichgültig, wem es vor der Verbindung gehörte. Gajus, Institutionen 2 § 73 a. E.; Dig. 43, 17, 3 § 7 (Ulpian unt. Berfg. a. Labeo). Jens Peter Meincke, Superficies . . ., in: SZ 88 (1971) 136–183. S. heute § 946 i. V. m. 94 Abs. 1 S. 1 BGB. Vgl. P 40 u. Q 38, ferner A 13.

83. **Superflua admittere securius est, quam necessaria omittere.** Überflüssiges zuzulassen ist sicherer als Notwendiges auszulassen. Die Möglichkeit, daß ein Rechtsakt, insbesondere ein Rechtsgeschäft, Überflüssiges enthält, ist eher hinzunehmen als die Gefahr, daß etwas fehlt, was nötig gewesen wäre. S. a. A 11, N 139 u. das Folgende.

84. **Superflua non nocent.** Überflüssiges schadet nicht. Die Gültigkeit eines Rechtsgeschäfts wird durch an sich entbehrliche Worte oder Formalien nicht berührt. Augustin, De civitate Dei 4, 27 g.A. (dictum der Juristen), auch angeführt Cod. Just. 6, 23, 17 Mitte (Arcadius). S. schon Pseudo-Paulus, Sentenzen 3, 4 a, 10 S. 2. S. a. A 11, N 139 u. das Vorige.

85. **Superfluum non est, quod ad declarationem ponitur.** Was zur Erläuterung hinzugefügt wird, ist nicht überflüssig.

86. **Suprema voluntas potior habetur.** Der letzte Wille ist stärker. Unter mehreren Testamenten desselben Erblassers ist das jüng-

ste maßgebend. Dig. 32, 22 pr. Mitte (Hermogenian). S. heute § 2258 Abs. 1 BGB. S. a. N 153.

87. **Surrogatum sapit naturam ejus, cui surrogatur.** Das Stellvertretende übernimmt die Rechtsnatur dessen, an dessen Stelle es tritt. Ersatzstücke treten in die Rechtslage des ursprünglichen Gegenstandes ein. Surrogationsprinzip. Galt nie allgemein. S. Bartolus, Komm. zu Dig. 47, 4, 1 § 10. S. a. dens. zu Dig. 2, 11, 10 § 2; u. Nicolaus Everardi, Loci argumentorum legales 122, 1. S. heute §§ 582a Abs. 2 S. 2, 718 Abs. 2, 1048 Abs. 1 S. 2 Hs. 2, 1370, 1473 Abs. 1, 1646, 2019, 2041 u. 2111 Abs. 1 BGB. Heinrich Lange und Kurt Kuchinke, Lehrbuch des Erbrechts (4. Aufl. München 1995) 1008f.; u. Dieter Strauch, Mehrheitlicher Rechtsersatz – Ein Beitrag zur „dinglichen Surrogation" im Privatrecht (Bielefeld 1972) 19. S. a. R 53.

88. **Susceptum mandatum aut consummandum est aut quam primum renuntiandum.** Ein übernommener Auftrag muß entweder ausgeführt oder sobald als möglich gekündigt werden. Inst. 3, 26 § 11 g. A. S. heute § 671 BGB.

89. **Suum cuique.** Jedem das Seine. Gellius, Noctes Atticae 13, 24, 1 g. E. unt. Berfg. a. Cato; Cicero, De officiis 1 § 15 g. Mitte u. De legibus 1 § 19 g. A.; u. Dig. 1, 1, 10 § 1 a. E. (Pseudo-Ulpian). Wolfgang Waldstein, Ist das suum cuique eine Leerformel? in: Studia et documenta historiae et iuris 61 (1995) 179–215. S. a. J 177, 192 u. 195.

T

1. **Tabellio non potest instrumentum conficere nisi de eo, quod in sua praesentia geritur.** Ein Notar kann nur beurkunden, was in seiner Gegenwart verhandelt wird. S. heute §§ 13–14 BeurkG.

2. **Talis praesumitur titulus, quales apparent usus et possessio.** Ein Rechtstitel wird so vermutet, wie es Gebrauch und Besitz ausweisen. Berechtigungen reichen im Zweifel so weit, wie sie tatsächlich ausgeübt werden. S. heute §§ 1006, 1065, 1227 u. 1253 Abs. 2 BGB.

3. **Tam de se judex judicat quam de reo.** Ein Richter richtet sich selbst ebenso wie den (Beklagten bzw.) Angeklagten. Publilius Syrus, Sentenzen T 7. S. a. hier J 147.

4. **Tantum devolutum, quantum appellatum.** So weit abgewälzt, wie weit angefochten. Ein Rechtsstreit gelangt insoweit in die nächste Instanz, inwieweit gegen das vorige Urteil Rechtsmittel eingelegt wurde. S. heute §§ 525 u. 559 ZPO.

5. **Tantum judicatum, quantum litigatum.** So weit geurteilt, wie weit gestritten. Ein Gerichtsurteil erfaßt nur das, was in den Prozeß eingeführt worden ist. S. heute §§ 322 ZPO u. 264 StPO. S. a. S 20.

6. **Tantum oneratum, quantum honoratum.** So weit beschwert, wie weit geehrt. Wer in einem Testament geehrt, d. h. letztwillig bedacht worden ist, kann mit einem Vermächtnis, einer Auflage u. a. beschwert werden, jedoch nicht über den Wert des Erlangten hinaus. S. Glosse Processisse zu Dig. 32, 37 pr. (Accursius). S. schon Dig. 30, 114 § 3 a. E. (Marcian). S. heute §§ 1992 u. 2187 f. BGB.

7. **Tantum praescriptum, quantum possessum.** So viel ersessen, wie viel besessen. Man ersitzt eine Sache nur insoweit, als man sie besessen hat. S. heute § 937 Abs. 1 BGB. S. a. S 38.

8. **Tempora autoris et successoris conjunguntur.** Die Zeiten des Rechtsvorgängers und des Rechtsnachfolgers werden zusammengezählt. Bei der Ersitzung kommt die beim Rechtsvorgänger verstrichene Zeit dem Rechtsnachfolger zustatten. S. Inst. 2, 6 § 13 (Justinian unt. Berfg. a. Septimius Severus). S. heute § 943 BGB. S. a. E 23.

9. **Temporalia ad agendum perpetua ad excipiendum.** Zum Klagen Befristetes ist zum Einwenden unbefristet. Die meisten Rechte können angriffsweise nur eine begrenzte Zeit lang geltend gemacht werden; sie gegen Entziehung verteidigen kann man dagegen unbegrenzt. S. Dig. 44, 4, 5 § 6 (Paulus); u. Cod. Just. 8, 35, 5 (Diokletian). S. heute etwa §§ 215, 216 Abs. 2, 438 Abs. 4, 634a Abs. 4, 821 u. 853 BGB.

10. **Tempore hostilitatis non currit praescriptio.** Solange gekämpft wird, läuft die Verjährung nicht. Dekretalen 2, 26, 10 Summarium. S. heute § 203 BGB.

11. **Tempus regit actum.** Die Zeit regiert das Geschäft. Rechtsgeschäfte und Prozeßhandlungen sind nach der Rechtslage zu beurteilen, die im Augenblick ihrer Vornahme bestand; z. B. sind die zu dieser Zeit geltenden Formvorschriften maßgebend.

12. **Testamenta latissimam interpretationem habere debent.** Testamente müssen sehr weit ausgelegt werden. Bei letztwilligen Verfügungen darf man am wenigsten am Buchstaben haften. S. Dig. 50, 17, 12 (Paulus). S. heute §§ 2066–2074 u. 2084 f. BGB. S. a. C 115. Vgl. sofort Nr. 14.

13. **Testamenta plene ad voluntatem testantium interpretantur.** Testamente werden ganz nach dem Willen des Testierenden ausgelegt. S. Dig. 50, 17, 12 (Paulus). S. a. J 127.

14. **Testator non praesumitur frustra testari voluisse.** Es wird nicht vermutet, daß ein Testator vergeblich ein Testament machen wollte. Testamente sind möglichst aufrechtzuerhalten; über Unzulänglichkeiten ist eher hinwegzusehen als bei Rechtsgeschäften unter Lebenden. S. heute §§ 2084 f. BGB. Vgl. Nr. 12.

15. **Testem, quem produco, reprobare non possum.** Den Zeugen, den ich beibringe, kann ich nicht anzweifeln. Wer zum Beweis

einer Tatsache einen Zeugen beibringt, kann, wenn dieser ausgesagt hat, die Aussage nicht als unwahr ablehnen. S. heute dagegen § 285 Abs. 1 ZPO. S. a. Q 117.

16. **Testes et documenta per productionem fiunt communia.** Zeugen und Urkunden werden durch ihre Einführung gemeinschaftlich. Einmal in den Prozeß eingeführte Beweismittel können beide Parteien für sich verwerten, auch wenn nur eine Partei den Beweis antreten konnte. S. heute §§ 397 u. 399 i. V. m. 373 einer- u. 423, 436 u. 142 ZPO andererseits.

17. **Testes non numerantur, sed ponderantur.** Zeugen werden nicht gezählt, sondern gewogen. Ob eine Tatsache als bewiesen anzusehen ist, richtet sich nicht nach der Zahl der sie bestätigenden Zeugen, sondern nach dem Gewicht ihrer Aussagen. S. heute § 286 ZPO. Vgl. A 102 u. N 178.

18. **Testibus, non testimoniis creditur.** Man glaubt den Zeugen, nicht den Aussagen. Zur Beurteilung eines Zeugnisses muß der Richter sich einen Eindruck von dem betreffenden Zeugen verschaffen; eine isolierte Beurteilung nur der Aussage genügt nicht. S. Dig. 22, 5, 3 § 3 g. A. (Callistrat unt. Berfg. a. Hadrian). S. heute §§ 375, 395 Abs. 2 S. 2–398 ZPO u. 68 S. 2, 69 StPO.

19. **Testimonium unius non valet.** Das Zeugnis eines Einzigen gilt nicht. Satz des altjüdischen, spätantiken und kanonischen Strafprozeßrechts, wonach zur Überführung eines nicht geständigen Täters wenigstens zwei Tatzeugen erforderlich sind. Damasus, Regulae canonicae 43. S. schon Cod. Just. 4, 20, 9 g. E. (Konstantin); u. bereits 5. Mose 19, 15. Gilt heute nicht mehr. S. a. U 28 und V 35.

20. **Testis in uno falsus in nullo fidem meretur.** Ein Zeuge, der in einem Punkt gelogen hat, verdient in nichts Glauben. Betraf insbesondere die dritte Person in Scheidungssachen. S. a. F 16. Vgl. S 16.

21. **Testis non est judicare.** Ein Zeuge hat nicht zu urteilen. Aufgabe eines Zeugen ist es, seine Wahrnehmungen mitzuteilen. S. heute §§ 22 Nr. 5 StPO u. 41 Nr. 5 ZPO.

22. **Testium fides in judicis pectore residet.** Die Glaubwürdigkeit der Zeugen ist in der Brust des Richters beschlossen. Er befindet frei darüber. S. heute §§ 261 StPO u. 286 ZPO.

23. **Thesaurus donum fortunae creditur.** Ein Schatz gilt als Geschenk des Himmels. Eigentumserwerb durch Schatzfund unterliegt den besonderen Regeln des unentgeltlichen Erwerbs. Dig. 41, 1, 63 § 1 g. E. (Tryphonin). S. heute z.B. § 1040 BGB.

24. **Titulus nullus pro non titulo est.** Ein ungültiger (Vollstreckungs-) Titel gilt als nicht vorhanden. Der Gläubiger müßte sich, um vollstrecken zu können, einen neuen Titel verschaffen. Vgl. ab. a. M 40.

25. **Tot gradus quot generationes.** Soviele Grade wieviele Zeugungen. Der Grad der Verwandtschaft bestimmt sich nach der Zahl der vermittelnden Geburten. S. Dig. 38, 10, 10 § 9 (Paulus). S. heute § 1589 S. 3 BGB; u. Can. 108 § 2 Codex juris canonici.

26. **Toties praescribitur actioni nondum natae, quoties nativitas est in potestate creditoris.** Dann verjährt ein noch nicht entstandener Anspruch, wenn seine Entstehung in der Macht des Gläubigers steht. Der Beginn der Verjährung wurde dann vorverlegt, s. bis 2001 §§ 199f. BGB a.F. S. ab. a. A 23.

27. **Tot modis committitur simulatio, quot modis committitur fraus.** Es gibt ebensoviele Möglichkeiten von Scheingeschäften, wie es Umgehungsmöglichkeiten gibt. Mit Scheingeschäften soll immer etwas umgangen werden. S. Baldus, Komm. 5 a.E. zu Cod. Just. 2, 6, 3. Coing, in: Festschrift Koschaker III (Weimar 1939) 402–419.

28. **Traditio loqui chartam facit.** Die Übergabe läßt die Urkunde sprechen. Viele Urkunden erhalten erst mit Weitergabe rechtliche Bedeutung. Betrifft Privaturkunden wie Quittung, Schuldschein und Wertpapiere. Vgl. S 8.

29. **Transactio est instar rei judicatae.** Der Vergleich entspricht einem Gerichtsurteil. Er kommt ihm in der Wirkung gleich. S. Cod. Just. 2, 4, 20 a.A. (Diokletian). S. heute § 794 Abs. 1 Nr. 1 ZPO.

30. **Transactio est timor litis.** Ein Vergleich ist Angst vor einem Streit. Wer sich vergleicht, dessen Sache steht nicht zum besten. S. ab. a. M 82.

31. **Transactum, de quibus actum.** Verglichen, worüber verhandelt. Ein Vergleich erfaßt das, worüber man sich geeinigt hat. Insbesondere erfaßt ein Prozeßvergleich grundsätzlich den Streitgegenstand. S. Dig. 2, 15, 9 § 1 (Pseudo-Ulpian).

32. **Transigere est alienare.** Sich vergleichen ist veräußern. Wer sich über eine eigene Sache dahin vergleicht, daß er ihre Beanspruchung durch einen anderen anerkennt, veräußert die Sache. Veräußerungs- und Verfügungsverbote und -beschränkungen erfassen auch Entäußerungen durch Vergleich. S. Cod. Just. 5, 71, 4 (Galliën).

33. **Transit terra cum onere.** Land geht mit Belastung über. Ein Staat, dem ein anderer Staat Land abtritt, erwirbt keine besseren Befugnisse, als der Zedent hatte. Ebenso muß ein Privatmann die auf dem von ihm erworbenen Land vorgefundenen Lasten tragen. S. a. R 55.

34. **Tres faciunt collegium.** Drei bilden einen Verein. Ein Verein muß aus mindestens drei Personen bestehen. Dig. 50, 16, 85 (Marcellus unt. Berfg. a. Neraz). S. heute § 73 BGB u. Can. 115 § 2 Codex juris canonici, ab. a. §§ 56 BGB, 2 AktG u. 4 GenG.

35. **Turpis est pars, quae non convenit cum suo toto.** Bedenklich ist der Teil (einer Urkunde), der sich nicht in das Ganze einfügt. Blätter, die als Teil einer umfassenden Urkunde ausgegeben werden, sich in das Ganze aber nicht einfügen, werden nicht als Teil der Gesamturkunde anerkannt. S. heute dagegen § 419 ZPO.

36. **Turpitudinem suam allegans nemo audiatur.** Niemand, der seine eigene Schandtat vor Gericht bringt, soll gehört werden. Abwandlung von N 32. S. Glosse Magis zu Cod. Just. 2, 4, 30.

37. **Turpitudinem suam nemo detegere tenetur.** Niemand ist verpflichtet, seine eigene Schandtat aufzudecken. S.a. A 15 u. N 81.

38. **Tutius est errare aquietando quam puniendo.** Es ist sicherer, beim Nachgeben als beim Bestrafen sich zu irren. Es ist besser, wenn sich die Justiz zugunsten statt zu Lasten eines Beschuldigten irrt. Vgl. J 62.

39. **Tutor de suo alere pupillum non compellitur.** Der Vormund ist nicht verpflichtet, das Mündel aus eigenen Mitteln zu unterhalten. S. Dig. 27, 2, 3 § 6 g. A. (Ulpian).

40. **Tutor domini loco habetur, cum tutelam administrat, non cum pupillum spoliat.** Ein Vormund hat die Stelle des Gewalthabers, wenn er die Vormundschaft führt, nicht dagegen, wenn er das Mündel ausplündert. Die Rechtsmacht des Vormunds über das Mündel, insbesondere auch sein Vermögen, erstreckt sich nicht auf Geschäfte, mit denen der Vormund das Vermögen des Mündels an sich zu bringen versucht. S. Dig. 41, 4, 7 § 3 a. E. (Julian). Vgl. heute §§ 1795 u. 1804 f. BGB.

41. **Tutorem habenti tutor non datur.** Wer einen Vormund hat, dem wird kein Vormund bestellt. S. Cod. Just. 5, 36, 4 a. A. (Galliën); 5, 31, 9 a. A. (Diokletian); u. schon Dig. 26, 5, 10 a. A. (Marcian). S. heute § 1775, ab. a. 1792 BGB. Vgl. C 125.

42. **Tutor incertus dari non potest.** Ein unbestimmter Vormund kann nicht bestellt werden. Nur bestimmte Personen können zum Vormund bestellt werden. Dig. 26, 2, 20 pr. (Paulus). S. heute ab. a. §§ 1791 a–1791 c BGB.

43. **Tutor in rem suam autor esse non potest.** Ein Vormund kann in eigener Sache nicht für seinen Schützling handeln. Inst. 1, 21 § 3 g. A.; s. a. Dig. 26, 8, 7 pr. a. A. (Ulpian: dicimus). A. Wacke, Selbstkontrahieren im römischen Vertretungsrecht, in: Iuris professio – Festgabe Max Kaser 80. Geburtstag (Wien 1986) 296–301. S. heute §§ 181 u. 1795 BGB. S. a. Nr. 47.

44. **Tutor loco parentis habetur.** Der Vormund vertritt die Stelle der Eltern. S. Dig. 47, 2, 57 § 4 S. 1 a. E. u. 41, 4, 7 § 3 a. E. (beides Julian); sowie 26, 7, 27 (Paulus). S. heute §§ 1773 u. 1800 BGB.

45. **Tutor personae, non rei vel causae datur.** Ein Vormund wird für eine Person, nicht für eine Sache oder eine Angelegenheit bestellt. Ein Vormund ist für alle Angelegenheiten seines Schützlings zuständig, nicht nur für einzelne; er kann auch nicht von vornherein nur für einzelne Angelegenheiten bestellt werden. Dig. 26, 2, 14 (Marcian) = Inst. 1, 14 § 3 a. E. S. heute §§ 1793 f. u. 1796 BGB. Vgl. C 127.

46. **Tutor personam pupilli auget.** Ein Vormund verstärkt die Stellung des Mündels. Nicht etwa soll eine Vormundschaft das Mündel einengen oder gar entmachten.

47. **Tutor rem pupilli emere non potest.** Ein Vormund kann nichts vom Mündel kaufen. Dig. 18, 1, 34 § 7 a. A. (Paulus). A. Wacke (s. soeben Nr. 43) 301–311. S. heute § 181 BGB. S. a. Nr. 43.

U

1. **Ubi acceptum est semel judicium, ibi et finem accipere debet.** Wo ein Prozeß einmal angenommen worden ist, da muß er auch sein Ende finden. Hat eine Partei ein örtlich unzuständiges Gericht einmal akzeptiert, so kann sie den Gerichtsstand nicht mehr rügen. Dig. 5, 1, 30 (Marcellus). S. heute § 39 ZPO. S. a. Q 77 u. sofort Nr. 4.

2. **Ubi aequitas evidens poscit, subveniendum est.** Wo offensichtliche Billigkeit es fordert, muß man helfen. Das Billigkeitsempfinden ist der Motor der Rechtsfortbildung. Dig. 4, 1, 7 pr. Mitte = 50, 17, 183 a. E. (Marcellus unt. Berfg. a. Antoninus Pius). S. heute § 242 BGB.

3. **Ubi cessat ratio legis, cessat ipsa lex.** Wo der Sinn eines Gesetzes nicht eingreift, verliert das Gesetz seine Gültigkeit. Ein Gesetz ist nur soweit anzuwenden, wieweit sein Sinn reicht. Variation von C 24. S. ab. a. R 6 u. Q 75.

4. **Ubi coepta est, ibi lis et finienda est.** Wo der Rechtsstreit begonnen worden ist, dort muß er auch zu Ende geführt werden. Kurzfassung von Nr. 1.

5. **Ubi commodum, ibi autor.** Wo der Vorteil ist, dort ist der Urheber. Erfahrungssatz bei der Verbrechensaufklärung. S. a. C 99. Vgl. N 68.

6. **Ubi eadem ratio, ibi eadem juris dispositio.** Wo derselbe Sinn, dort dieselbe Bestimmung. Rechtssätze sind über ihren Wortlaut hinaus auch dort anzuwenden, wo ihr Sinn gleichermaßen einschlägt. Grundsatz der analogen Anwendung von Gesetzen. S. Oldradus de Ponte, Summarium zu Dig. 9, 2, 32 pr.; u. Nicolaus Everardi, Loci argumentorum legales 13, 1. S. a. das Folgende.

7. **Ubi eadem ratio, ibi idem jus.** Wo derselbe Sinn, dort dasselbe Recht. S. Glosse Aestimari zu Dig. 9, 2, 32 pr.; u. Vivian, Casus dazu a. E. S. a. das Vorige.

8. **Ubi emolumentum, ibi onus.** Wo der Vorteil, dort die Last. Wer mit einer Rechtsstellung verbundene Vorteile genießt, muß auch die damit zusammenhängenden Lasten tragen. S. Inst. 1, 17 g.E. S.a. C 110, Q 46 u. 78. Vgl. A 46 u. R 7.

9. **Ubi innocens damnatur, pars patriae exulat.** Wo ein Unschuldiger verurteilt wird (und fliehen muß), ist ein Teil des Vaterlands im Exil. Mit Verurteilung Unschuldiger schadet ein Staat sich selbst. Publilius Syrus, Sentenzen U/V 33.

10. **Ubi innocens formidat, damnat judicem.** Wo ein Unschuldiger zittert, verurteilt er den Richter. Wo Menschen, die nichts Böses getan haben, in Angst leben, werden Unschuldige verurteilt und Schuldige nicht behelligt, d.h. wird das Recht gebeugt. Publilius Syrus, Sentenzen U/V 10.

11. **Ubi judicat, qui accusat, vis, non lex valet.** Wo richtet, wer anklagt, gilt Gewalt und nicht das Gesetz. Das Gesetz verbietet, daß jemand sowohl anklagt als auch richtet. Publilius Syrus, Sentenzen U/V 30. S. heute § 22 Nr. 4 StPO. S.a. N 75.

12. **Ubi jus, ibi remedium.** Wo ein Recht, da ein Mittel. Wer ein Recht hat, für den gibt es auch einen Weg, das Recht gerichtlich geltend zu machen. S.a. L 48.

13. **Ubi jus incertum, ibi jus nullum.** Wo das Recht unbestimmt ist, herrscht kein Recht. S.a. M 39.

14. **Ubi lex non distinguit, nec nos distinguere debemus.** Wo das Gesetz nicht unterscheidet, dürfen auch wir nicht unterscheiden. Glossen Pretium g.A. zu Dig. 6, 2, 8; u. Differentiam zu Cod. Just. 4, 39, 9 g.E.

15. **Ubi non est culpa, ibi non est delictum.** Wo keine Schuld ist, ist kein Delikt. S. heute §§ 15–21 StGB u. 823–828 BGB. S.a. N 160, P 63 u. S 37.

16. **Ubi partes expressae non sunt, aequales sunt.** Wo Teile nicht genauer bestimmt sind, sind sie gleich.

17. **Ubi periculum, ibi lucrum.** Wo die Gefahr, da der Gewinn. Cod. Just. 6, 2, 22 § 3a g.E. (Justinian unt. Berfg. a. Papinian). Max Kaser, Die actio furti des Verkäufers, in: SZ 96 (1979) 89ff., bes. 116–118. S.a. C 41.

18. **Ubi rem meam invenio, ibi eam vindico.** Wo ich meine Sache finde, dort verlange ich sie heraus. Der Eigentümer kann seine Sache von jedem herausverlangen, der sie besitzt. Umschreibung des Eigentumsherausgabeanspruchs. S. heute § 985 BGB.

19. **Ubi societas, ibi jus.** Wo Gesellschaft, dort Recht. Wo immer Menschen sich gesellen, bildet sich Recht. S. Heinrich von Cocceji, Grotius illustratus seu commentarii ad Hugonis Grotii de Jure belli et pacis libros tres, hrsgg. v. Samuel von Cocceji, Bd. 1 (Breslau 1744), zu Proleg. § 8, allgemeine Bemerkungen, im Anschluß an Verweisungen auf Cicero- und Seneca-Stellen. Cocceji bringt auf diese Formel von ihm nicht geteilte Gedanken Ciceros (s. Cic. De legibus 1 §§ 28 f. u. 42 f.; De officiis 1 §§ 20–22 u. 3 §§ 21–28; u. De finibus 3 §§ 66 f.) unt. Berfg. a. seine Schrift Prodromus Justitiae gentium etc. etc. (Frankfurt/Oder 1719), wo in § 232 mitgeteilt wird, Samuel Pufendorf habe mündlich gelehrt: socialitatem esse principium juris sufficiens, adaequatum, et tamen invalidum, ut vim legis demum acceperit a Deo.

20. **Ubi te invenio, ibi te judico.** Wo ich dich finde, dort richte ich dich. Das Gericht des Orts, an dem der Schuldner sich niedergelassen hat, ist für Urteile gegen ihn örtlich zuständig. S. heute § 13 ZPO.

21. **Ultra posse** (oder: **vires**) **nemo obligatur.** Über sein Können (oder seine Kräfte) hinaus wird niemand verpflichtet. Verbindlichkeiten, die der Betreffende zu erfüllen unvermögend ist, treffen ihn nicht. Betrifft nur gesetzliche Verbindlichkeiten. S. a. J 23. Vgl. J 22, L 34 u. N 64.

22. **Unicuique licet quem voluerit modum liberalitati suae apponere.** Jedem ist es erlaubt, seine unentgeltliche Zuwendung nach Belieben mit Auflagen zu verbinden. S. heute §§ 330 S. 2, 525 u. 1940 BGB.

23. **Unicuique sua mora nocet.** Jedem schadet sein eigener Verzug. Bei Gesamtschuldnern treten die Verzugsfolgen nur bei dem ein, der selbst in Verzug geraten ist. Dig. 50, 17, 173 § 2 a. A. (Paulus). S. heute § 425 BGB. S. a. A 86 u. M 68.

24. **Universitas distat a singulis.** Eine Körperschaft ist etwas anderes als ihre einzelnen Mitglieder. Was eine Körperschaft schuldet, kann nicht von den einzelnen Mitgliedern unmittelbar erhoben werden; was ihr gehört, gehört nicht den Mitgliedern. S.a. Q 131 f.

25. **Universitas potest delinquere.** Eine Körperschaft kann ein Delikt begehen. Eine Körperschaft kann wegen eines Delikts bestraft und haftbar gemacht werden. Glosse Corpus g.E. zu Heinrichs VII. Extravaganten 1 (Bartolus). S. heute §§ 30 OWiG, 31 u. 89 BGB.

26. **Universitas vice personae fungitur.** Eine Körperschaft vertritt die Stelle einer Person. Sie ist rechtlich als selbständige Person zu behandeln, eine sog. juristische Person. S. Dig. 46, 1, 22 a.E. (Florentin).

27. **Unusquisque subolem suam nutriat.** Jeder ernähre seine Nachkommenschaft. Für seine unmündigen Kinder ist jeder unterhaltspflichtig. Cod. Just. 8, 51, 2 pr. a.A. (Valentinian I.). S. heute § 1601 BGB.

28. **Unus testis nullus testis.** Ein Zeuge kein Zeuge. Das Zeugnis eines einzelnen genügt nicht, um jemanden einer Straftat zu überführen. S. Cod. Just. 4, 20, 9 S. 2 u. 3 (Konstantin). S. schon 5. Mose 19, 15; u. Matthäusevangelium 18, 16. Galt bis um 1800. Claudieter Schott, Ein Zeuge kein Zeuge – Zu Entstehung und Inhalt eines Rechtssprichworts, in: Festschr. Ferdinand Elsener 65. Geburtstag (Sigmaringen 1977) 222–232. S.a. T 19 u. V 35.

29. **Usurae solutae non repetuntur.** Gezahlte Zinsen werden nicht zurückgefordert. Wer auf einen zinslos vereinbarten Kredit trotzdem Zinsen zahlt, kann diese nicht als rechtsgrundlos geleistet zurückfordern. S. Dig. 12, 6, 26 pr. a.A. (Ulpian). S. heute § 814 BGB.

30. **Usurae vicem fructuum optinent.** Zinsen stehen für Früchte. Dig. 22, 1, 34 a.A. (Ulpian). S. heute § 99 Abs. 3 BGB.

31. **Usus est pro possessione.** Gebrauch steht für Besitz. Wer ein Recht gebraucht oder ausübt, steht einem Besitzer gleich. Be-

trifft den Schutz von Dienstbarkeiten. S. Dig. 8, 1, 20 g.E. (Javolen). S. heute § 1029 BGB.

32. **Ususfructus alienari non potest.** Ein Nießbrauch kann nicht veräußert werden. S. Dig. 27, 9, 3 § 5 a.A. (Ulpian). S. heute § 1059, ab. a. § 1059a BGB. Vgl. das Folgende.

33. **Usus non potest a persona separari.** Ein Gebrauchsrecht kann von der Person nicht getrennt werden. Es ist ein höchstpersönliches Recht, unveräußerlich und unvererblich. S. Dig. 7, 8, 21 (Modestin). S. heute §§ 1030 Abs. 1 i.V.m. 1059 u. 1059a u. 1092 u. vgl. 605 Nr. 3 BGB. Vgl. das Vorige.

34. **Utile non debet per inutile vitiari.** Das Gültige darf durch Ungültiges nicht in Mitleidenschaft gezogen werden. Ist ein Teil eines Rechtsgeschäfts oder sonstigen Rechtsakts ungültig, so verliert dadurch der Rest seine Wirksamkeit nicht. Liber sextus 5, 13, 37 (Bonifaz VIII.). S. schon das Folgende. S. heute dagegen §§ 139, ab. a. 2085 BGB, Artt. 5 Abs. 1 S. 2 u. Abs. 2, 7, 9 Abs. 2 Hs. 2, 12 Abs. 1 S. 2 WG, 4 S. 2, 7 u. 12 ScheckG. S.a. das Folgende.

35. **Utile per inutile non vitiatur.** Das Gültige wird durch Ungültiges nicht in Mitleidenschaft gezogen. Glosse Non tenere zu Dig. 32, 9 pr. (Accursius). Hans Hermann Seiler, Utile . . . – Zur Teilunwirksamkeit von Rechtsgeschäften im römischen Recht, in: Festschr. Max Kaser 70. Geburtstag (München 1976) 127–147, bes. 144ff.; u. Zimmermann 75–78. S. heute wie beim Vorigen.

36. **Utilis simulatio permittitur.** Ein nützliches Scheingeschäft ist erlaubt. Damasus, Regulae canonicae 30. S. bis 1980 die deutsche Rechtsprechung zur Gründung einer Einmann-GmbH.

37. **Utilitas publica praeferenda est privatorum contractibus.** Der öffentliche Nutzen geht Privatverträgen vor. Cod. Just. 12, 62, 3 a.A. (Diokletian). S.a. S 1.

38. **Utilitas publica privatae praeferri debet.** Gemeinnutz geht vor Eigennutz. Dionysius Gothofredus, Außenglosse Utilitas zu Glosse Et ex mare zu Dig. 1, 8, 5. S. schon Nov. Theod. 5, 3 pr. a.A. (Theodosius II.); u. 1920 bis 1945 Punkt 24 NSDAP-Programm S.a. L 13, P 100f. u. S 1.

39. **Uti via publica nemo recte prohibetur.** Niemand darf daran gehindert werden, einen öffentlichen Weg zu benutzen. Cod. Just. 3, 34, 11 a.E. (Diokletian). S. schon Edikt des Prätors § 238.

40. **Ut plures corrigantur, rite unus perit.** Damit viele sich bessern, muß einer auf dem Rechtsweg zunichte werden. Publilius Syrus, Sentenzen U/V 28. S.a. E 51 u. P 52.

41. **Uxor non est socia, sed speratur fore.** Die Ehefrau ist nicht Gesellschafterin, doch erwartet man, daß sie es wird. Während bestehender Ehe hat die Ehefrau nicht die Stellung eines Gesellschafters, aber nach Auflösung der Ehe durch Scheidung oder Tod des Mannes kommt ihre Stellung ihm nahe. Ausdruck der Zugewinngemeinschaft im Ehegüterrecht. S. heute § 1363 BGB.

V

1. **Vanae voces populi non sunt audiendae.** Auf die unzuverlässigen Stimmen des Volkes darf man nicht hören. Ein Richter darf sich nicht nach den Forderungen und der Stimmung des Publikums und der Öffentlichkeit richten. Cod. Just. 9, 47, 12 (Diokletian). S. heute Art. 97 Abs. 1 GG. S. a. Nr. 35, ab. a. Nr. 41.

2. **Vani timoris justa excusatio non est.** Grundlose Furcht ist keine gültige Entschuldigung. Dig. 50, 17, 184 (Celsus). S. heute § 231 BGB, ab. a. §§ 33 u. 35 Abs. 2 StGB.

3. **Vanus metus restitutionem non parit.** Eine eingebildete Drohung berechtigt nicht zur Anfechtung. S. heute § 123 Abs. 1 BGB.

4. **Varium et mutabile testimonium semper femina producit.** Das Zeugnis einer Frau ist immer wechselhaft und unzuverlässig. Dekretalen 5, 40, 10 g.E. (Isidor von Sevilla). S. schon Vergil, Äneis 4, 569 f.

5. **Venire contra factum proprium (nemini licet).** (Keinem ist erlaubt,) sich in Widerspruch zu seinem eigenen Verhalten zu setzen. Soweit das jemand tut, hat er keinen Rechtsschutz. S. Azo, Brocardica sive generalia juris 10, 28; u. bereits Brocardica „Dolum ..." Nr. 12. S. schon Dig. 1, 7, 25 pr. (Pseudo-Ulpian). W. Dette, Venire ... (Berlin 1985); Schanbacher (s. oben A 81) 17–19; Reinhard Singer, Das Verbot widersprüchlichen Verhaltens (München 1993) 50–83 u. 313–351.

6. **Venter non patitur moram.** Der Bauch duldet keinen Verzug. Unterhaltsansprüche müssen sofort verwirklicht werden können. Laubach (s. A 75) 137–149. S. heute §§ 620 Nr. 4 u. 6, 641 d Abs. 1, 708 Nr. 8 ZPO. S. a. N 7.

7. **Verba accipienda sunt secundum subjectam materiam.** Worte sind nach ihrem Gegenstand zu verstehen.

8. **Verba contractus sunt lex contractus.** Die Worte eines Vertrags sind das Gesetz des Vertrags. Vgl. C 92 u. P 1.

9. **Verba cum effectu sunt accipienda.** Worte müssen mit Bedeutung aufgefaßt werden. Diejenige Auslegung eines Gesetzes oder Rechtsgeschäfts, bei der allen Worten eine Bedeutung zukommt, ist vorzuziehen. Dig. 2, 7, 5 § 2 a. E. (Ulpian).

10. **Verba executiva nec augent nec minuunt dispositionem.** Ausführende Worte erweitern eine Anordnung weder, noch verengen sie sie. Ausführungsbestimmungen konkretisieren nur, ändern die Hauptanordnung aber nicht ab.

11. **Verba generalia generaliter sunt intelligenda.** Allgemeine Worte sind allgemein zu verstehen. Es ist unzulässig, eine allgemeine Anordnung nur auf einzelne Fälle anzuwenden. S. Nicolaus Everardi, Loci argumentorum legales 5, 2.

12. **Verba relata illata esse videntur.** Worte, auf die Bezug genommen ist, werden als eingefügt betrachtet. Nimmt jemand in einer Erklärung auf eine andere Erklärung Bezug, so gilt diese als miterklärt. S. ab. a. R 13.

13. **Verbis legis tenaciter inhaerendum.** Am Wortlaut des Gesetzes muß man hartnäckig haften. S. a. A 110 u. M 10.

14. **Veritas convicii non excusat injuriam.** Wahrheit einer Schmährede entschuldigt eine (in ihr enthaltene) Beleidigung nicht. S. Cod. Just. 9, 35, 5 (Diokletian). S. heute § 192 StGB.

15. **Veritas praevalet solemnitati.** Die Wahrheit geht der Form vor. Was ordnungsgemäß beurkundet oder veröffentlicht worden ist, gilt nicht schon darum; es muß auch wirklich erklärt bzw. beschlossen worden sein. Die Form ersetzt nicht die Substanz.

16. **Versanti in illicito** (oder: **in re illicita**) **imputantur omnia, quae sequuntur ex delicto.** Wer sich auf verbotenem Felde bewegt, dem werden alle schlimmen Folgen, die das mit sich bringt, zugerechnet. Er ist für die Folgen strafrechtlich verantwortlich, unabhängig davon, ob er sie geplant oder auch nur in Kauf genommen hat. S. Dig. 48, 19, 38 § 5 (Pseudo-Paulus); Cod. Just. 9, 12, 6 (Konstantin); u. Liber sextus 5, 4, 3 (Bonifaz VIII.). Horst Kollmann, Die Lehre vom versari in re illicita im Rah-

men des Corpus juris canonici, in: Ztschr. f. d. ges. Strafrechtswiss. 35 (1914) 46–106; Martin Schubarth, Das Problem der erfolgsqualifizierten Delikte, ebd. 85 (1973) 757–760; u. A. Wacke (s. oben C 2) 689–695. S. heute dagegen §§ 18, 28 Abs. 2 und 29 StGB. Vgl. N 113.

17. **Verum tacere et falsum asserere paria sunt.** Die Wahrheit verschweigen und etwas Falsches versichern ist das Gleiche.

18. **Vetustas semper pro lege habetur.** Hohes Alter (einer Übung) hat immer Gesetzeskraft. Betrifft ursprünglich nur Grundstücksnutzungen im Nachbarrecht. Dig. 39, 3, 2 pr. g. E. (Paulus). S. heute § 906 Abs. 2 BGB. S. a. das Folgende.

19. **Vetustas vicem legis tenet.** Hohes Alter (einer Übung) ersetzt Recht. Andere Formulierung des Vorigen. Dig. 39, 3, 1 § 23 Mitte (Ulpian).

20. **Viam publicam populus non utendo amittere non potest.** Die Allgemeinheit kann einen öffentlichen Weg durch Nichtbenutzung nicht verlieren. Dig. 43, 11, 2 (Javolen oder Cassius).

21. **Via trita via tuta.** Ein ausgetretener Weg ist ein sicherer Weg. Im Recht sind bewährte Wege vorzuziehen. S. a. J 107. Vgl. A 2.

22. **Victoria pauperem fraudat.** Ein Sieg betrügt den Armen. Auch wenn ein Armer im Prozeß obsiegt, hat er nichts davon; er kann den Sieg nicht auswerten.

23. **Victus victori in expensis est condemnandus.** Der Unterlegene ist dem Obsiegenden in die Kosten (des Rechtsstreits) zu verurteilen. S. Cod. Just. 3, 1, 13 § 6 Mitte (Justinian). S. heute §§ 91 ZPO u. 465–467 StPO.

24. **Videant consules, ne quid detrimenti res publica capiat.** Die Konsuln mögen acht haben, daß der Staat keinen Schaden nimmt. Ermächtigung der römischen Regierung durch den Senat zu allen erforderlichen Maßnahmen, um einem Notstand zu begegnen; sog. senatus consultum ultimum – letzter Senatsbeschluß. S. Cicero, Erste Rede gegen Catilina § 4 a. A. Siegfrid Mendner, Videant consules, in: Philologus 109 (1965) 258–267; u. Jürgen Ungern-Sternberg von Pürkel, Untersuchungen zum spätrepublikanischen Notstandsrecht (München 1970) 63 f.

25. **Vigilantibus, non dormientibus jura subveniunt.** Das Recht hilft den Wachsamen, nicht den Träumenden. S. Cod. Just. 7, 40, 2 pr. g. A. (Justinian). S. a. J 179.

26. **Vim vi repellere licet.** Gewalt darf mit Gewalt abgewehrt werden. Dig. 43, 16, 1 § 27 a.A. (Ulpian unt. Berfg. a. Cassius). S. heute §§ 32 StGB, 227 u. 859 f. BGB. S. a. A 103 u. Q 122.

27. **Vincula pignoris durant personali actione submota.** Die Pfandverstrickung dauert fort, mag auch der persönliche Anspruch aufgehoben sein. Kann eine durch ein Pfandrecht gesicherte Forderung, ohne erloschen zu sein, nicht mehr durchgesetzt werden, so kann sich der Gläubiger doch noch aus dem Pfand befriedigen. S. Cod. Just. 8, 30, 2 (Gordian III.). S. heute §§ 49 f. InsO u. 216, ab. a. 1169 u. 1254 BGB. S. a. R 17.

28. **Viperina est expositio, quae corrodit viscera textus.** Eine Auslegung, die das Fleisch des Textes auffrißt, ist wie eine Viper. S. a. M 10.

29. **Vir et uxor sunt quasi una persona.** Mann und Frau sind gleichsam eine einzige Person. In gewissen Beziehungen werden Eheleute wie eine einzige Person behandelt. S. heute etwa §§ 1357 u. 1362 Abs. 1 BGB u. 739 ZPO.

30. **Virgini praegnanti creditur.** Einer schwangeren Jungfrau glaubt man. Kurzfassung von C 97.

31. **Virtutis numquam mollis est probatio.** Tugend zu beweisen ist niemals einfach. S. Seneca d. J., De providentia 4, 12 a. A.

32. **Vis legibus inimica.** Gewalt ist der Gesetze Feind. S. a. C 88, J 114 u. S 35.

33. **Vitia aperta non praestantur.** Für offensichtliche Fehler wird keine Gewähr geleistet. S. Dig. 21, 1, 14 § 10 (Ulpian). S. heute § 442 Abs. 1 BGB. S. a. E 22.

34. **Viventis nulla hereditas.** Keine Erbschaft eines Lebenden. Bei Lebzeiten wird niemand beerbt. S. Dig. 18, 4, 1 (Pomponius).

35. **Voces populi non sunt audiendae.** Auf die Stimmen des Volkes darf man nicht hören. Ein Richter darf sich nicht nach den Forderungen des Publikums und der Öffentlichkeit richten. Kürzere Fassung von Nr. 1.

36. **Volenti non fit injuria.** Dem Willigen geschieht kein Unrecht. Ist derjenige, welcher einen Nachteil erleidet, damit einverstanden, so kann er daraus keine Ansprüche herleiten. S. Dig. 47, 10, 1 § 5 a.E. (Ulpian). S.a. N 182 u. S 5.

37. **Voluntas in delictis, non exitus spectatur.** Bei Straftaten wird der Wille und nicht der Ausgang betrachtet. Glattere Fassung von J 87. S.a. A 38.

38. **Voluntas in mente retenta nil efficit.** Ein im Busen verschlossener Wille bewirkt nichts. Ein rechtsgeschäftlicher Wille muß erklärt werden, damit er rechtliche Wirkungen hat. S. heute § 116 S. 1 BGB. S.a. J 112 u. P 115.

39. **Voluntas militis in expeditione occupati pro jure servatur.** Der Wille des Soldaten im Felde wird wie ein Gesetz geachtet. Betrifft seinen letzten Willen, der formfrei erklärt wirksam ist. Cod. Just. 6, 21, 1 a.E. (Caracalla). Vgl. heute §§ 2249–2251 BGB.

40. **Voluptatis vel affectionis aestimatio non habebitur.** Vergnügen oder Neigung wird nicht berechnet. Ein Nichtvermögensschaden wird nicht in Geld ersetzt. Dig. 7, 7, 6 § 2 a.A. (Ulpian). S. heute dagegen § 253 BGB.

41. **Vox populi vox dei.** Volkes Stimme Gottes Stimme. Petrus von Blois, Briefe 15 (1178 n.Chr.) Mitte unt. Berfg. a. (Trito-) Jesaja 66, 6. S. ab. a. Nr. 1.

42. **Vox unius vox nullius.** Eines Stimme ist keines Stimme. Das Zeugnis eines einzigen beweist nichts. Glosse Sermones zu Cod. Just. 2, 55, 4 § 5. S. schon U 28.

43. **Vulgo quaesitus matrem sequitur.** Das nichteheliche Kind folgt der Mutter. Seine Rechtsstellung in Staat und Familie richtet sich nach der Rechtsstellung der Mutter, nicht des Vaters. Dig. 1, 5, 19 a.E. (Celsus). S. heute § 1626a Abs. 2, ab. a. 1924 BGB. S.a. F 34."

Die Urheber und die Vermittler

Accursius, um 1185–um 1260. Reichsitalienischer Jurist. Faßte in der „Glossa ordinaria“ seine u. seiner Vorgänger, der Glossatoren, Erläuterungen zum Corpus juris civilis zusammen.

Afrikan, um 110–um 170. Römischer Jurist.

Andreas Alciat, 1491–1550. Reichsitalienischer Jurist und Humanist.

Alexander III., kurz nach 1100–1181. Kanonist, seit 1159 Papst.

Alexander Severus, 208–235. Seit 222 römischer Kaiser.

Ambrosius, um 335–397. Seit 373 Bischof von Mailand, damals Residenz des weströmischen Kaisers.

Anastasius, um 431–518. Seit 491 oströmischer Kaiser.

Anaxagoras, um 500–428 v. Chr. Griechischer Philosoph.

Angelus von Arezzo, frühes bis mittleres 15. Jh. Reichsitalienischer Jurist.

Antoninus Pius, 86–161. Seit 138 römischer Kaiser.

Apollodor von Karystos, spätes 3. Jh. v. Chr. Griechischer Komödiendichter.

Arcadius, 383–408. Seit 395 oströmischer Kaiser.

Aristo, um 50–um 120. Römischer Jurist.

Aristoteles, 384–322 v. Chr. Griechischer Philosoph.

Asconius, 9 v.–76 n. Chr. Römischer Philologe, kommentierte Ciceros Reden.

Augustin, 354–430. Seit 395 Bischof von Hippo Regius in Nordafrika.

Giuseppe Averani, 1662–1738. Italienischer Jurist.

Azo, um 1150–um 1230. Reichsitalienischer Jurist.

Francis Bacon, 1561–1626. Englischer Naturwissenschaftler.

Baldus, 1320 od. 1327–1400. Reichsitalienischer Jurist.

Bartolus, 1313–1357. Reichsitalienischer Jurist.

Bartholomäus de Saliceto, um 1330–1412. Reichsitalienischer Jurist.

Beda, 672/3–735. Englischer gelehrter Theologe.

Boëthius, um 480–524. Römischer Philosoph u. hoher Beamter.

Bonifaz VIII., um 1235–1303. Kanonist, seit 1294 Papst, erließ 1298 den Liber sextus decretalium, den dritten Teil des späteren Corpus juris canonici.

Aegidius Bossius, 1487–1546, Mailänder Jurist.

Burchard von Worms, 965–1025. Kanonist, seit 1000 Bischof von Worms.

Burrus, um 0–62. Seit 51 Prätorianerpräfekt zunächst des römischen Kaisers Claudius und ab 54 Neros.

Cäcilius Balbus, 5.–8. Jh. Phantasiename für den Herausgeber einer Sentenzensammlung.

Callistrat, etwa 150–210. Provinzialrömischer Jurist.

Caracalla, 186–217. Seit 211 römischer Kaiser.

Cassiodor, um 485–580. Römischer Literat u. Staatsmann.

Cassius, um 7 v.–um 70 n. Chr. Römischer Jurist u. Staatsmann, begründete die Schule der Sabinianer.

Cassius Dio, um 163/4 – nach 229. Römischer Geschichtsschreiber griechischer Herkunft u. Sprache.

Cato, 234–149 v. Chr. Römischer Politiker u. Schriftsteller.

Celsus, um 75–um 135. Römischer Jurist u. hoher Beamter.

Cicero, 106–43 v. Chr. Römischer Literat, Philosoph u. Staatsmann.

Cinus von Pistoja, 1270–1336. Reichsitalienischer Jurist.

Heinrich von Cocceji, 1644–1719. Deutscher Jurist.

Cyprian, um 205–258. Seit 248 Bischof von Karthago in Nordafrika.

Damasus, frühes 13. Jh. Kanonist.

Dinus von Mugello, um 1245–um 1300. Reichsitalienischer Jurist.

Diogenes Laërtius, spätes 3. Jh. n. Chr. Griechisch-römischer Literat.

Diogenes der Zyniker, 4. Jh. v. Chr. Griechischer Philosoph.

Diokletian, um 245–313. 284–305 römischer Kaiser.

Donat, Mitte 4. Jh. Römischer Literat.

Eike von Repgow, um 1180/90–nach 1233. Mitteldeutscher Edelmann u. Rechtskenner, verfaßte in den 20er Jahren den Sachsenspiegel.

Euripides, um 485/480–406 v. Chr. Griechischer Tragödiendichter.

Nicolaus Everardi, 1462–1532. Niederländischer Jurist.

Hulderich von Eyben, 1629–1699. Deutscher Jurist.

Ferdinand I., 1503–1564. Seit 1527 König von Böhmen u. Ungarn, seit 1531 deutscher König, seit 1556 römisch-deutscher Kaiser.

Paul Johann Anselm von Feuerbach, 1775–1833. Deutscher Jurist, zumal des Strafrechts, u. Rechtsphilosoph.

Florentin, 3. Jh. Römischer Jurist.

Gajus, um 120–um 180. Provinzialrömischer Jurist.

Galliën, um 213–268. Seit 253 römischer Kaiser.

Gellius, um 120–um 180. Römischer Literat.

Gordian III., 225–244. Seit 238 römischer Kaiser.

Dionysius Gothofredus, 1549–1622. Französisch-deutscher Jurist, gab das Corpus juris civilis 1583, 1590, 1602, 1607 u. postum 1624 mit gelehrten Anmerkungen u. 1589, 1604, 1612, 1618, 1625 u. 1627 mit Glossenapparat neu heraus.

Gratian, 359–383. Seit 375 weströmischer Kaiser.

Gratian, 12. Jh. Italienischer Theologe, stellte um 1140 ältere Konzilcanones u. zumal päpstliche Schreiben systematisch zusammen zum sog. Dekret Gratians, dem Grundstock des späteren Corpus juris canonici.

Gregor I., um 540–604. Seit 590 Papst. Auch „der Große" genannt.

Gregor IX., um 1170–1241. Theologe u. Kanonist, seit 1227 Papst, erließ 1234 die Dekretalen („Liber extra", nämlich extra decretum sc. Gratiani), den zweiten Teil des späteren Corpus juris canonici.

Gregorius, etwa 250–300. Römischer Jurist u. hoher Beamter.

Hadrian, 76–138. Seit 117 römischer Kaiser.

Hadrian VI., 1459–1523. Theologe u. Staatsmann, seit 1522 Papst.

Heinrich I., 1068–1135. Seit 1100 englischer König. Auch „der Gelehrte" genannt.

Hermogenian, etwa 250–310. Römischer Jurist u. hoher Beamter.

Hieronymus, um 345–419/20. Lateinischer Kirchenvater, der unsere lateinische Fassung der Bibel hergestellt hat, die sog. Vulgata.

Thomas Hobbes, 1588–1679. Englischer Philosoph.

Honorius, 384–423. Seit 395 weströmischer Kaiser.

Honorius III., um 1150–1227. Seit 1216 Papst.

Horaz, 65–8 v. Chr. Römischer Dichter.

Innozenz III., 1160/1–1216. Theologe u. Kanonist, seit 1198 Papst.

Irnerius, um 1060–um 1125. Reichsitalienischer Jurist, begründete die Glossatorenschule in Bologna.

Isidor von Sevilla, um 560–636. Seit kurz vor 600 Erzbischof von Sevilla.

Javolen, kurz vor 50–um 130. Römischer Jurist u. hoher Beamter.

Jesaja, spätes 8. Jh. v. Chr. Jüdischer Prophet.

Jesus, um 6 v.–30 n. Chr.

Johannes Andreae, bald nach 1270–1348. Kanonist.

Johannes Bassianus, spätes 12. Jh. Reichsitalienischer Jurist.

Johannes Chrysostomus, 349–407. 398–404 Patriarch von Konstantinopel.

Johannes Teutonicus, um 1170–1245/46. Kanonist.

Julian, um 106–um 170. Römischer Jurist u. hoher Beamter.

Justinian, 482–565. Seit 527 oströmischer Kaiser. Ließ 528–534 Codex Justinianus, Digesten (Justinians) u. Institutionen (Justinians) herstellen, später (in umgekehrter Reihenfolge) samt Novellen zum Corpus juris civilis zusammengefaßt.

Juvenal, um 67–um 140. Römischer Satiriker.

Konstantin, 272–337. Seit 306 nordwest- u. seit 312 weströmischer Kaiser, 324 über das ganze Reich. Auch „der Große" genannt.

Konstantius II., 317–361. Seit 337 oströmischer Kaiser u. seit 353 über das ganze Reich.

Laktanz, etwa 250–325. Lateinischer Rhetorikprofessor, Prinzenerzieher u. Kirchenvater.

Leo, 457–474 oströmischer Kaiser.

Leo I., 440–461 Papst. Auch „der Große" genannt.

Licinius Rufin, frühes 3. Jh. Römischer Jurist u. hoher Beamter.

Livius, 59 v.–17 n. Chr. Römischer Geschichtsschreiber.

Lucius I., um 200–254, seit 253 Papst.

Martin Luther, 1483–1546. Christlicher Reformator.

Macer, frühes 3. Jh. Provinzialrömischer Jurist.

Macrob, frühes 5. Jh. Römischer Literat u. hoher Beamter.

Johannes Manlius, 16. Jh. Basler Literat.

Marcellus, wohl um 115–um 175. Römischer Jurist u. hoher Beamter.

Marcian, frühes 3. Jh. Römischer Jurist.

Mark Aurel, 121–180. Seit 161 römischer Kaiser. Filosof.

Markian, 396–457. Seit 450 oströmischer Kaiser.

Melissos von Samos, 5. Jh. v. Chr. Griechischer Filosof u. Staatsmann.

Modestin, um 185–um 250. Römischer Jurist u. hoher Beamter.

Mose, spätes 13. Jh. v. Chr. Jüdischer Volksführer, Religionsstifter u. Gesetzgeber.

Nahum, frühes 7. Jh. v. Chr. Jüdischer Prophet.

Neraz, um 57– nach 133. Römischer Jurist u. hoher Beamter.

Nero, 37–68. Seit 54 römischer Kaiser.

Nerva d. Ä., um 20 v.–33 n. Chr. Römischer Jurist u. hoher Beamter.

Nikolaus I., um 800–867. Seit 858 Papst.

Odofredus, um 1200–1265. Reichsitalienischer Jurist.

Oldradus de Ponte, um 1280–1335. Reichsitalienischer Jurist.

Ovid, 43 v.–17 n. Chr. Römischer Dichter.

Fulvius Pacian, † 1613. Reichsitalienischer Jurist.

Papinian, um 155–212. Römischer Jurist u. Staatsmann, 205–211 Prätorianerpräfekt.

Paschal II., um 1050–1118. Römischer Kleriker, seit 1099 Papst.

Johannes Pauli, um 1455–1530. Südwestdeutscher Franziskanerprediger.

Paulus, um 10–63. Christlicher Apostel u. Missionar.

Paulus, um 160–um 230. Römischer Jurist u. hoher Beamter, 219/20 wahrscheinlich Prätorianerpräfekt.

Pseudo-Paulus, Ende 3. Jh. Provinzialrömischer Jurist.

Paulus von Castro, um 1360–1441. Reichsitalienischer Jurist.

Petrus von Blois, um 1130–um 1204. Französisch-englischer Jurist.

Philipp, 198–249. Seit 244 römischer Kaiser, „der Araber“ genannt.

Placentin, um 1140-1192. Reichsitalienischer Jurist.

Platon, 427–347 v. Chr. Griechischer Philosoph.

Plautus, um 250–184 v. Chr. Römischer Komödiendichter.

Plinius d. J., um 62–um 112. Römischer Literat u. hoher Beamter.

Plutarch, um 45–nach 120. Griechisch-römischer Geschichtsschreiber u. Philosoph.

Pomponius, um 100–um 180. Römischer Jurist.

Poseidonios von Apameia, 135–um 50 v. Chr. Griechischer Geschichtsschreiber u. Philosoph.

Proculus, 1. Jh. Römischer Jurist u. anscheinend auch hoher Beamter, begründete die Schule der Prokulianer.

Publilius Syrus, 1. Jh. v. Chr. Römischer Komödiendichter, dessen Sentenzen sehr beliebt waren; nur sie sind von ihm überliefert.

Samuel Pufendorf, 1632–1694. Deutscher Jurist u. Staatsphilosoph.

Pythagoras, um 560–497/96 v. Chr. Griechischer Philosoph, Mathematiker u. Naturforscher.

Quintilian, um 35–um 100. Römischer Redner.

Lucius Cassius Longinus Ravilla, um 160–um 100 v. Chr. Römischer Politiker, zumal hoch angesehener Richter.

Rogerius, um 1160. Reichsitalienischer Jurist.

Sabinus, um 20 v.–um 60 n. Chr. Römischer Jurist.

Salomon, um 1000–930 v. Chr. Seit 969 König von Israel.

Abraham Saur, 1545–1593. Deutscher Jurist.

Scriptores historiae Augustae, um 400 n. Chr., in Wahrheit ein einziger Mann. Römischer Literat u. Geschichtsschreiber.

Seneca d. Ä., um 55 v.–40 n. Chr. Provinzialrömischer Redner.

Seneca d. J., 4 (?)–65 n. Chr. Römischer Philosoph, Dichter u. Staatsmann.

Pseudo-Seneca, frühes Mittelalter. Literat, sammelte Sprüche aus dem Werk Senecas d. J.

Septimius Severus, 146–211. Seit 193 römischer Kaiser.

Simplicius. 468–483 Papst.

Simplikios von Kilikien, 6. Jh. Byzantinischer Philosoph.

Cervidius Skävola, um 130–um 200. Römischer Jurist u. hoher Beamter.

Quintus Mucius Skävola, um 140–82 v. Chr. Römischer Jurist u. Politiker.

Skävola IV, schrieb im späteren 2. Jh. n. Chr. Lokaler römischer Rechtslehrer.

Sokrates, 469–399 v. Chr. Griechischer Philosoph.

Joachim Stephani, 1544–1623. Deutscher Jurist.

Stobäus, 5. Jh. Byzantinischer Literat.

Tacitus, um 55–um 120. Römischer Geschichtsschreiber u. hoher Beamter.

Terenz, um 190–um 160 v. Chr. Römischer Komödiendichter.

Terenz Clemens, späteres 2. Jh. Römischer Jurist.

Tertullian, um 150–230. Römischer Jurist u. zumal lateinischer Kirchenvater.

Theoderich, 453–526. Seit 474 König der Ostgoten.

Theodosius I., 347–395. Seit 379 oströmischer Kaiser, 394 über das ganze Reich. Auch „der Große" genannt.

Theodosius II., 401–450. Seit 408 oströmischer Kaiser.

Thomas von Aquin, 1225 (?)–1274. Christlicher Theologe u. Philosoph.

Tobias, spätes 8. Jh. v. Chr. Biblische Gestalt aus den apokryphen Büchern des Alten Testaments.

Trajan, 53–117. Seit 98 römischer Kaiser.

Tritojesaja, spätes 6. Jh. v. Chr. Sammelname für die mehreren Verfasser der letzten elf Kapitel des Buches Jesaja.

Tryphonin, um 160–um 220. Römischer Jurist u. hoher Beamter.

Ulpian, um 170–223. Römischer Jurist u. Staatsmann, 222/3 Prätorianerpräfekt.

Pseudo-Ulpian, 3. u. 4. Jh. n. Chr. Mehrere römische Juristen.

Valentinian I., 321–375. Seit 364 weströmischer Kaiser.

Valentinian II., 371–392. Seit 375 bzw. 383 weströmischer Kaiser.

Venulejus, 2. Jh. Römischer Jurist.

Vergil, 70–19 v. Chr. Römischer Dichter.

veteres, um 300–um 30 v. Chr. Bei den klassischen römischen Juristen, ihre Vorgänger aus republikanischer Zeit.

Vinzenz von Beauvais, um 1200–1264. Französischer Enzyklopädiker.

Vivian, späteres 13. Jh. Reichsitalienischer Jurist.

Ulrich Zasius, 1461–1535. Seit 1494 in Freiburg i. Br., seit 1506 als Ordinarius legum. Humanist und Jurist.

Zeno, um 440–491. 474/5 u. seit 476 oströmischer Kaiser.

Die benutzten Ausgaben

soweit keine moderne Ausgabe vorliegt bzw. soweit diese in einem (Sammel-) Band mit anderem Titel enthalten ist

Ambrosius, De virginibus. Hrsgg. v. J.-P. Migne, PL 16 (Paris 1845) Sp. 187ff.

Angelus von Arezzo, Komm. zu Inst. Ausgabe: Lyon 1550.

Azo, Brocardica sive generalia juris. Ausgabe: Basel 1567.

Baldus, Kommentar zu Cod. Just. Ausgabe unt. d. Tit. „Baldi Perusini, In Primum (Secundum etc.) Codicis librum praelectiones . . .", Lyon 1556.

Baldus, Kommentar zu Dekretalen. Ausgabe unt. d. Tit. „Baldi Perusini, ad tres priores libros Decretalium Commentaria . . .", Lyon 1585.

Baldus, Kommentar zu Dig. Ausgabe unt. d. Tit. „Baldi Perusini in Infortiatum, Digestum Novum . . . Commentarii", Lyon 1562.

Bartolus, Komm. zu Dig., Cod. Just. u. **Auth.** Ausgabe: 8 Bde. Lyon 1552.

Biblische Schriften. Biblia sacra iuxta vulgatam versionem. Hrsgg. v. Robert Weber, 2 Bde., 2. Aufl. Stuttgart 1975.

Aegidius Bossius, Tractatus varii. Ausgabe: Venedig 1562.

Brocardica „Dolum per **subsequentia purgari".** Hrsgg. v. M. Schwaibold, Frankfurt am Main 1985.

Burchard von Worms, Decretum. Hrsgg. v. J.-P. Migne unt. d. Tit. „Burchardi Wormacensis ecclesiae Episcopi decretorum Libri viginti" in: Burchardi Vormatensis episcopi opera omnia = Migne, PL 140, Paris 1853, Sp. 537 ff.

Cäcilius Balbus, Sentenzen. Hrsgg. v. Otto Friedrich, in: Publilii Syri mimi Sententiae, Berlin 1880, 81 ff.

Capitula Italica Ludwigs des Frommen u. Lothars I. Hrsgg. v. Alfred Boretius, in: Monumenta Germaniae historica. Legum sectio II: Capitularia regum Francorum, Bd. 1, Hannover 1883, 335 ff.

Cinus von Pistoja, Kommentar zu Cod. Just. Ausgabe unt. d. Tit. „Cyni Pistoriensis . . . in Codicem . . . Commentaria . . .", Frankfurt am Main 1578.

Codex Justinianus. Hrsgg. v. Paul Krüger, in: Corpus iuris civilis, editio stereotypa, Bd. 2, Berlin 1877 u. ö.

Codex Theodosianus. Hrsgg. v. Theodor Mommsen unt. d. Tit. „Theodosiani Libri XVI", Berlin 1905.

Damasus, Regulae canonicae. Ausgabe wie Azo, S. 743 ff.

Dekret Gratians. Hrsgg. v. Emil Ludwig Richter u. Emil Friedberg unt. d. Tit. „Concordia discordantium canonum" in: Corpus iuris canonici, Leipzig 1879, Bd. 1.

Dekretalen. Hrsgg. unt. d. Tit. „Decretalium D. Gregorii Papae IX. compilatio“ wie soeben Bd. 2 Sp. 1 ff.

Digesten. Hrsgg. v. Theodor Mommsen u. Paul Krüger unt. d. Tit. „Justiniani digesta“ in: Corpus iuris civilis, editio stereotypa, Bd. 1, Berlin 1908 u.ö.

Edictum Theoderici. Hrsgg. v. Friedrich Bluhme, in: Monumenta Germaniae historica, Legum (in folio) Bd. 5 (Hannover 1875–89) 145 ff.

Edikt des Prätors. Ausgabe von Otto Lenel unt. d. Tit. Das Edictum perpetuum – Ein Versuch zu seiner Wiederherstellung, 3. Aufl. Leipzig 1927.

Nicolaus Everardi, Loci argumentorum legales. Ausgabe: Darmstadt 1613.

Fragmenta Vaticana. Hrsgg. v. Theodor Mommsen unt. d. Tit. „Juris anteiustiniani fragmenta quae dicuntur Vaticana“ in: Collectio librorum iuris anteiustiniani III, Berlin 1890, 1 ff.

Gajus, Institutionen. Hrsgg. unt. d. Tit. „Gai Institutiones“ v. Martin David, 2. Aufl. Leiden 1964.

Glosse zu Auth., Cod. Just., Dig., Extravagantes, Inst. u. **Libri feudorum.** Ausgabe von Dionysius Gothofredus unt. d. Tit. „Corporis Justinianaei Digestum ... bzw. Codicis Justiniani libri XII bzw. Volumen legum ... commentariis Accursii ... nebst Novum Sextum Volumen ... Thesaurus Accursianus“, 6. Ausg. in 6 Foliobänden hrsgg. v. Joh. Feh, Lyon 1627. Zählung nach der Digesten- bzw. Codexausgabe von Mommsen bzw. Krüger, s. soeben.

Glosse zu Dekret Gratians, Dekretalen u. **Liber sextus.** Ausgabe unt. d. Tit.: „Corpus iuris canonici ... cum glossis diversorum“, 3 Foliobände, Lyon 1618.

Dionysius Gothofredus, Anm. Ausgabe: Corpus iuris civilis Romani ... cum notis integris Gothofredi, letzte Ausg. 2 Foliobände, Basel 1781.

Dionysius Gothofredus, Außenglosse od. **Summarium.** Ausgabe wie: Glosse zu Auth., ...

Institutionen Justinians. Hrsgg. v. Paul Krüger unt. d. Tit. „Justiniani Institutiones“ in: Corpus iuris civilis, editio stereotypa, Bd. 1, Berlin 1872 u. ö.

Leges Henrici. Hrsgg. v. Felix Liebermann, Gesetze der Angelsachsen Bd. 1 (Halle 1903) 547 ff.

Leo, Epistulae. Hrsgg. v. J.-P. Migne unt. d. Tit. „Sancti Leonis Magni Romani Pontificis epistolae" in: Sancti Leonis ... opera omnia I = Migne, PL 54, Paris 1846, Sp. 581 ff.

Lex de imperio Vespasiani. Hrsgg. v. Salvatore Riccobono unt. d. Tit. „Lex quae dicitur de imp. Vesp.“ in: Fontes iuris Romani antejustiniani, 2. Aufl. Bd. 1, Florenz 1941, S. 154ff.

Lex Ribuaria. Hrsgg. v. Karl August Eckhardt unt. d. Tit. „Lex Ribvaria II ...“, Hannover 1966.

Liber sextus. Hrsgg. v. Ludwig Emil Richter u. Emil Friedberg unt. d. Tit. „Liber sextus decretalium D. Bonifacii Papae VIII.“ in: Corpus iuris canonici, Leipzig 1879, Bd. 2 Sp. 929 ff.

Novellen Justinians. Hrsgg. v. Rudolf Schoell u. Wilhelm Kroll unt. d. Tit. „Justiniani novellae“ in: Corpus iuris civilis, editio stereotypa, Bd. 3, Berlin 1895 u. ö.

Oldradus de Ponte, Summarium. In der hier benutzten Ausgabe der Glosse.

Pseudo-Paulus, Sentenzen. Hrsgg. v. Paul Krüger unt. d. Tit. „Julii Pauli libri quinque sententiarum ad filium“ in: Collectio librorum iuris anteiustiniani II (Berlin 1878) 39 ff.

Paulus von Castro, Kommentar zu Cod. Just. Ausgabe unt. d. Tit. „Pauli Castrensis in . . . Codicis Partem . . . Praelectiones . . .“, Lyon 1553.

Petrus von Blois, Briefe. Hrsgg. v. J.-P. Migne unt. d. Tit. „Petri Blesensis epistolae“ in: Petri Blesensis Batholiensis in Anglia Archidiaconi opera omnia = Migne, PL 207, Paris 1855, Sp. 1 ff.

Pseudo-Seneca, De moribus, Hrsgg. v. Otto Friedrich, in: Publilii Syri mimi sententiae, Berlin 1880, 87 ff.

Pseudo-Seneca, Proverbia. Hrsgg. v. Otto Friedrich, in: wie soeben S. 92 ff.

Pseudo-Ulpian, Liber singularis regularum. Hrsgg. v. Paul Krüger unt. d. Tit. „Ulpiani liber . . .“ in: wie Pseudo-Paulus S. 1 ff.

Vinzenz von Beauvais, Speculum doctrinale. Ausgabe: o. O. 1486.

Vinzenz von Beauvais, Speculum historiale. Ausgabe: o. O. [Augsburg] 1474.

Vivian, Casus. In der hier benutzten Ausgabe der Glosse.

Zwölf Tafeln. Rekonstruktion z. B. in: Fontes . . . (wie bei Lex de . . .) 21 ff.; Rudolf Düll, Das Zwölftafelgesetz. Texte, Übersetzungen und Erläuterungen, Zürich 1995; u. Michael H. Crawford, Roman Statutes (London 1996) II 555–721.

Lateinisches Stichwortregister

Nicht aufgenommen wurde das erste Wort einer Regel

B

C

D

E

F

L

P

Q

R

S

T

U

V

Sachregister

Gesetzesregister

Einführungsgesetz zur ZPO

Zwangsversteigerungsgesetz